Italiensdrømme

1

Tina Hjordt

2

ISBN: 978-87-92978-02-8

Til alle gode døtre.

1.

Solen var ved at gå ned. Himlen var eksploderet i orange, rosa og gyldne nuancer. Lyset i stuen var varmt og trygt og en lille smule mystisk. Hun stillede en bakke med te og ingefærkiks på bordet, slog det uldne sjal tættere om skuldrene og foldede benene op under sig i den dybe lænestol, så hun kunne sidde og nyde det sidste lys, inden solen forsvandt. Hun ville ikke tænde lamperne, men bare nyde lyset. Når himlen var så farvestrålende smuk, kom hun altid til at tænke på en bog, hendes far havde læst for hende, da hun var barn. Om Oldefar Harepels, der grundlagde Hareby og lærte alle de små harer at male påskeæggene og sommerens blomster, og træernes blade om efteråret. Han lærte dem at male skygger på sneen og isblomster på vinduerne. Og han lærte dem at male de første små knopper om foråret og farverne på sommerfuglenes vinger, men en dag kunne ham ikke lære dem mere, og så rejste han bort. De gamle harer i Hareby savnede Oldefar Harepels, men de små hareunger vidste, at når alle farverne strålede allersmukkest efter et regnskyl, eller når himlen om aftenen blev farvet af solens sidste stråler, var det Oldefar Harepels, der malede alle de smukke farver. Nu var hendes far også rejst, og nu var det nok ham, der malede himlen i alle de kønne nuancer. Den tanke kunne Ingrid godt lide.

Radioen spillede Elgars cellokoncert. I den brede vindueskarm stod den julekaktus, hun havde fået af sin mor, der havde arvet den efter sin mor. Den var ved at sætte knopper. Knappenålsstore knopper på spidsen af de flade blade. Før jul ville den være fyldt med aflange forpjuskede røde blomster. Den fyldte en stor del af vindueskarmen, og det meste af året var den egentlig ikke så køn. Kun ved juletid, og da så dens blomster endda en smule sjuskede ud. Ellers skulle man nærmest glemme den og kun vande den sporadisk. Men hvem kunne glemme den, når den sådan fyldte det meste af stuens ene vindueskarm?

Fredag og weekend. Hun skænkede te af den blomstrede tepotte, hun for mange år siden havde haft med hjem fra en weekendtur til London. Roy Kirkham, Fine Bone China, stod der i bunden af den, købt i Harrods. Roser, klassiske lyserøde roser. På turen havde hun også flottet sig og købt tre store tekopper. Hun brugte dem ved særlige lejligheder, eller når hun en gang imellem ville være god ved sig selv. Og det ville hun nu.

Dampen fra teen bølgede hen over katalogerne, som lå ved siden af koppen, og duften af bergamotte bredte sig i stuen. Nede på gaden kunne hun høre sirenen fra en ambulance. Bare det ikke var noget alvorligt, bare det ikke var nogen, hun kendte. Hun kom uværligt til at tænke på sin mor. I det samme ringede telefonen.

"Ingrid Hansen."

"Ja, det er mor. Åh jeg ville bare sludre lidt. Hvordan er din dag gået?"

Hendes mor ville ringe, som hun altid gjorde, lige når Ingrid var kommet hjem. Hun måtte på én eller anden måde kunne føle, når Ingrid trådte ind ad sin dør. For på nummerviseren på telefonen kunne Ingrid altid se, at moderen ikke havde ringet tidligere på dagen.

Om der var noget nyt?

"Næ.., det var der ikke," sagde Ingrid og kastede et blik på katalogerne, uden at nævne dem.

Kom der mon noget i fjernsynet i aften? Der plejede aldrig at være noget, ville moderen sige, selvom Tv'et næsten altid var tændt hjemme hos hende. Det var mere et spørgsmål til moderen selv end til Ingrid. Og Ingrid vidste ikke, hvad der kom i fjernsynet. Hendes mor holdt ugeblade med alle Tv-programmerne i. Det gjorde Ingrid ikke, og hun havde heller ikke kigget efter på nettet. Hun havde tænkt sig at læse lidt eller lave et eller andet... andet. Helt andet end Tv-stationernes gabende ligegyldige programmer. De evige talentkonkurrencer og dårlige amerikanske film, der altid behandlede seerne, som om de var ubegavede. Moderen ringede af, men lige inden hun afbrød, mere konstaterede hun end spurgte: "Jamen, så ses vi i morgen, som vi plejer."

"Ja," sagde Ingrid, for det gjorde de. Som altid om lørdagen. Lørdag efter lørdag efter lørdag. Ved 10-tiden ville Ingrid spadsere den ene kilometer over til moderens lejlighed, Ingrids barndomshjem, hvor de ville drikke en kop kaffe fra kaffemaskinen og spise en småkage, og så gå ud sammen og handle. Selvom moderen havde sin indkøbsvogn på hjul, ville Ingrid bære det meste. Især på grund af moderen ryg. Så ville de spise frokost sammen hjemme hos moderen, med noget ekstra godt fra delikatesseafdelingen i supermarkedet, og bagefter ville Ingrid spadsere hjem til sig selv med sine varer. Sådan havde det været siden Ingrids far døde. Lørdag efter lørdag efter lørdag.

Solen var væk nu, men der var stadigvæk en smule lys i lejligheden. Fra sin stol kunne Ingrid se, at der blev tændt en lampe ved arbejdsbordet i lejligheden på femte sal lige overfor. Hun vidste, at der boede en mand derovre. En mand, der næsten altid, når han var hjemme, sad ved sin computer og arbejdede. Nogle gange, hvis hun var oppe på toilettet om natten, kunne hun finde på at liste hen til vinduet og kigge derover. Og ikke sjældent sad han koncentreret og skrev. Før i tiden røg han pibe, det gjorde han ikke længere. Nu skrev han bare og drak kaffe fra en Alessi termokande. De måtte have boet overfor hinanden de sidste tyve år, men udover at have nikket til hinanden nede på gaden et par gange, havde de aldrig hilst på hinanden. Der var én enkelt gang, hvor de havde haft øjenkontakt fra hver deres vindue. Det var engang, Ingrid havde nippet visne blomster af julekaktussen. Hun havde kastet et blik ud ad vinduet, måske fordi hun havde følt sig betragtet, og da havde hun set, at han stod ved vinduet og så på hende. Deres øjne havde mødtes, men Ingrid havde kigget forlegent ned i det samme, og da hun vovede at kigge derover igen, var han væk. Han havde været gift en gang. Der havde i hvert fald boet en kvinde derovre i mange år. Der var også børn. Men nu var de væk. Nu var der kun ham og hans computer.

Ingrid tændte to af lamperne i stuen. Den ene var den gamle grønne Holmegård glaslampe med Le Klintskærmen. Den anden var en sakselampen, der hang på væggen ved hendes lænestol. Lampen havde også en hvid Le Klint foldeskærm. Hun skruede lidt op for varmen. Om dagen, når hun ikke var hjemme, var der ingen grund til at have for megen varme på. Det havde hun lært hjemmefra. Man skal spare på varmen. Selv om moderen altid var hjemme og havde været hjemmegående siden Ingrids fødsels, havde hun altid sørget for, at varmeregningen ikke blev for høj ved at skrue ned for varmen. Det var kun om aftenen, der var varmt og hyggeligt. Da Ingrid var barn, var den eneste opvarmning i den lille lejlighed en kakkelovn. Hendes far hadede kulden, og når han stod op om morgenen, før moderen og Ingrid, ville han tænde op i den med koks, så blev der langsomt varmt i stuen. Når Ingrid stod op, ville hun løbe ind og varme hænderne på den sorte kakkelovn. Der gik lang tid, inden varmen nåede ud i køkkenet, hvor hun stående på en skammel, skulle vaske sig i zinkvasken. Nogle gange om vinteren, når det var så koldt, at der var isblomster på ruderne, tændte moderen for et af komfurets gasblus, for at tage den værste kulde, og bagefter ville Ingrid, med kuldeklaprende tænder klæde sig på inde på sit kolde værelse. Inden faderen fulgte Ingrid til skole, for derefter at gå til sit arbejde i banken, kunne de spise morgenmad sammen ved bordet i stuen tæt ved kakkelovnen, hvor der var blevet lidt lunere. Duften af kakkelovnen og soden, huskede hun, og moderens beklagelser over rengøringen efter "det sorte skrummel", som hun kaldte den for.

Da Ingrid var otte år, flyttede de til en større og lysere lejlighed, men stadigvæk i det samme store gamle hus med stuklofter og udskårne døre. Her var der bad, og det var en af de første renoverede lejligheder i bygningen med badeværelse og centralvarme. Ingrid elskede de varme bade i badekarret, også selvom hendes mor sagde, at hun ikke måtte fylde karret for højt op. Og moderen ville stadigvæk skrue ned for varmen om dagen, indtil en time før faderen kom hjem. Når Ingrid kom fra skole, kunne de sidde i køkkenet, og var der for koldt, tændte moderen stadig for et af gasblussene og lukkede døren ud til gangen. Inde på sit værelse så Ingrid altid sit snit til at skrue lidt mere op for varmen. Da hun blev en stor pige, tændte hun stearinlys derinde. Det både hyggede og varmede. Når moderen kom ind på Ingrids værelse, ville hun puste lysene ud. På grund af brandfaren, og stearinlys er dyre.

Det kolde hjem var helt og holdent moderens egen ide. I weekenderne var der altid varmt i lejligheden. Så var faderen der, og han kunne ikke holde et koldt hjem ud. Koldt som i graven - og uhyggeligt, sagde han. Men om hverdagen ville moderen bare tage en ekstra ulden trøje på under sin kittel, og når hun arbejdede, understregede hun, så var det kun rart, at der ikke var for varmt. Hvad mon hun arbejdede med, kunne Ingrid ind imellem tænke. De havde tre et halvt værelse, og hele lejligheden var på 85 kvadratmeter. Ingrids egen lejlighed var også 85 kvadratmeter, og hun gik på arbejde hver dag. Hun gjorde rent i weekenden, men når man boede alene og ikke lavede noget, der grisede synderligt, var det ikke så meget, der skulle gøres rent. Men moderen havde fået sine dage til at gå med rengøring og madlavning. Og de havde bestemt altid fået god mad. Selvom maden aldrig var så god, som den mad Ingrids mormor havde lavet. Ville Ingrids mor sige. Men Ingrids mormor døde nogle måneder, førend Ingrid kom til verden, så hun havde aldrig smagt sin mormors mad. Hun syntes bare, at hendes egen mors mad var god. For maden og råvarerne sparede moderen aldrig på. Men ellers sparede hun på alt andet. Især hende selv, tøj, sko, velvære. Faderen havde ellers alle årene haft en ikke høj, men udmærket og stabil indtægt fra sit job i banken. Altid med udsigt til en god pension og fordele. Feriehuse blandt andet. Men da faderen gik på pension som 67 årig, døde han. Kun nogle måneder efter, han var holdt op med at arbejde, faldt han om på badeværelset med hjertestop. De fik aldrig glæde af fordelene. Moderen ville ikke benytte sig af dem. Hun havde ellers som hustru til én af bankens funktionærer også ret til medarbejderfordelene. Julefesterne, feriehusene, udflugterne, pensionistklubben. Moderen holdt sig langt væk. Hun ville bruge sin ryg som undskyldning. Det havde hun altid gjort. Selvom der egentlig ikke var noget galt med ryggen, i hvert fald ifølge lægen og hospitalet. Eller også ville hun bare sige; det kan jeg ikke. De ord var efterhånden blevet et mantra for hende. Det kan jeg ikke. Sagt med forskellig styrke. Fra det svage hjælpeløse til det vrissende. Underforstået, det kan du da nok forstå, at jeg ikke kan. Men det kunne Ingrid ikke altid.

Det var især på grund af ryggen, at moderen nu havde hjælp til rengøring. Det var en hjælp, som kommunen sørgede for, 45 minutter én gang om måneden. Hun – eller han skulle gøre rent på 45 minutter i en 85 kvadratmeter stor lejlighed. Det samme arbejde, som moderen havde brugt al sin tid på i alle de år, Ingrid kunne huske. Det var moderen ikke tilfreds med. Og det kunne Ingrid sådan set også godt forstå.

Elgars cellokoncert var fordi, og nu var det Stokowski, der bragede ud ad højtalerne. Ingrid slukkede og gik ud i sit køkken. Det var et rart lille køkken, syntes hun. Det var ikke så stort, men det vidnede om nogle af de rejser, hun havde været på. Til Frankrig og Italien og Grækenland. Især

Frankrig og Italien. En smuk gylden lerkrukke fra Toscana, gardinernes mønstrede stof med lavendler og citroner fra Provence, en lerkande med en påsat blå drueklase fra Alsace. Da faderen levede, havde de taget på ferier sammen. Det var altid hyggeligt. De havde det faktisk altid hyggeligt sammen, de tre. Især Ingrid og hendes far interesserede sig for historie, og Ingrid kunne jo klare sig med sproget i Tyskland og Frankrig. Især i Tyskland. Som korrespondent i engelsk og tysk brugte hun ofte tysk på sit arbejde. Hun havde gået på franskkurser om aftenen, men hendes franske, syntes hun ikke, var så godt. Og hun ville gerne gøre det ordentligt. Ikke bare sidde som et dumt barn, der ind imellem bestilte forkert på menukortet, og ikke forstod, hvad der blev svaret, hvis hun spurgte om vej, eller hvor toilettet var. Hendes udtale var god nok, det vidste hun, men når så svaret kom for stærkt, ofte fordi den person, hun havde spurgt, troede, at hun mestrede det franske, bedre end hun gjorde, følte hun sig dum. Og så måtte hun spørge igen. Men hun ville altid vente lidt, og så spørge en anden.

Moderen havde også nydt rejserne, men ikke helt på samme måde, som faderen havde gjort det. Eller også havde hun bare ikke vist det på samme måde.

Ingrid tændte for den lille ovn, der stod på køkkenbordet. Hun havde ikke lyst til at lave mad, hun ville bare varme en færdig tærte, og til det behøvede hun ikke at starte den store ovn. Inde i spisestuen tændte hun lyset i lampen over bordet. Endnu en hvid Le Klint skærm, de havde altid været hendes foretrukne. Så tændte hun stearinlysene i de to gamle messingstager og mærkede efter, om den lyserøde azalea i Prins Eugenkrukken på bordet skulle have vand. Det skulle den. Den fik altid lov til at trække 15 minutter ude i køkkenet. Hun stillede tallerken og glas på en dækkeserviet og lagde kniv og gaffel ordentligt på hver side af tallerkenen. Så tog hun katalogerne fra bordet i stuen og lagde dem ved siden af, men alligevel med afstand til tallerkenen og maden. Man vidste aldrig, hvem der ellers havde haft dem i hånden. Men hun ville kigge dem igennem, når hun var færdig med at spise.

Et ur i køkkenet fortalte, at tærten var færdig. Hun skar et par tomater ud og lagde dem i en skål sammen med lidt skyllet færdigblandet økologisk salat fra en pose. Olivenolie med citron og lidt havsalt udgjorde dressingen. Hun skulle til at fylde en kande med vand, men kom så i tanke om, at der stod en halvfuld flaske rødvin og tog i stedet den med ind til bordet.

Maden var ikke nogen stor kulinarisk oplevelse, men den mættede, og det var formålet. Hun kiggede på det første af de to kataloger. Forsidebilledet var fra en terrasse ved en stor blå sø. Der stod krukker med lyserøde pelargonier, og en blomstrende cyklamenfarvet bourganvilla klatrede op ad en afskallet gul væg. Solen skinnede, og ovre i det ene hjørne af billedet kunne man se en båd på søen. Mød foråret i Italien, stod der som overskrift, Italiensdroemme.com.

Ingrid havde fundet rejsebureauet på nettet. Hun havde Googlet Italien og ferie, og så var bureauet Italiensdrømme, dukket op. Det lå ikke så langt fra hendes arbejde, så i dag efter fyraften var hun gået derhen. Hun vidste godt, at det meste i dag foregik via nettet, men ind imellem, med vigtige ting, kunne hun bedst lide personlig betjening. Det havde været en venlig dame, Ulla stod der på navneskiltet, der havde betjent hende. Lidt yngre end Ingrid, men med samme interesse for rejser og især rejser rundt i Italien.

Vi har aldrig været ved Comosøen, havde Ingrid sagt, men jeg har set billeder derfra, og der ser så dejligt ud. Billederne, eller især ét billede, var et lille maleri, som nu hang i Ingrids entre. Hun vidste ikke, hvor det stammede fra. Det havde hængt på hendes barndomsværelse, ikke fordi det var sådan noget, man normalt ville hænge op på et barneværelse, men det havde vist altid hængt der, og hun havde fået lov til at tage det med, da hun for mange år siden flyttede hjemmefra. Det var et maleri på størrelse med et A4 ark, malet på en plade og indrammet i en pæn anonym ramme af træ med en tynd malet guldstreg tættest på maleriet. Måske et billede, der var malet af en amatør og solgt ved bredden af en sydeuropæisk sø. Maleriet forestillede nogle gullige huse med to etager, tilskoddede vinduer og noget der lignede en terrasse måske en restaurant, der var bygget helt ud i vandet. Bag husene kunne man skimte nogle stejle bjerge. Det var ikke stor kunst, signaturen var svær at læse, men Ingrid havde altid forestillet sig, at det måtte være det dejligste sted i verden, et sted de måtte besøge, far og mor og Ingrid. Hun havde ind imellem, helt fra hun var barn, fantaseret om, at det måtte være Comosøen i Italien, og hun havde fundet stedet i det store atlas, som stod hos hende sammen med hendes fars bøger om fugle og svampe og Danmarks flora. Hun havde drømt om, at de en dag skulle tage dertil. Det var aldrig blevet til noget, mens hendes far havde levet, men måske nu. Måske kunne det lade sig gøre nu.

Ulla i rejsebureauet talte, som om Ingrid havde mand og børn. ”Det her er et meget børnevenligt hotel,” sagde hun eller, ”det her er et meget elegant hotel, måske ikke lige noget for en børnefamilie.” Som om børn ikke kunne færdes steder, der var elegante. Ingrid tænkte på, at hun jo reelt kunne være bedstemor, og om damen mente, at Ingrid havde små børn – eller måske børnebørn.

”Det er bare min mor og mig,” sagde hun så, og Ulla begyndte straks at kigge efter steder, der var velegnet til gangbesværede og uden for megen larm.

"Jeg havde nu mest tænkt mig et pensionat, sådan en stor gammel villa uden for mange værelser, men med en altan ud mod søen og måske en veranda, hvor man kan sidde og drikke kaffe. Prisen er næsten underordnet. Det er min fødselsdag, vi skal fejre, og jeg inviterer."

"Ih, det lyder vel nok dejligt," sagde Ulla, og så ud som om hun mente det. Hun begyndte at bladre i kataloget.

"Ja, det er rundt, 50 år."

"Nå, for søren, og din mor kan godt klare at tage med."

"Ja, hun er kun 72 år," sagde Ingrid og håbede, at moderen kunne klare at tage med – på trods af ryggen.

"Her, jeg tror, at det her måske kunne være lige noget for jer." Ulla vendte kataloget om mod Ingrid og pegede på et billede af et stort gammelt hus, der lå ud til en sø. 'Albergo Paradiso ved Comosøens krabbe bølger', stod der under billedet, og Ingrid tænkte på, at det lød romantisk, men om det mon ikke var 'krappe bølger'? Hun kunne da heller ikke lade være med altid at læse korrektur og finde fejl, så hun sagde ikke noget til Ulla.

"Jeg har ikke selv været der, men jeg har en kollega, som har boet der flere gange, og der skulle være rigtig dejligt," fortsatte Ulla. "Det ligger ikke inde i selve byen, men kun en lille spadseretur derfra. Og man kan spadsere langs søen ind til byen."

Ingrid kiggede og nikke, "Arv ja, det ser godt ud."

"Hvornår skulle det være?"

"Jeg har fødselsdag den 20. marts."

"Det passer fint, for de åbner for sæsonen i begyndelsen af marts. Skal jeg se, om der er ledigt? Er det to enkelt værelser eller et dobbelt?"

"To enkeltværelser, og helst med bad og toilet. I hvert fald til det ene af dem," skyndte hun sig at tilføje.

Der var lige præcis to ledige værelser, med ankomst og afrejse lørdag. Det passer fint. "Min fødselsdag er om onsdagen, så hvis vi ankommer lørdag den 16. marts, er det helt fint." Skulle hun bestille med det samme, eller kunne hun vente?

Jo, hun kunne godt vente, men det var bedst at bestille hurtigst muligt, rådede Ulla hende til, for sæsonen startede jo snart, og bestillingerne ville nok begynde at strømme ind.

Ingrid nippede til sin rødvin. En Amarone, den var stadigvæk god, selvom det var nogle dage siden, flasken var blevet åbnet. Det var da Gregers kom forbi. På vej fra squash.

Selv om moderen og hun skulle have hver sit værelse, blev det ikke så dyrt. Det var i og for sig rimelige priser, det var selvfølgelig også inden højsæsonen. Hvor varmt mon der var i marts? Der var sikkert lige tilpas. Måske kunne man gå uden overtøj, og spise frokost udenfor. Der var bådudflugter på søen, og byen så lille og hyggelig ud. Der stod, at det var en gammel fiskerby. Man kunne få værelser med balkon ud til søen, og de blev sikkert afsat først, tænkte Ingrid. I morgen ville hun ordne det med rejsebureauet og booke. Hun måtte tage chancen, og så håbe på, at moderen tog imod invitationen.

Rejsebureauet åbnede klokken 10 om lørdagen, og Ingrid stod der 10 minutter i. Det øsede ned, og der blæste en kold vind gennem gaden. Det var ikke Ulla, der mødte på job, men derimod en mand med sort hår og et meget busket overskæg. Han låste døren op til forretningen, mens han talte i sit headset. Ingrid antog ham for tyrker, men han talte jysk og sagde, at han kom fra Rom. Det tog ham temmelig lang tid at finde Albergo Paradiso, selvom Ingrid blev ved med at pege på billedet af stedet i sit eget katalog, og til sidst fandt han det på sin bookingliste. "Ej hvor træls," sagde han, "der er alt optaget i marts."

Ingrid kunne mærke, hvordan livet med et sug forsvandt ud af kroppen på hende. "Det kan altså ikke passe," sagde hun, "i går, lige inden I lukkede, var der ikke optaget."

"Jow," sagde han, "men nu er der." Han havde et andet og meget bedre tilbud. Det var ved den italienske riviera, Portofino. Nej, hun var stædig, der ville hun ikke til. Så var der jo Rom, Venedig, han forsøgte med forskellige andre steder. Til sidst var hun ved at slå ham oven i hovedet med kataloget. Hun ville til Albergo Paradiso ved Comosøen og absolut ingen andre steder. Hun kunne mærke skuffelsen bølge igennem hende. En skuffelse i stil med de skuffelser, hun ind imellem havde oplevet som barn, når en udflugt druknede i regn eller i moderens dårlige ryg.

"Kommer Ulla på arbejde i dag?" spurgte hun til sidst. Og hun vidste, at hun nu havde blæst fanfaren til en åben krig med manden, der hed Mohamad.

"Først senere," sagde han.

"Så venter jeg." Hun tog sin våde frakke af, foldede den sammen, så vandet løb ned på hendes nederdel og ned i hendes støvler, og satte sig på stolen over for ham.

Han begyndte at rode med nogle papirer, hans telefon måtte have ringet på lydløs, for pludselig råbte han "Pronto", så det gav et sæt Ingrid, og begyndte at gestikulere og tale på et sprog, Ingrid ikke forstod, men italiensk var det ikke.

Døren gik op, og Ingrid havde håbet på, at det var Ulla, men der stod i stedet et ungt par i døren. Våde og forfrosne. Ingrid rejste sig automatisk for at lade dem komme til inde i den lille butik, og parret stilede lige hen imod hende og begyndte at fortælle hende, at de gerne ville bestille en rejse med all inklusive til et eller andet varmt sted, og der skulle være billigt. De ville væk for vinteren og især julen. Med to gange to skilsmissefamilier og nye familier skulle de holde jul med i alt otte eller var det ti familier, og det gad de bare ikke.

”Jamen, jeg er slet ikke ansat her,” sagde Ingrid leende, og de undskyldte mange gange, men hun sagde, at det ikke var første gang, at hun blev forvekslet med en ansat et eller andet sted. Og den unge mand mente, at det måtte være, fordi hun så tilforladelige ud.

Ingrid tænkte, om tilforladelig mon var det samme som kedelig?

Mohamad forsøgte også at sende parret til Portofino i maj, men til trods for at de ihærdigt forsøgte at fortælle ham, at de ville væk NU – her til jul, blev han stædigt ved med at fortælle dem, at der var dejligt i Portofino i maj, og begejstret sagde han, at absolut alt var optaget i julen. Til sidst blev de vrede og gik.

”Hvordan kan du holde ud at arbejde for ham,” sagde manden til Ingrid, da parret var på vej ud ad døren. Og Ingrid løb efter dem ud i regnen, for de havde glemt deres paraply. Nu var hun helt gennemblødt. Da hun kom tilbage, havde Mohamad lavet kaffe, for der duftede af kaffe i hele butikken, og han sad og drak af et snavset plastikbæger, men han tilbød ikke Ingrid en kop. Ingrid nøs, for hun frøs, men hun blev siddende stædigt og holdt kataloget opslået på siden med Albergo Paradiso.

Langt om længe dukkede Ulla op, hun undskyldte forsinkelsen, men hun havde en syg datter derhjemme. Mohamad virkede ikke tilfreds, men fortrak ud i baglokalet, og Ulla satte sig våd og forkommen på sin plads og begyndte at klikke på musen ved computeren.

”Hvad fejler din datter?” spurgte Ingrid.

Ulla så ud som en hund, der var vant til at få tæsk. Hun smilte lidt nervøst. ”Det er vist bare forkølelse og ondt i maven, men hun var så ked af det. Jeg kunne jo ikke gå fra hende.”

”Hvor gammel er hun?”

”Otte år.”

”Vil du ikke have en kop kaffe først?” spurgte Ingrid, vel vidende, at det ikke var hende, der kunne byde, men Ulla kiggede på hende, som om hun havde budt hende på én af Frelsens Hærs julekurve.

”Jo tak, vil du ikke også selv have en kop?” Det ville Ingrid rigtig gerne.

”Hvem er han?” hviskede Ingrid og nikkede ud mod baglokalet.

”Det er ejerens nevø,” sagde Ulla, og hendes ansigt røbede ingen ting, men hun klikkede et par ekstra gange på musen og blinkede en smule nervøst.

”Her har vi det, Albergo Paradiso, Varenna. Det var fra 16. marts til 23. marts, ikke?” Ingrid nikkede, hun turde næsten ikke trække vejret, hvis ikke hun trak vejret, lykkedes det måske.

”Og to værelser?”

Hun nikkede igen.

”Det ene værelse har balkon ud mod søen.”

”Det skal min mor have,” sagde Ingrid glad.

”Men det andet ser også rigtig hyggeligt ud. Der er bad og toilet på begge værelserne, og der er kvart pension, altså morgenmad.”

”Ja, dem skal det være!”

Ulla skrev og klikkede med musen. Pludselig gik en printer bagved dem i gang. Ingrid tænkte, at det måske var en fax, som svarede, at alt var optaget, men Ulla rejste sig og kom tilbage med nogle papirer med en masse skrift på.

”Sådan,” sagde hun smilende, ”så er det i orden.”

Ingrid var ved at besvime. ”Var der ledigt?” spurgte hun overrasket.

”Ja, ja, de havde ikke nået at booke hele pensionatet ud siden i går eftermiddags,” svarede Ulla leende.

”Jeg betaler med det samme,” Ingrid skyndte sig at finde sit Visakort frem.

Lidt efter stod hun ude i regnen og knugede en plasticpose med bestillinger og kvittering i en kuvert ind til sig. Hun havde takket Ulla og ønsket hendes barn god bedring. Hun havde lyst til at finde Ulla et nyt job langt væk fra den umulige Mohamad, som var blevet ude i baglokalet, hvor Ingrid havde kunnet høre ham næsten konstant tale højlydt i telefon enten på jysk eller på et fremmed sprog.

Nu ville hun hurtigt over i boghandlen og find et smukt kort, og så ville hun skrive det og give det til sin mor, når de sås.

Hendes telefon ringede, det var hendes mor.

”Hvor bliver du af?”

”Jeg er på vej,” sagde Ingrid glad, ”jeg skulle lige ordne nogle ærinder.”

”Men, det gør vi jo altid sammen.”

”Jeg er der om lidt.” Ingrid afbrød telefonen.

Hun fandt et smukt, og syntes hun selv, meget passende kort. Det var en gengivelse af en akvarel med en masse forårsblomster på. Lysegule primula, violer, porcelænshyacinter og anemoner. Så skrev hun:

Kære mor, jeg vil gerne invitere dig på en rejse. En uge ved Comosøen fra den 16.marts til den 23.marts. Vi skal bo på Albergo Paradiso i to værelser med balkon mod søen og eget bad og toilet. Der er kvart pension, og vi kan nok leve billigt. Den 20.marts inviterer jeg på fødselsdagsmiddag. Kærlig hilsen Ingrid.

Da hun betalte kortet, fik hun en ide. "Har I en bog til en pige på otte år?"

"Ja da," svarede den unge pige, der ekspederede hende. "I hvilken retning, altså hvilken type er pigen, har hun nogen interesser? Altså hobbyer eller sådan?"

"Det ved jeg ikke," sagde Ingrid, "jeg kender hende faktisk ikke."

"Jamen, er hun sådan til Barbie, eller Hello Kitty eller noget i den retning?"

"Det ved jeg altså slet ikke, hvad er man, når man er otte år?"

Pigen hævede skuldrene som for at vise: Det ved jeg ved Gud ikke, det er så længe siden, jeg var otte år.

Ingrid kom i tanke om én af sine egne favoritter fra barndommen. "Vinden i piletræerne, har I den?"

Pigen spærrede øjnene op. "Jo, den har vi da vist, men den er da gammel." Hun gik over i et hjørne af butikken og fandt bogen i en skuffe. "Der var lige et eksemplar tilbage," sagde hun triumferende, "er det en gave?"

"Ja tak, du må meget gerne pakke den ind i noget pænt papir." Ingrid havde også tænkt på historien med Oldefar Harepels, men den var nu så trist, så var Vinden i Piletræerne bedre, syntes hun.

Med bogen i hånden løb hun tilbage til rejsebureauet. Ulla sad ved computeren. Hun pudsede næse, og Ingrid syntes, at det så ud, som om hun havde grædt. Hun kiggede overrasket på Ingrid.

"Det var bare den her, jeg tænkte, at din datter måske ville synes om den."

Mohamad kom ind i butikken. "Ja, hva' så?" spurgte han studst.

"Nå, det var ikke andet, end jeg lige skulle aflevere denne her til Ulla," skyndte hun sig at sige, lagde bogen på bordet og marcherede ud i den silende regn igen.

"Mange tak," hørte hun Ulla råbe efter hende.

Udenfor et supermarked stod der spande med friske, knasende, røde tulipaner, og hun tog to bundter og betalte inde i butikken. Så skyndte hun sig den vante tur til sit gamle barndomshjem.

Ingrids mor stod parat med en gammel frakke på og en beigefarvet regnhat, Ingrid altid havde hadet. "Det var sandelig sent," sagde hun med et lille indigneret grin.

"Vent lidt," Ingrid skubbede moderen ind i lejligheden igen, "Jeg har lige noget, vi skal snakke om. Laver du ikke en kop kaffe?" På temperaturen i entreen kunne hun mærke, at der næsten var lige så koldt inde i lejligheden som uden for.

"Åh nej, Ingrid," udbrød hendes mor ærgerligt, "hvis vi kommer for sent af sted, er der sådan et mylder af mennesker i butikkerne."

"Ja, og hvad så, kom nu." Ingrid stak tulipanerne op i ansigtet på moderen, "de her er til dig."

"Nej, det skulle du da ikke have gjort. Tulipaner er så dyre op til jul."

"Mor!"

De gik ud i køkkenet, og mens Ingrid tændte for kaffemaskinen, tændte moderen for et par gasblus i et forsøg på at varme det iskolde køkken op. Ingrid åbnede den lukkede dør ud til entreen og lod den stå på klem. Efter hun var blevet voksen, havde hun ind imellem tænkt over faren for kulilteforgiftning, som hun vel reelt havde været udsat for hele sin barndom. Mon man, hvis ikke man døde af det, blev hjerneskadet af dagligt at have været udsat for bare en lille smule kulilteforgiftning?

Moderen tog et aflagt sennepsglas og stillede tulipanerne i det. Hun havde ikke taget dem ud af cellofanen. Det kunne hun altid gøre, sagde hun. Da hun så Ingrids våde sweater, udbrød hun: "Hvad i alverden har du dog lavet?"

"Jeg løb ud i regnen," lo Ingrid, "det tørrer."

Men moderen insisterede på, at finde en tør bluse og kom tilbage med et hjemmestrikket gråt cardigansæt, Ingrid for længst havde kasseret og glemt alt om.

"Åh, det kradser sådan," sagde hun som et uvornt barn, mens hun trak det over hovedet.

Kaffen stod og spruttede i maskinen. Den var aldrig helt varm og smagte egentlig aldrig rigtig af kaffe. Hjemmets kvalitetssans for gode råvarer var aldrig nået til kaffen.

Moderen stillede kopper på bordet. De var gamle, og den ene var en smule skåret. Hun tog selv den skårede. "Jeg har slet ingenting at byde på," sagde hun nærmest tilfreds.

"Det gør ikke noget," Ingrid tog kaffefløde og et par teskefulde sukker i kaffen. "Vær så god, det er til dig." Hun lagde kuverten med kortet og billetten foran moderen.

"Hvad er nu det?"

”Prøv nu at se.” Moderen åbnede kuverten, bemærkede at kortet så dyrt ud, kiggede på billetten, uden egentlig at se på den, og sagde, ”hvad er dog det?”

”Læs nu teksten,” sagde Ingrid spændt.

Hendes mor læste uden at fortrække en mine. Så tog hun kortet og billetten og lagde begge dele tilbage i kuverten. ”Det kan jeg jo ikke,” sagde hun næsten vredt.

”Jamen mor, det er jo bare en flyvetur til Italien, det er ikke så langt.”

”Ja, ja,” sagde hendes mor med et overbærende smil, som om hun talte til en imbecil, ”det kan du da nok forstå, at jeg ikke kan.”

”Åh mor, vil du ikke nok. Det kunne være så hyggeligt, og jeg har betalt for rejsen og det hele. Jeg skal vise dig billeder af stedet.” Ingrid greb efter sin taske, for at finde kataloget.

”Nu stopper du, Ingrid.” Det var nøjagtigt det samme tonefald, hendes mor altid havde brugt overfor hende, uden at huske på, at Ingrid var blevet voksen og ikke længere var en lille pige. ”Nu stopper du,” hendes stemme var skinger.

Ingrid rørte hidsigt rundt i sin kop og tog en slurk. Kaffen var lunken og alt for sød. Hun rejste sig, så det gav et sæt i moderen: ”Nå, men så lad os komme af sted.”

Moderen havde stadigvæk sin frakke og hat på. Hun slukkede for gassen, stillede kopperne i vasken og skyllede dem af.

Ingrid tog kuverten og lagde den ned i sin taske. Hun tog moderens mobile indkøbstaske og begyndte at gå ned ad trappen, inden moderen havde nået at få støvler på og låst døren.

De gik i stilhed ned mod forretningsstrøget. Ingrid en smule foran sin mor. Hun kunne høre moderen sukke bag sig, og hun havde mest lyst til bare at sætte farten op og lade hende sakke agterud. Men i stedet standsede hun op og ventede. ”Går jeg for stærkt?” spurgte hun med et undskyldende smil.

”Ja,” kom det med et gisp.

De snakkede ikke mere om invitationen til ferien ved Comosøen, hverken mens de købte ind, da de spiste frokost hjemme i den kolde lejlighed eller nogensinde mere.

2

"Ingrid, har du nået at sende de bestillinger fra Akademiet?" Hr. Nielsen stak hovedet ind på Ingrids kontor. Han var på vej ud ad døren, sikkert på vej hjem.

Hun kiggede op fra sin skærm. "Ja, ja," sagde hun smilende, "de blev sendt i går."

"Glimrende," han gengældte hendes smil. "Glimrende. Jeg kører nu, vi ses i morgen."

"På gensyn," sagde hun, "og hils derhjemme."

Den ældre mand smilte træt, nikkede og gik. Nu ville han sætte sig ind i sin bedagede blå Mercedes og køre til Klampenborg, hjem til den gamle villa, som havde kendt bedre dage, og hjem til sin kone og hendes beklagelser.

Ingrid skrev nogle mails, ordrebekræftelser og et tilbud, og så slog hun over på Google og søgte billeder på nettet fra Comosøen. Nu var der lidt mindre end tre måneder til, at hun skulle af sted. Men først var der lige julen, der skulle overstås. Efter faderens død var den blevet så trist. Der var selvfølgelig den årligt tilbagevendende julekoncert med koret. Den plejede at være meget hyggelig. Men juleaften og første juledag var hun og hendes mor alene. Anden juledag var de for det meste hos moderens kusine Bitten, som boede i en moderne villa med sort glaseret pagodetegltag i Hørsholm. De kunne for det meste køre med kusinens søn og hans kone, og det ville Ingrids mor gerne, for det sparede dem for at tage den offentlige transport, som var besværlig, og som de ellers var nødt til, da de ikke havde bil. Ingrid havde taget kørekort, da hun var 18, men de havde aldrig haft bil i familien. Det behøvede de ikke, mente forældrene, og Ingrid syntes aldrig, at hun havde haft råd, selvom hun altid godt havde kunnet tænke sig en lille bil.

Hun slukkede for computeren og ordnede sit skrivebord. Så gik hun ud i køkkenet for at være sikker på, at kaffemaskinen var slukket og ind i det lille rum, hvor printeren og faxen stod, slukkede for printeren og sikrede sig, at faxen var tændt, selv om ingen længere benyttede fax. Hun tog sin frakke på, knappede knapperne, fandt sit halstørklæde, slog tyverialarmen til, og slukkede og låste døren ind til den store gamle Frederiksberg lejlighed, der fungerede som kontor for *'Bülow & co. Farver en gros'*.

Hun gik ned ad den brede herskabelige trappe. Det havde hun gjort i over 30 år, lige siden hun som ung studerende blev ansat som studentermedhjælper tre eftermiddage om ugen. Hr. Nielsen havde været til møde med Ingrids far i banken en fredag eftermiddag. Da Ingrid kom for at hente sin far, havde hr. Nielsen sagt, at han søgte et kvikt ungt menneske til at lave forefaldende arbejde, som indebar kaffebrygning, kopiering, indpakning og gå på posthuset. Om det måske var noget for hende? Det var det bestemt. Ingrid var startet mandagen efter, og efterhånden som hendes studier som korrespondent på handelsskolen skred fremad, fik hun mere og mere betroet arbejde. Da hun var færdiguddannet, blev hun fastansat, og det havde hun været lige siden.

Hr. Nielsen var en rar mand. Han var giftet ind i firmaet og havde overtaget det efter sin svigerfar for mange år siden. Tidligere havde der været mange flere ansatte, nu var det bare ham og Ingrid. Hans to sønner, som vel en dag skulle overtage firmaet, interesserede sig ikke for det. Den ene var registreret revisor, den anden var advokat. 'Højesteretssagføreren', hr. Nielsens kone omtalte ham aldrig som andet. Ingrid vidste, at han var advokat med møderet for landsretten. Højesteret havde han ikke fået møderet til endnu.

Der var julestemning alle vegne. Kun godt 10 dage tilbage til jul. Alt var pyntet, og alle steder blev der spillet julemusik. Tænk sig at holde jul i en hytte på et bjerg eller sidde et varmt sted uden gran og julemad. Det havde Ingrid haft lyst til i mange år, selvom det næppe nogensinde kunne lade sig gøre. Siden faderens død havde hun efter hver jul tænkt; aldrig mere. Én ting var juleaften med moderen, de to var så tit, ja faktisk altid alene, en anden ting var julefrokosterne i Hørsholm hos Bitten. Altid de samme familiemedlemmer, der drak sig fulde, og fortalte de samme dumme historier. Den dårlige mad, hvor det meste var præfabrikeret. Fiskefileter, der til trods for, at man pøsede dem til med remoulade fra en stor plastikflaske, der stod på hovedet på bordet, og noget surt fra en lille rund plastikcitron, stadigvæk smagte af dårlig fisk gennem den centimeter tykke panering. Sild, der smagte kemisk og grimt. Små vandede rejer, der kun smagte salt. Farvet kødpålæg. Hård ribbensteg. Ingrid spiste en lille smule af maden og forsøgte ikke at smage på den, mens moderen tavs ville nægte at spise det meste. Drikkesangene og selskabslegene. Var det Sartre, der havde skrevet 'Ensom blandt mennesker'? Det var i hvert fald sådan, Ingrid altid følte sig; frygtelig ensom i familiens skød.

En grandfætter med hentehår, som i snart 20 år, siden han var blevet skilt, ville invitere hende på tur i sin campingvogn, og Bitten, der altid havde gode emner til, hvem Ingrid skulle gifte sig med. Hver gang en kendis blev skilt, måtte det da være noget for Ingrid? Peter Ashenfeldt var trukket op af hatten en del gange. Og på et tidspunkt havde det været Christian Kjær. Som om Ingrid var en vare, eller det eneste hun drømte om var, at blive godt gift. 'Godt gift'. Hvad var det? Økonomisk eller følelsesmæssigt? Nu var Bitten også begyndt at foreslå Ingrid netdating, for det havde hun læst om i et dameblad. Og hvis bare Ingrid passede på ikke at møde psykopater, seriemordere og patologiske løgnere, kunne hun måske derigennem finde en rar mand. En rar mand...? Ingrid syntes ikke umiddelbart, at det lød særlig rart.

Turen hjem med Bittens søn Jørgen og hans kone Trudi var altid en gru. Parret sad og sendte hinanden onde øjne i løbet af julefrokosten, fordi konen så for dybt i flasken, og sagde endnu dummere ting, end når hun var ædru. Engang havde parret glemt, at de havde lovet at køre Ingrid og hendes mor hjem, og var bare kørt hjem efter et skænderi i køkkenet. Værtinden havde ringet og kaldt dem tilbage, og Jørgen var så rasende, at Ingrids mor ikke var nået helt ind i bilen, inden han gassede op og forlod stedet med hjulspind og sprøjt af slud og salt og grus på de tilbageværende vinkende gæster. 'Hej, hej og tak for en dejlig julefrokost.' Ingrid fik hevet sin mor indenbords og på hele turen hjem, havde moderen siddet og holdt Ingrid fast i hånden. Trudi havde siddet og kastet op i en pose. Og Jørgen havde ikke sagt meget andet end; 'Vor herre bevares, Vor herre bevares!' Han havde sat dem af hos Ingrid, så Ingrid måtte bestille en taxi til moderen, der havde fået ondt i ryggen. Næste jul ville alt være ved det grusomme gamle. Godt gift med en rar mand… Jul i en lille hytte på et bjerg, lød faktisk meget rarere.

Ingrid gik ind i centret. Det var godt at komme lidt væk fra kulden og bilerne. På vej ind, mødte hun et ægtepar, der også sang i koret. Parret havde mødt hinanden i koret, og var blevet gift for mindre end et år siden. De var begge i tresserne, og manden var nok det nærmeste, man kom på 'en rar mand'. Hun hilste på dem, og de spurgte, om hun havde styr på sangene. Jo, det mente hun da. Efter at have sunget i kirkens kor med samme dirigent, kirkens organist Werner, og nogenlunde det samme repertoire de sidste 25 år, kunne hun salmerne og sangene i søvne.

Et juleorkester, der bestod af nogle ældre herrer med skæg og briller, stod og spillede 'Jinglebells' og 'Jeg så julemanden kysse mor'. For at peppe den lidt matte stemning i centret op, kom ham, der spillede på orgel, med små sjove bemærkninger. Efter Ingrid råbte han for eksempel, at han gerne ville være julemanden, hvis hun ville være hans mor. Ingrid skyndte sig videre.

Hun havde købt en frakke i Føtex, en dynefrakke, som var dejlig varm. Den var i en skiferblå farve, og Ingrid havde egentlig moret sig lidt over, at det var muligt at købe noget så smart og billigt i Føtex. Da hendes mor havde set den, ville hun også have en, men Ingrid havde fået hende til at købe den i en anden farve, en støvet rosa, og når de sammen fulgtes på indkøb, sørgede hun altid for at have en anden frakke på. Men nu havde hun sin Føtexfrakke på og et mønstret sjal, som havde været dyrt, i samme nuancer, og det, syntes hun, så ret godt ud.

Hun gik ind i Matas for at se på cremer. Det eneste moderen ønskede sig til jul, var Matas egne cremer. Det var udmærkede cremer, mente moderen, og man behøvede ikke at gøre for megen stads ud af sig selv. På de dyre cremer var der lagt mindst 300 procent avance, og det var for skrapt.

Ingrid ville finde nogle cremer fra Matas, men hun ville også finde noget andet til moderen. Et eller andet lækkert, noget at forkæle moderen med. Måske en pæn bluse. Hun vidste det ikke helt endnu.

"Hanne! Jeg syntes nok at det var dig." Ingrid så pludselig et velkendt ansigt mellem alle de julegrå miner i centret. Veninden Hannes ansigt var askegråt, men dog så dejligt velkendt. Ingrid ville give hende et knus, men veninden veg lidt tilbage.

"Hvordan går det, har I det godt? Skal vi ikke tage en kop kaffe, har du ikke tid til det?" spurgte Ingrid glad.

Hanne så nervøs og træt ud.

"Har du tid til at vi drikker en kop kaffe?" spurgte Ingrid igen.

Hanne skulle lige til at ryste på hovedet, så nikkede hun. "Jo, det kan vi jo lige så godt," hun lød ikke særlig glad.

De satte sig i én af centrets fem cafeer. Denne var lavet som en pseudo fransk cafe, med cafeborde og spejle på væggene, men den kunne egentlig ligeså godt havde været et 'hyggeligt' familieindslag på en færge til Tyskland. Stolenes sæder var betrukket med spraglet violet stof, som man hyppigst finder på motorvejsrestauranters spisestole eller på sæderne i billige franske biler.

"Jeg gir'," sagde Ingrid, efter at de havde fundet et bord og hængt deres frakker op, "hvad vil du have?"

Hanne ville gerne have sort kaffe, "bare uden noget," sagde hun.

Ved disken så Ingrid, at de havde friske brownies fra det gode konditori og købte to stykker sammen med den sorte kaffe til Hanne og hendes egen cappuccino.

Da hun bar bakken hen til deres plads, sad Hanne og talte i sin mobiltelefon. Hun sagde ikke så meget, og samtalen var færdig, i det samme Ingrid satte bakken på bordet.

"Jeg købte altså lidt kage til os, den så så lækker ud."

Hanne kiggede på kagen, som om den lige om lidt ville springe op og bide hende i struben.

"Du behøver ikke at spise den," skyndte Ingrid sig at sige.

De sad i stilhed og drak kaffen og spiste kage. Ingrids kaffe var lunken, mælken var ikke blevet varmet nok op, men kagen var god, og der var endda lidt valnødder i. Hanne stak blot til sin. De to havde kendt hinanden, siden de startede sammen i første klasse. Begge lidt generte med alt for store helt nye skoletasker. De blev placeret ved siden af hinanden af klasselæreren frøken Holm. Hanne havde en lillesøster Lise. Lise var fem år yngre, og Hanne undlod for det meste at tale om hende. Det var som om Lise slet ikke eksisterede. Med undtagelse af, når Ingrid og Hanne skulle noget, så dukkede Lise altid op og ville gerne med de to store piger. De fik hun aldrig lov til, hvilket for det meste resulterede i, at hun løb grædende op til Hannes og Lise mor. "Infame unge," plejede Hanne at sige. Det vidste Ingrid ikke, hvad betød, og da hun havde spurgt sin mor, havde moderen bare sagt, at det sandelig ikke var noget pænt ord, og det skulle hun ikke bruge. Ingrid havde fortalt det til Hanne, som bare havde sagt. "Jamen, hun er altså infam… og nederdrægtig." Det vidste Ingrid heller ikke, hvad betød, men det var åbenbart noget, Hannes søster var, og så havde man naturligvis ikke lyst til at have hende med, når man legede i gården eller gemte sig i den hemmelige hule oppe på loftet.

Da Lise var 18 år, blev hun dræbt af en spritbilist. I Hannes verden var det, som om Lise aldrig havde eksisteret, og efter begravelsen nævnte hun hende aldrig med et eneste ord.

"Hvordan har I det ellers?" forsøgte Ingrid. Hanne gav et lille spjæt. Hun havde siddet i sine egne tanker.

"Jo, tak fint," sagde hun. "Og hvad med dig og din mor?" Hanne spurgte altid om både Ingrid og Ingrids mor samtidig. Som om de var et par. Hvis Ingrid spurgte til Hanne, ville hun altid først spørge til Hanne og dernæst til Hannes børn og mand, og i slutningen af samtalen høre, hvordan hendes forældre ellers havde det. Men med Ingrid var det anderledes, hun var kædet uløseligt sammen med sin mor, som om deres liv var et, og som om alt, hvad de gjorde, gjorde de sammen.

Efter et par høflighedsfraser, sagde Hanne, at hun måtte se at komme videre. Hun tog sin frakke på, greb sin taske og skyndte sig af sted. Uden et knus, uden andet end et kort farvel. Ingrid rejste sig for at gå. Men da hun så efter sin taske, opdagede hun, at Hanne havde glemt en pose nede ved siden af sin stol.

Hun greb posen og løb ud ad cafeen efter Hanne. Veninden stod lige uden for døren og talte i mobiltelefon. I centrets skarpe lys så Hanne endnu blegere ud end inde i cafeen. Ingrid gav hende posen og fik en afmålt gestus fra Hanne. Et vink med hånden, som både kunne betyde 'tak' og 'lad mig være i fred'.

Da Ingrid kom tilbage i cafeen for at hente sit overtøj, blev hun råbt an af et bord med fire yngre mennesker. To par med hver deres babylift. Den ene med et skrigende barn i. Ingrid gik hen til dem.

"Ja," sagde hun spørgende.

"Kunne vi måske få lov til at bestille," sagde den ene af mændene. Han var lyshåret med sortindfattede briller – for sorte, tænkte Ingrid. Kontrasten mellem det lyse og det mørke virkede brutal.

"Vi har faktisk siddet her i mindst 10 minutter."

"Jamen, jeg er ikke ansat her," smilte Ingrid, "og man skal selv hente oppe ved disken."

Det så ikke ud til at behage de unge par.

"Arh men, skal vi så helt ærligt ikke bare gå," sagde den ene kvinde, hun så ud til at være den lyshåredes kone, og den anden kvinde nikkede.

"Nej, nu har vi siddet her og ventet så længe," sagde den anden mand og så vredt på Ingrid, "kunne du så i det mindste ikke rydde vores bord, her er ret ulækkert."

Ingrid skulle lige til endnu en gang at fortælle, at hun ikke arbejdede i cafeen.

"Vi går," sagde den lyshårede i det samme, "for helvede et sted."

De fire unge mennesker rejste sig og gik fra bordet. Den lyshåredes stol væltede, da han rejste sig, men han lod den ligge, og idet de marcherede forbi Ingrid, fik hun et puf med én af babyliftene. Babyen i liften skreg stadigvæk.

Ingrid rejste stolen op og hentede sit overtøj. Ved det bord, hun og Hanne havde siddet, sad der nu to midaldrende kvinder. Begge med rødligt hår, designer læsebriller, farvestrålende sjal og meget røde læber. De var i gang med at læse spisekort. Hannes og Ingrids kopper var ikke fjernet, og Hannes kage stod der stadig næsten urørt. Kvinderne havde skubbet det brugte service over i det ene hjørne af bordet. Ingrids Føtexfrakke havde de smidt ned på gulvet.

Ude i centret så Ingrid endnu et glimt af Hanne. Hun talte stadigvæk i telefon og var på vej ind på apoteket.

3.

Det var anden juledag, efter julefrokosten i Hørsholm og efter turen hjem med en vred Jørgen og en denne gang kun lettere beruset Trudi. Ingrid sad og så en gammel film i fjernsynet. Hun havde lavet te, Lapsang Sushon, som hun drak af det fine rosenstel fra Harrods, og hun havde lavet sig en sandwich med røget laks, en god kvalitet, købt hos fiskemanden i centret. Fra vilde laks, og ikke de opdrættede, som smagte af alt andet end frisk fisk. Julekaktussen blomstrede i vindueskarmen, og uden for i altankasserne glimtede de små julelys, som Ingrid havde hængt i altankassernes stedsegrønne grene. Der blæste en kold vind igennem den stille gade. Det var så den jul, tænkte hun, så blev den da heldigvis overstået.

Julekoncerten var gået godt. Der havde været mange mennesker og en god stemning. Og koret havde lydt rigtig godt, især efter at to af de ældste deltagere var gået ud, og der var kommet to nye og yngre ind. Det var to mænd, begge tenorer, og de sang godt. Ingrid startede i koret, da hun var 25 år. Det var lige efter, at hun og hendes daværende kæreste, Erik, var gået fra hinanden. Hun havde været lidt ked af det, og hendes far, som sad i menighedsrådet, spurgte kirkens organist, om ikke hun havde en plads til en ung kvinde. Ingrid havde først i haft lyst, de fleste i koret var håbløst gamle, havde hun syntes dengang, men så var hun alligevel gået over i kirken en aften, koret øvede, og havde syntes, at det havde været hyggeligt at være med.

Juleaften med moderen. Maden var virkelig god, som altid, og Ingrid havde insisteret på, at de fik et juletræ, selvom moderen syntes, at det var unødvendigt frås. Da Ingrids far havde levet, havde de altid juletræ. Det største de kunne finde til stuen, og Ingrid og faderen pyntede det sammen lillejuleaften. I år havde Ingrid pyntet træet alene, men stadigvæk med den samme pynt, og lige præcis sådan, som hun og faderen havde pyntet det hver jul. Efter middagen og ris a l'amand'en havde Ingrid tændt lysene og sat et ældgammelt kassettebånd på med julemusik; Wiener Sängerknaben, som moderen holdt så meget af, sang tyske julesange. De havde udvekslet gaver. Moderen blev glad for cremerne fra Matas, men silkeblusen i elfenben og med små biser, som Ingrid havde glædet sig til at give, havde moderen fundet alt for fin, og bedt Ingrid om at tage med igen og få pengene tilbage. Det havde egentligt ikke skuffet Ingrid så meget, hun kendte jo sin mor.

"Hvornår skal jeg noget, hvor man skal være så fin? Tag du og aflever den tilbage igen, du har mere brug for pengene."

Moderens gave til Ingrid havde været 1.000 kr. "Og så kan du købe, lige hvad du har lyst til."

Ingrid fik altid penge til jul. "Så kan du få så meget mere på udsalg," sagde hendes mor.

Ingrid ville ønske, at moderen bare en gang imellem ville købe en gave til hende. Bare et eller andet, som hun havde tænkt over, og havde tænkt at Ingrid nok ville blive glad for. Købt noget for at glæde Ingrid, brugt tid på det. Men det skete aldrig. Der var altid en kuvert til Ingrid, jul og fødselsdag.

Moderen ville give kuverten til sidst, efter at Ingrid havde givet moderen sine gaver, og læst årets julepost op. De få kort, der var. Så hev hun en lille kuvert op af sin forklædelomme og stak den lidt diskret til Ingrid. Der var ikke noget kort med, men moderen havde på kuvertens forside skrevet; 'Glædelig jul' med blyant. Ingrid var begyndt at tage kuverten med sig, så moderen ikke genbrugte den til næste jul. Det var Ingrid begyndt på, efter at hun en jul havde fået en kuvert, hvor der stod 'Tillykke med fødselsdagen'.

Filmen i fjernsynet var én af de sædvanlige gamle slidte film, som fjernsynet altid bragte i juledagene. Der hvor man hyggede sig med familien og ikke så fjernsyn. I hvert fald ifølge dem der arbejdede ved Tv.

Helten i filmen var Ingrids første kærlighed. Hun havde været tre-fire år, da hun blevet passet af sine forældres bedste venner, og de havde taget hende med ind at se en film i biografen. Det var første gang, Ingrid var i biografen, og hun havde fået to flødeboller. Helten var så sød, havde Ingrid syntes. En voksen mand, som mange år efter havde vist sig at være homoseksuel. Men i filmen var han en helt og en kvindebedårer. Han havde i hvert fald bedåret Ingrid.

Ingrid zappede lidt rundt. Til sidst slukkede hun og tændte i stedet for radioen, som spillede fusionsjazz. Hun prøvede en anden station, og her drøftede to mennesker en bog, som Ingrid ikke kendte. De talte, som om forfatteren var deres bedste ven. Det var han måske også. De omtalte ham kun med fornavn eller hans kælenavn, og også andre kendte forfattere kaldte de ved fornavn og talte indforstået om. De måtte have mange venner inden for den litterære verden. Hun satte en cd på, Nikolaj Znaider spillede Mendelssohns violinkoncert, og nippede visne blomster af julekaktussen. Mon den ville have godt af at blive pottet om? Det måtte hun huske at spørge sin mor om. Der var altid noget, hun skulle huske at spørge sin mor om. Den bedste måde at pudse kobberkedlen på, hvordan man fjernede rødvinspletter fra en damask dug, undgik at en sovs skilte. Alle mulige praktiske ting, kunne hun spørge moderen om. Hendes mor ville vide det og komme med gode svar og råd. Noget, Ingrid aldrig havde spurgt om, var menstruation og sex. Da hun var 14 år, ville hun gerne have spurgt sin mor, men hun havde aldrig følt det naturligt at spørge, og hendes mor var aldrig selv kommet ind på emnet. Så Ingrid havde stille suget viden til sig i skolen, hos skolesygeplejersken og i klassen. Hun havde ikke spurgt, angst for at eksponere sin egen uvidenhed, men hun havde lyttet og også lyttet, når de andre piger talte sammen om deres erfaringer. Men til moderen havde hun aldrig stillet spørgsmål. Kun om praktiske ting som havde med husholdningen at gøre. Og til sin far havde hun kunnet stille alle mulige spørgsmål, som havde med rejser, fremmede lande eller økonomi at gøre. Hans viden inden for de områder var stor, og hans hjælp havde været uvurderlig, da hun købte sin lejlighed. Hun greb stadigvæk sig selv i at tænke; det skal jeg lige spørge far om, eller den mail skal han se, hvis nogen sendte en sjov eller hyggelig mail til hende. Men nu var han der ikke mere, og hun kunne ikke længere spørge ham eller dele noget med ham. Det gav altid et sug i hende, når hun tænkte på ham. Da han døde, følte hun, at hun ikke bare havde mistet sin far, men også sin bedste ven. Det var fem år siden, han var død. Et slagtilfælde, sagde Ingrids mor. Det var et gammeldags udtryk, syntes Ingrid.

Ingrid kom til at tænke på Hanne. Hanne var hendes bedste og ældste veninde, men hun havde ikke hørt fra sin veninde siden den dag i centret. Hanne plejede at sende julekort, men der var ikke kommet noget i år. Hun tænkte på at ringe til Hanne, men ikke nu, ikke anden juledag, så ville Hanne have familien til julefrokost. Det havde hun altid anden juledag. Sine forældre, sine to sønner og sin mands store familie. De to gamle veninder plejede også altid at tage en juletur sammen og købe gaver, ses inden jul og udveksle gaver, men ikke i år. Ikke et ord fra Hanne. Ingrid havde sendt sit obligatoriske kort, og havde også en gave klar til Hanne. En cd med Bryn Terfel, gaver til Hannes to voksne sønner, det var gavekort til cd'ere, men Ingrids beskeder på Hannes mobilsvarer blev ikke besvaret. Hanne havde sikkert som altid travlt, hun havde nok ikke haft tid til at ringe tilbage til Ingrid, eller måske havde hun bare ikke lyst til at ringe. Ingrid forstod det ikke. Hun overvejede, om hun skulle tage bussen over til Hanne én af de næste dage, selvom hun godt var klar over, at Hanne ikke brød sig om, at man kom uanmeldt. Det havde Ingrid gjort en enkelt gang. Det var, da hun havde fået sin sidste karakter til eksamen, hun var bestået, og hun var færdig med sin uddannelse. Hun var så glad og sikker på, at Hanne ville dele hendes glæde. Men det havde Hanne ikke gjort. Ingrid havde stået på måtten til Hannes lejlighed, og Hanne havde med sin førstefødte på armen ladet Ingrid forstå, at det var upassende, at hun kom uanmeldt. Der var også en anden gang, hvor Ingrid havde været ked af det, ulykkelig over noget med Erik, det var før de flyttede sammen, ulykkelig over stadig at bo hjemme hos forældrene, ulykkelig over et eller andet, sikkert uden betydning. Og hun havde ringet til Hanne fra en telefonboks nede ved havnen. Hanne var lige blevet gift, og Ingrid havde håbet på, at Hanne ville invitere hende hjem til en kop te i den nye lejlighed. Men Hanne havde bare sagt; 'jamen, du skal i hvert fald ikke komme her'. Du skal ikke komme her. Ingrid slog det hen, Hanne havde nok bare haft travlt. Den ene gang var hun lige blevet gift, den anden gang næsten lige blevet mor. Hvad havde Ingrid dog tænkt på!

Så Ingrid tænkte nu, at hun måske i løbet af nogle dage kunne ringe til Hanne, når julen var overstået og nogle dage inden nytår. Det var nok det bedste tidspunkt.

Hun hentede brochurerne fra Italiensdroemme.com. Siden, med pensionatet ved Comosøen, havde æseløre, og der var spildt lidt kaffe på opslaget. Mindre end tre måneder nu. Det blev en lidt dyr tur, nu hun skulle af sted alene. Hun kunne i hvert fald have sparet den ene flybillet, og det var naturligvis fråds med to værelser, men måske ville pensionatet leje det ene ud for hende, når hun alligevel ikke skulle bruge det. Det kunne jo godt være, for der var ingen afbestillingsmulighed. Det havde hun set, da hun havde kigget billetterne igennem. Sådan noget ville hendes far have set med det samme. Med garanti.

Hun havde aldrig før prøvet at rejse alene. Hun havde altid været af sted med sine forældre eller i de tidligere ungdomsår med nogle veninder. Aldrig med Hanne. Hanne var blevet gift ret ung. Men hun havde været af sted med nogle veninder fra Handelsskolen, og det havde været sjovt. De havde været på Kreta, og én af de andre piger havde fået en kæreste dernede. Men forholdet gik i sig selv, da hun kom tilbage til Danmark. Ingrid havde også engang været på telttur i Jylland. Det var, da hun boede sammen med Erik. Næsten to år holdt det forhold. Han læste medicin, og de havde været ringforlovet. Det var længe siden. Han var gift nu og havde voksne børn og børnebørn, og en stilling som overlæge på et provinshospital. Ingrids forældre var kede af, at det var gået i stykker, men det var det, og hvordan skulle hun kunne fortælle dem, at Erik blev frygtelig jaloux, når han havde fået lidt at drikke. Frygtelig jaloux og én gang, men kun én gang, havde han slået hende. Det var til en nytårsfest, hvor hun havde danset med hans bedste ven. Det var så frygteligt længe siden, og mon ikke han var vokset fra den jalousi nu? Det håbede hun. Hun var flyttet fra kollegielejligheden, han havde på grund af sit studie, og først hjem til sine forældre og derefter hen i en lille lejlighed i et moderne højhus. Der brød hun sig bestemt ikke om at bo. Der var larm om natten. Ja, der var stort set altid larm, og der var beskidt. Det var som om alt var ligegyldigt. Affaldet flød alle vegne, og beboerne virkede ligeglade. Hendes forældre havde hjulpet hende med indskud til en andelslejlighed i en pæn ejendom, der lå ikke så langt fra hendes barndomshjem. Den havde haft et enkelt værelse og et køkken, hvor der var plads nok til, at man kunne sidde og spise ved et lille bord. Når hun havde sine forældre på besøg, kunne de lige være omkring bordet. Der havde hun boet mange år, indtil hun købte sin nuværende lejlighed, en ejerlejlighed på 85 kvadratmeter, med tre et halvt værelse og en lille altan. Hendes mor havde syntes, at det var fråds.

Hun var selv vokset op i en toværelses lejlighed på 50 kvadratmeter. Der havde Ingrids bedsteforældre altid boet, fra de blev gift, og til mormoderen døde, tre måneder før Ingrid kom til verden. Ingrid havde ofte tænkt på, hvordan mormoderen kunne dø på det tidspunkt. Lige inden hun skulle være mormor for første gang og hendes eneste barn, skulle være mor for første, og viste det sig, eneste gang. Så Ingrid havde aldrig set sin mormor, men hun vidste, at mormoderen havde lavet god mad. Det havde Ingrid hørt om stort set ved hvert aftensmåltid alle de efterfølgende år.

Ingrid for sammen ved dørtelefonens brummen. Hun kiggede automatisk på sit ur. Hvem kunne det være klokken halv ti på en anden juledag? Tidlige nytårsløjer?

"Ja, hallo!" Der var ingen, der svarede. Hun prøvede igen, men der var stadigt intet svar. Det var åbenbart nytårsløjer eller én eller anden festlig fulderik på vej hjem fra julefrokost.

Hun havde lige sat sig igen, da det ringede på ny. Hun overvejede slet ikke at rejse sig, men personen nede ved kaldeanlægget havde sat fingeren stædigt på knappen.

"Hallo!?" Der var stadig intet svar, men så pludselig hørte hun noget.

"Ingrid." En hæs stemme kaldte hendes navn.

"Ja?"

"Ingrid, det er Hanne, må jeg komme ind?"

"Ja, naturligvis." Ingrid blev helt glad, men i det samme var hun klar over, at venindens besøg så sent på en anden juledag måtte betyde, at der var problemer. Hun åbnede sin entredør, nede fra stueetagen kunne hun høre elevatoren blive aktiveret. Den var længe om at køre de fem etager op. Hanne kom ud af elevatoren, som om hun næsten ikke havde kunnet åbne døren, og havde været i fare for at sidde fast. Hun var bleg og så forgrædt ud.

"Hanne," udbrød Ingrid forskrækket, men greb sig i det, og forsøgte roligt at lede veninden inden for i lejligheden. Den altid ordentlig og pletfri Hanne så farlig ud. Hun havde en sort hue trukket end over ørerne, og da hun tog den af, var hendes ellers perfekte og altid nyklippede hår uglet og uvasket. Hun strøg det bag ørerne, men en hårtjavs blev ved med at falde ned i øjnene på hende. Hun havde en gammel brun frakke på, som slet ikke matchede hendes grå bukser. Ingrid hjalp Hanne af med frakken, inden under havde hun en forvasket lyserød sweatshirt på, 'Lalandia' stod der på den.

"Kom ind," sagde Ingrid og greb Hannes hånd og førte hende ind i stuen. "Jeg laver en kop te til os."

Hun gik ud i køkkenet og satte kedlen over, og opdagede til sin forskrækkelse, da hun vendte sig for at tage en ekstra kop, at Hanne stod lige bag ved hende. "Åh, jeg så dig slet ikke."

Hanne satte sig på en taburet, og hev en pakke klenex op af sin bukselomme. Det så akavet ud. Så pudsede hun næse, meget voldsomt og meget uligt Hanne, og snøftede gennem tårerne og næsepust, "han har forladt mig, Lars er flyttet".

"Åh nej, Hanne! Det var dog frygteligt." Ingrid satte sig på hug foran veninden og tog hendes hånd. De sad sådan i lang tid, mens Hanne pudsede næse og snøftede, og Ingrid kunne mærke sine ben begynde at sove.

Elkedlen kogte, og Ingrid rejse sig, men havde svært ved at få benene til at strække sig ud, så hurtigt som hun havde ønsket, og hendes gang til kedlen var i knæ og hun var nødt til at støtte sig til bordpladen. De kom til at grine.

"Åh vi er blevet så gamle," sagde Hanne hikkende.

Ingrid glædede sig trods alt over at se hende smile. Hun valgte en appelsin- og chilite og lavede en bakke klar. "Er du sulten?"

Hanne rystede på hovedet, som om Ingrid havde tilbudt hende noget virkelig væmmeligt.

"Jeg kan lave dig en sandwich med noget rigtig god røget laks."

Hanne tøvede, så nikkede hun. "Jo tak, jeg har ikke spist så meget her i julen."

De bar bakken ind i Ingrids stue.

"Du har det altid så hyggeligt," sagde Hanne, "du er så god til at indrette." Hun gik hen til julekaktussen. "Åh, hvor er den dog smuk nu. Er det den fra dine forældres hjem?"

"Det er en aflægger, du kan også sagtens få en."

Hanne kiggede træt på hende. Måske var det ikke lige det, Hanne havde brug for nu.
"Kom sæt dig her, så drikker vi te." Ingrid skænkede den varme te op i de fine kopper.

Men Hanne gik i stedet over til det gamle egetræsbord, hvor Ingrid havde sat en stor troldhasselgren ned i en gammel grøn glaskande og dekoreret den med julekugler og lyseholdere med små hvide lys. "Hvor er det fint."

Ingrid tænkte, at Hanne aldrig rigtig tidligere havde bemærket, hvordan hun havde indrettet sig. Hanne boede selv så moderne. Hun smagte på teen, der var en fin sødme fra appelsinskallerne og en smule bid fra chilien.

Hanne blev stående. "Han er flyttet hjem til en anden," sagde hun så pludseligt, "en fra kontoret. En han åbenbart har kendt længe. Det er egentlig så banalt."

Ingrid vidste ikke, om hun skulle rejse sig eller blive siddende, men hun rejste sig og gik over og gav Hanne et knus. Veninden stivnede og hele hendes attitude signalerede, 'lad mig være'.

"Kom," sagde Ingrid i stedet, "kom og få en kop te."

Hanne gik modvilligt med og satte sig i sofaen, men i stedet for at spise maden og drikke teen, sad hun og aede én af de gamle broderede puder, der stod et par stykker af i den lyse sofa. Det var den med æbleroserne, Ingrids mor havde broderet med fine små sirlige sting, og givet Ingrid i indflytningsgave. Den Ingrid holdt allermest af.

Det var åbenbart kulmineret lillejuleaften. Hanne havde pyntet juletræet og glædet sig til, at de voksne sønner skulle komme hjem juleaften. Lars havde set noget sport i fjernsynet. Han blev ved med at få sms'er, og hvis Hanne spurgte, om det var fra sønnerne, havde han slået det hen og sagt, at det bare var reklamer, eller at det var noget med arbejdet. Da han på et tidspunkt var ude i køkkenet, havde hun set sit snit til at tage hans telefon med ud på toilettet og set, at sms'erne kom fra en Lena. Hanne vidste, at der var en Lena i den forvaltning, som Lars arbejdede i, men hun blev temmelig overrasket over, at denne Lena havde sendt Lars adskillige sms'er. Og de havde bestemt ikke været arbejdsrelaterede.

Hanne og Lars var kommet op at skændes, og han havde forsikret hende, at det havde været en flirt, og at han blot havde danset lidt med Lena til julefrokosten og givet hende et enkelt kys. Lena havde problemer i sit ægteskab, og nu hjalp han hende, som en god ven og kollega. Men Hanne havde set, at sms'erne gik helt tilbage til august, og var begyndt efter det arbejdsseminar, Lars havde deltaget i på Fyn. Sammen med hele forvaltningen. Det havde været en frygtelig juleaften med drengene, og første juledag var Lars flyttet. Han havde bare sagt, at han flyttede, ikke hvorhen. Han havde behov for luftforandring, slippe væk, han orkede ikke mere, og han svarede ikke sin mobiltelefon. Om aftenen havde Hanne ringet rundt til hele familien og aflyst anden juledags frokost, fordi Lars havde fået influenza. Det var de alle sammen meget kede af at høre, og hun måtte hilse ham mange gange og ønske god bedring. 'Jo tak,' havde hun sagt, 'jeg håber snart, at han kommer sig.' Det var det. Han var ikke dukket op anden juledag, hvor de skulle have haft 18 til frokost, og hun havde ikke hørt fra ham.

"Hvad med al maden?" fór det ud af Ingrid, og hun tænkte med det samme flovt, at det var sådan noget, hendes mor ville have spurgt om.

"Jeg frøs det hele ned," sagde Hanne blot.

Hanne tog små bidder af sin sandwich og nippede til teen. Hun fandt en pakke cigaretter i sin taske og spurgte, om hun måtte ryge.

"Ja, selvfølgelig," sagde Ingrid velvidende, at hun ville få hovedpine af røgen. Hun havde ikke set Hanne ryge i årevis. Lars mente, at det var lavstatus, og skulle Hanne ryge, var hun henvist til at køre med elevatoren ned og stå uden for gadedøren. Nu sad hun med en pakke Prince og pulsede løs. Ingrids øjne gjorde allerede ondt.

Om hun havde haft mistanke om Lars utroskab? Jo, noget havde hun vel haft mistanke om, men hun havde bildt sig selv ind, at hans overarbejde virkelig var overarbejde, og at hans faren op overfor hende var på grund af stress. De havde været gift i 24 år, "og så er det vel ikke så mærkeligt, når sådan noget sker?" sagde Hanne mere konstaterende overfor sig selv end som et spørgsmål stillet til Ingrid. Og Ingrid ville ikke vide, hvad hun skulle svare, men Hanne havde måske nok ret.

"Og børnene?," ville Ingrid vide, de to voksne sønner.

"Åh," sagde Hanne, "de har jo deres egne liv. Deres kærester, venner, studier og arbejde."

"Vil du have et glas vin?" Ingrid var kommet i tanke om årets julegave fra Bülow & co. Den obligatoriske tre flaskers gavekarton med én flaske hvidvin og to flakser rødvin. Det ville Hanne gerne.

"Rød eller hvid?"

"Helst rød."

Ingrid hentede en flaske og to krystalglas. Glassene stammede fra hendes fars barndomshjem. Gamle sprøde glas i den tyndeste klare krystal. Ingrid skænkede op, og Hanne drak vinen, som om det var vand. Da hun satte glasset ned på bordet, satte hun det så hårdt, at Ingrid i sit stille sind først frygtede, at det var gået i stykker, men mirakuløst så det ikke ud til, at der var sket noget.

Hanne rakte ud efter flasken, lige før Ingrid skulle til at gøre det samme for at skænke op, fyldte det og tømte det igen. Så pudsede hun næse og sagde hæst, "ja. det er vel så banalt, som det kan være."

Lars var også begyndt at gå til fitness og spinding. "Helt vildt, hver weekend og på det seneste også flere aftener om ugen. Den mad, jeg ellers har lavet i alle årene, og som han godt kunne lide, var pludselig for fed. Han har tabt sig meget."

Hanne var selv nydelig og slank, ikke sportstrænet, men bare slank fra naturens side.

"Jeg troede, at det var sådan noget midtvejskriseagtigt, som man læser om. Og det er det måske også."

"Tror du ikke, at han falder til ro igen," forsøgte Ingrid, og hun vidste, at det lød dumt, i det samme hun sagde det.

Hanne begyndte at græde igen, "jeg ved det ikke," snøftede hun.

De sad længe uden at sige noget. Hanne drak vin, og Ingrid nippede til sit glas. Hun vidste ikke, hvordan hun bedst kunne trøste veninden. Hanne tændte en ny cigaret, stuen var efterhånden godt tilrøget.

"Gør det noget, at jeg lige åbner altandøren?"

Hanne rynkede på næsen, "her bliver så koldt."

Så Ingrid lod være.

Til sidst var flasken tom.

Hanne rejste sig, hun virkede overraskende upåvirket af vinen. "Jeg må se at komme hjem," sagde hun.

"Jeg følger dig hjem, jeg skal bare lige have lidt mere tøj på." Ud ad vinduet kunne Ingrid se, at det var begyndt at sne. Da hun kom tilbage til stuen, stod Hanne og kiggede i kataloget fra Italiensdroemme.com.

"Ja, jeg havde bestilt en rejse til min mor og mig, men mor vil ikke med." Hun fik pludselig en ide. Hun fattede ikke, at hun ikke havde fået den ide for længst. "Hanne vil du ikke med? Til Comosøen. I marts. Vi skal fejre min fødselsdag, havde jeg tænkt. Jeg har købt og betalt rejsen og pensionatet er med kvart pension, du skal bare selv sørge for lidt lommepenge, og så det vi spiser udover morgenmaden, men vi kan jo bare leve billigt."

Hanne sendte hende et lille smil, men så så hun straks forvirret ud. "Det kan jeg altså slet ikke overskue lige nu," sagde hun så en smule stødt.

"Nej, nej, det forstår jeg godt, men det er da en mulighed, og så kunne du have lidt at glæde dig til. Jeg tror, at det kunne være rigtig hyggeligt. Du får dit eget værelse med udsigt over søen, og der er eget bad og toilet på dit værelse. Men tænk over det, tilbudet er der."

"Ja, der er vel heller ikke andre, du kan tage med," sagde Hanne, hun havde taget huen på igen.

De spadserede med hinanden under armen gennem de stille gader, ingen af dem sagde noget. Hanne virkede alligevel en smule beruset. Der var stort set ingen busser så sent på en helligdag, og rundt omkring stod folk, julefrokostpyntede i alt for tyndt tøj og forsøgte at praje en taxa. Der var nogle kilometer over til Hannes lejlighed, som lå i et nyere boligkompleks. Hun og Lars havde købt lejligheden som ny, og Ingrid havde beundret boligens enkle og stilfulde design, som gik igen i køkken og to badeværelser. Der var en altan med glasafskærmning. Nede fra parkeringspladsen kiggede Hanne op til boligen på sjette sal og så lys i lejligheden.

"Lars!," udbrød hun. Hun virrede rundt med hovedet, "og bilen er her også!"

Ingrid ville give hende et knus og ønske hende god nat, men Hanne vred sig ud af hendes arm og løb en smule vaklende hen mod døren. Hun stod i lang tid og fumlede med sine nøgler, fik låst op og forsvandt ind i opgangen.

"Farvel," sagde Ingrid stille efter hende. Hun så der blive tændt lys i trappetårnet, snart ville Hanne låse sig ind i lejligheden til Lars, som åbenbart var vendt hjem. Ingrid tænkte på, om det var for kortere eller længere tid.

4.

Ingrid hørte intet fra Hanne de næste dage. Hendes opkald og beskeder affødte ingen svar fra veninden. Nytårsaften var hun ovre hos sin mor, og fra moderens karnap kunne de se hele gaden og fyrværkeriet. De fik halve hummere, det var en tradition, der var indført i moderens familie, længe før Ingrid blev født. Ved midnat skålede de i en lille flaske mousserende sød tysk vin, der var ingen grund til at spilde en hel flaske champagne, mente moderen, når de bare var de to. Efter fjernsynets koncert med 'Vær velkommen', spadserede Ingrid hjemad. Der var en masse mennesker på gaden, og ind imellem måtte hun springe for at undgå raketter, der blev fyret skævt af eller heksehyl ude af kontrol. Hun snørede sin hætte til og skuttede sig i sin Føtexfrakke. Da hun skulle til at lukke sig ind ad gadedøren, ringede hendes mobiltelefon.

"Heeeej," lød en glad, lidt skinger stemme, og i baggrunden kunne Ingrid høre festende mennesker.

"Hallo," sagde hun.

"Dzte Hanne," sagde en stemme.

"Hanne, godt nytår, hvor er det dejligt at høre fra dig. Hvordan går det?"

"Godt!" Hanne lød bestemt. I baggrunden blev der spillet musik, 'Living next door to Alice', og der blev sunget med på 'Who the hell is Alice?' så Ingrid måtte råbe til veninden.

"Vent lige lidt," Hanne råbte til nogen i lokalet, og Ingrid kunne høre nogen kalde på Hanne. "Ja ja Lars," råbte Hanne tilbage, "kommer nu. Vi er til fest hos Irene og Jacob, hele flokken er her. Du ved fra fodboldklubben." Ingrid kendte godt Lars og Hannes venner fra Lars fodboldklub, og vidste, at de altid fejrede nytårsaften sammen.

"Nå, men jeg ville bare lige sig hej," det lød som om Hanne blev trukket af sted ind på dansegulvet, musikken var øredøvende høj.

"Det var vel nok pænt af dig," skreg Ingrid, "jeg er glad for at høre fra dig, og…"

Hanne afbrød hende, "det der med Iscjalien, det er vist ikke nogen god ide."

"Nej, øh nej nej, det kan jeg selvfølgelig godt forstå."

Hanne gav et lille hvin fra sig. "Ih altså, det er Lars."

"Hej hej, hej hej," hørte Ingrid Lars råbe i baggrunden, så blev telefonen afbrudt.

Oppe i lejligheden checkede Ingrid sin telefonsvarer, men der var ingen, der havde ringet. Hun børstede tænder med den elektriske tandbørste, vaskede sit ansigt grundigt og smurte det med natcreme. Hun løsnede sit skulderlange hår og børstede det. Der var endnu ikke kommet grå striber i det lyse hår, men som sin mor ville hun nok gå direkte fra blondt hår til hvidt hår. Så tog hun sin kjole af, hængte den på en bøjle og gik i seng. 'Nye år', bad hun stille, 'nye år, bliv rarere end det gamle'. Mens hendes soveværelse jævnligt lyste op fra glimtene fra de raketter, der blev sendt op nede fra gården og til de dumpe brag fra kanonslagene, faldt hun i søvn.

"Godt nytår," sagde hun til hr. Nielsen, da de mødtes første arbejdsdag i det nye år.

"Tak, mange tak, og i lige måde, Ingrid."

Han hed Johannes til fornavn, men Ingrid havde aldrig kaldt han andet end hr. Nielsen.

"Havde du og din mor nogle gode dage?"

"Jo, tak de var stille og rolige."

Den ældre mand nikkede, som om han ikke helt hørte efter.

"Der er kommet en del bestillinger via webshoppen." Ingrid viste ham glad et udskrift. Det var hende, der havde fået trumfet igennem, at de skulle have opbygget en webshop til salg af især maling og farver til private, og den var begyndt at gå helt pænt.

"Strålende," hr. Nielsen smilte glad, "strålende, Ingrid!"

"Jeg går i gang med at pakke og sende med det samme," sagde hun, "skal jeg lave en kop kaffe?"

"Tusind tak, det ville være dejligt," sagde den ældre mand taknemlig.

Ingrid satte kaffemaskinen i gang. Den skulle vist afkalkes, men det måtte vente, til hun havde fået ordnet de bestillinger, der var tikket ind i løbet af juleferien. Hun havde købt frøsnappere, Hr. Nielsens foretrukne wienerbrød, og imens kaffen løb spruttende igennem maskinen, gjorde hun en bakke klar.

Da hun lidt efter stod uden for hans dør, talte han i telefon. Han så ikke glad ud, men når Ingrid tænkte efter, så han egentlig altid frygtelig træt og bekymret ud. Han vinkede hende indenfor. Samtalen var forbi, og Ingrid stillede bakken forsigtigt på det gamle blanke mahognibord. Et bord han havde overtaget fra sin svigerfar, stifteren af Bülow & co.

"Havde I en god jul?" spurgte hun.

Han tænkte sig lidt om, som om han ikke helt forstod spørgsmål, så kiggede han på hende, og sagde, "jo, jo bestemt. Det var jo med børnene og børnebørnene. Lige noget for Elise, så er hun i sit es."

Elise, var hr. Nielsens kone. Alle andre kaldte hende for hendes kælenavn, Musse. Det var kun hr. Nielsen, som kaldte hende ved hendes døbenavn, Elise.

"Hvor gamle er de nu, børnebørnene?" Ingrid spurgte mest for at holde en samtale i gang.

"Åh, ja, lad mig se. Markus er vist 16 år."

18, tænkte Ingrid, hun vidste det bedre end farfaderen.

"Så er der Hans, han er jo yngre. Og Viktoria og Sofie Amalie og Joakim."

Han så helt forvirret ud, og Ingrid skyndte sig at sige. "Av, så har der sikkert været gang i den."

"Ja, tak hele julen."

"Og lavede I så noget til nytår?

"Nej," sagde hr. Nielsen, "der var vi bare hjemme. Og hvad med din mor og dig?" spurgte han, han var en velopdragen mand.

"Jo," sagde Ingrid, vi var jo også bare derhjemme. Det var stille, som det plejer."

"Det er godt," sagde han. "Fred og ro, det er bedst sådan." Han så ud, som om han inderligt ønskede sig fred og ro.

"Nå, men nyd kaffen, og der er frøsnappere."

"Åh ja, mange tak," han sad og fumlede ved nogle breve, hun havde lagt til ham på hans skrivebord. Det så ikke ud, som om han havde lyst til at åbne dem. Han havde velplejede hænder, og hans vielsesring skinnede, selv efter at havde siddet det samme sted i, det måtte vel snart være halvtreds år.

Hun vendte sig for at gå ind på sit eget kontor.

"Ingrid," sagde han så pludselig. "Tak."

Hun kiggede forvirret på ham, og ventede på, at han skulle sige noget mere.

Så gentog han, "tak." Bare dette ene ord.

"Selv tak," sagde hun smilende, og da hun ville gå ud ad døren, sagde han, "du har altid været sådan en god pige."

Hun vendte sig i døren og smilte til ham. "Jeg har altid været glad for at være her."

"Jamen, ikke kun som arbejdskraft. Du er et godt menneske, Ingrid, du fortjener et godt liv."

Han talte ofte til hende, som om hun var hans lille datter, og ikke hendes arbejdsgiver. Ikke på en patroniserende måde, men på en rar og kerende måde. Sådan som hendes far også havde gjort. Ikke snagende, men interesseret. 'Hvordan går det, hvordan har du det?' Han var aldrig overfladisk, han mente det, når han spurgte. Da hendes far var død, havde Johannes Nielsen sendt blomster både til Ingrid og til hendes mor, og han havde sørget for bedemand og selv deltaget i bisættelsen og været med til at bære kisten sammen med Ingrid og de få nære familiemedlemmer og venner, der var. Ingrid kunne mærke tårerne presse på i øjenkrogene, og hun vidste, at hendes næse altid blev rød, når de gjorde det. Hun ville sige noget, men halsen snørede sig sammen.

"Jeg ved slet ikke, hvad firmaet og jeg skulle have gjort uden dig. Din far må have været så stolt af dig."

I det samme ringede hans telefon, og den lidt skingre tone fik ham til at fare sammen, men han tog ikke telefonen. Ingrid ville gå, men hun kunne mærke på ham, at han ikke var færdig med at tale. Han sad der bare og sagde ingenting.

"Hr. Nielsen," sagde hun hæst, "din telefon."

"Åh ja," langt om længe løftede han røret fra den umoderne grå telefon, men han svarede ikke, sagde ikke 'hallo' eller sit navn eller firmaets navn, som han plejede. Lidt efter lagde han røret på igen. "Ja," sagde han så bestemt, som om han havde besluttet sig til noget. Så begyndte han at åbne brevene og læse dem i stilhed.

Ingrid listede ud af kontoret og gik ud på lageret for at samle de bestilte varer fra webshoppen, pakke dem og siden bringe dem ned til posthuset.

Det blev en helt almindelig dag på kontoret. Hr. Nielsen sad inde på sit kontor, og Ingrid sad på sit kontor eller var på lageret eller gik ærinder. Der var ikke mange nye udfordringer for hende, sjældent noget der relaterede til hendes uddannelse som tosproglig korrespondent, men hun nød rutinerne, og at få opgaverne fra hånden. Hun efterlod stort set aldrig bunker på sit bord, når hun fredag eftermiddag lukkede sin computer for at holde weekend eller for at holde sine seks ugers årlige ferier. Og nu var der kun to måneder til hun tog til Italien.

I det lokale indkøbscenter startede udsalget lidt senere end det gjorde inde i centrum. Ingrid havde holdt øje med en lille jakke, hun vældig godt kunne lide, og prøvet den flere gange, men den var alt for dyr. Den var fra et tysk firma, som altid lavede tøj af en lidt bedre kvalitet end mange af de andre tøjfirmaer, men så var tøjet også for det meste en anelse dyrere. Jakken var gråblå med et smukt, men diskret blomsterbroderi i matchende nuancer som en bred bort over brystet og på skuldrene. Den var bestemt ikke prangende, men en kender af god kvalitet ville straks kunne se, at jakken var lidt ud over det sædvanlige. Ingrid havde set den i en butik, som solgte varer af virkelig god kvalitet, men som også var dyrere end de andre butikker i centret.

Da udsalget startede, tog Ingrid en halv fridag og var parat, da butikkerne åbnede. Det myldrede med mennesker, og hun følte sig lidt flov over at stå i kø sammen med en masse andre uden for den eksklusive forretning, som ikke skiltede med udsalg i gult eller orange, men med et diskret 'Sale'. Ingrid så jakken, som var sat 30 % ned, den var stadig dyr, men hun fandt et enkelt eksemplar i sit nummer, 38. Hun havde været inde i butikken før og prøvet jakken, og hun vidste, at det var den, hun ville have. Med de 1.000 kr. fra moderens julegave havde hun, hvis hun selv spædede til, nok til jakken.

Mens hun stod i omklædningsrummet, hørte hun en velkendt stemme fra rummet ved siden af. Det var Hanne, der åbenbart var inde og prøve noget tøj.

"Hvad synes du?" Ingrid kunne høre veninndes forventningsfulde stemme, forventningen om at svaret ville være, 'hvor ser du godt ud' eller 'ej, hvor flot', 'eller nej, hvor den klæder dig'. I stedet hørte hun Lars' ligegyldige stemme. "Det ved jeg ikke, det er dig, der skal gå med den."

Ingrid stod med sin jakke i hånden, parat til at gå hen og betale, for den passede hende helt perfekt, men i stedet satte hun sig på prøverummets lille umagelig stol og ventede. Ventede længe, til hun var sikker på, at Hanne var færdig med at prøve tøj. Hun kiggede forsigtigt frem fra forhænget og så Hanne aflevere en kjole oppe ved disken og ryste på hovedet. Lars stod uden for butikken og sms'ede. Da Hanne kom ud til ham, så Ingrid ham skyndsomt lægge sin mobiltelefon ned i frakkelommen.

Der var andre, der ville benytte prøverummene, og en voluminøs kvinde sendte Ingrid et vredt blik, idet hun kantede sig forbi hende med favnen fuld af tøj i sprælske farver. Mens Ingrid stod og ventede på at betale, kunne hun se forhænget blafre, hver gang kvinden ramte imod det, mens hun tog det prøvede tøj af og nyt tøj på.

"Jeg vil gerne bede om denne her."

Ekspeditricen, som Ingrid mente var indehaveren selv, tog jakken op og kiggede på den. "Ja, er den ikke også smuk."

De kiggede begge helt forelskede på den lille broderende jakke.

"Jeg har også selv én, og jeg har bare været så glad for den, farven går jo til så meget, og du med dit blonde hår og blå øjne, der er den rigtig flot." Indehaveren holdt jakken op foran Ingrid, "super!" hun nikkede anerkendende.

Ingrid smilte, "jeg har helt lyst til at tage den på med det samme."

"Jamen, det kan du da sagtens, især hvis du skal ud og møde nogen."

"Nej, jeg skal bare over til hr. Nielsen – altså, det er min chef."

Indehaveren lo, og Ingrid kom også til at grine, for det lød da lidt sjovt, det kunne hun godt høre.

"Ser han godt ud?"

"Det er jeg sikker på, at han gjorde, da han var ung, og han er sådan en god og venlig mand, men jeg må nok hellere få den med i en pose."

Hun betalte og takkede, og indehaveren smilte og ønskede hende en god dag. Ingrid tænkte på, at jakken ville være flot både til lyse og mørke bukser, og at hun ville have den på til sin fødselsdag, uanset hvad der skete. Fødselsdagen kom hun sikkert til at fejre alene på et pizzeria, men det ville være ved Comosøen, og hun ville drikke et godt glas Barolo. Hun glædede sig alligevel, nu var der ikke så længe til.

5.

Gregers meldte pludselig sin ankomst om aftenen. Han ringede fra sin mobiltelefon og stod ved døren, inden Ingrid kunne nå at gøre sig i orden. Det var lang tid siden, hun sidst havde hørt fra ham. De var ungdomskammerater, havde gået i parallelklasser på gymnasiet, og de var stødt ind i hinanden for nogle år siden, en aften hun havde været ude at spise med Hanne og et par andre piger fra den gamle gymnasieklasse. Gregers havde været ude med nogle forretningsforbindelser – mænd naturligvis, og aftenen havde været virkelig sjov. Ingrid og Gregers var endt på et morgenværtshus, da alle andre var gået hjem, og Gregers havde over en Irish coffee og siden bare almindelig kaffe fortalt Ingrid, at han var ved at blive skilt. Det havde gjort hende meget ondt, for hun huskede kun alt for godt, at Gregers i gymnasiet kom sammen med en virkelig sød pige fra en sproglig klasse under Ingrids. Pigen var blevet invalideret og svært hjerneskadet af meningitis. Det havde taget hårdt på Gregers, og Ingrid havde hørt, at han i mange år bare havde turet rundt uden at kunne falde til ro som sine jævnaldrende, der blev gift og fik børn. Altså lige med undtagelse af Ingrid, som jo ikke turede rundt, og heller ikke fik hverken mand eller børn. I en lidt sen alder, da Gregers var omkring fyrre, havde han så mødt en yngre kvinde, som var uddannet tandlæge. De havde giftet sig og fået to børn. Og nu fem år efter skulle de så skilles, og det var der, Ingrid mødte Gregers.

Han var beruset, og som aftenen skred frem, blev han mere og mere bedrøvet og mere og mere kærlig. Ingrid havde drukket mådeholdent – det gjorde hun altid, og hun havde lyttet, som hun også altid gjorde, når hendes venner var kede af det. Hun følte virkelig med ham og med hele familien, de små børn, der ikke var ældre end to og fire år. Til sidst tog de en taxa sammen, og da den holdt neden for Ingrids dør, spurgte Gregers, om han måtte låne hendes sofa, for han orkede ikke at tage hjem til det tomme hus. Hans kone og børn var der ikke længere. Ingrid havde sagt, 'jo, selvfølgelig', og havde redt op på sofaen. Hun havde fundet håndklæde og en ny tandbørste frem, men efter hun havde været på badeværelset og gjort sig klar til natten og taget en fornuftig bomuldsnatkjole på, hun selv syntes var en smule konet, fandt hun ham i sin seng. Fordrukken og med tøjet i uorden efter at have forsøgt at hive det af sig. Hun havde taget hans sko af, og hjulpet ham med jakken, og så var hun kravlet ned ved siden af ham i sin halvanden mands seng, havde ligget uden dyne og havde overvejet at lægge sig ind på sofaen for i det mindste ikke at komme til at fryse. Nede i gården kunne hun høre renovationsarbejderne hente de fyldte containere, og et grånende lys fortalte hende, at det var blevet alt for sent på en almindelig torsdag aften. Da vækkeuret ringede to timer efter, var hun kold og havde ondt i nakken, fordi hun havde ligget så akavet ved siden af den berusede Gregers.

Hun måtte på arbejde, men da hun ville kravle hen over ham, for at komme op og gøre sig klar, havde han grebet ud efter hende, og det var ikke fordi, hun ikke ville, men hun syntes, at det var lidt for tæt på hans separation. De havde elsket alligevel. Gregers mekanisk, som om det var noget han altid gjorde torsdag morgen kl. 6.30. Ingrid som en gestus, fordi hun var et omsorgsfuldt og godt menneske, men måske også for at undgå diskussioner, undgå at Gregers følte sig ydmyget og bare for at få det overstået. Det ville have været for pinligt at afvise den ulykkelige mand, syntes hun.

Hun kom for sent på arbejdet, men hr. Nielsen mødte først ved nitiden, og da klokken var tre, lukkede hun kontoret og gik hjem. Hr. Nielsen var gået ved totiden for at møde sin kone og købe en ny, sikkert alt for dyr, cykel til et af børnebørnene.

Da Ingrid kom hjem, var Gregers gået, men en uglet seng, brugte kaffekopper, et toiletsæde, der var slået op og stænk af urin på terrassogulvet i badeværelset, vidnede om, at han havde været der. Den fredag aften gik Ingrid i seng kl. ni, og da hun formiddagen efter mødtes med sin mor, for at de sammen kunne købe ind, spurgte moderen hende, om hun var syg eller havde sovet dårligt. Ingrid undskyldte sig med en smule hovedpine.

Gregers ringede nogle dage efter og sagde tak for sidst. De begyndte at ses fast. Han kom for det meste forbi hende om onsdagen. Hun lod ham tage initiativet, sådan følte hun, at han helst ville have det. I starten regnede hun med, at det var fordi, han skulle have styr på sit liv, ordne separationen, hvem skulle have børnene, boligen og så videre, men efterhånden fandt hun ud af, at Gregers og hans kone alligevel ikke var flyttet fra hinanden. Der var så meget praktisk, der skulle ordnes først. Men Gregers blev ved med at besøge Ingrid, onsdag aften. For han spillede squash onsdag aften, og nogle gange kom han hjem til hende med vådt hår og duftede af shampoo. Han spillede efter arbejde, og hun kunne forstå, at han på hjemmefronten fortalte, at han spillede længere, end han rent faktisk gjorde, og aldrig mere blev siddende med de andre og drak en øl efter kampen. I stedet besøgte han Ingrid. Ingrid vidste ikke, om hun skulle føle sig ført bag lyset, over at Gregers jo ikke var blevet separeret fra sin kone, eller om hun skulle have dårlig samvittighed over for Gregers kone. Hun valgte ikke at spørge om noget og ikke at føle noget som helst, men hun var egentlig glad den aften, han ikke ville i seng med hende, men bare ville sidde og snakke, og hun var glad, da deres forhold efterhånden fadede ud. Der gik længere tid mellem 'deres' onsdagsaftener. Hun behøvede ikke længere at være parat, lige stået ud af badet med nybarberede ben og perfekt make up, når han kom forbi for at få en 'quicky', som han kaldte det. Hun var ikke en 'quicky', det ville hun ikke være. Forrådt måske, som hun havde været med til at forråde Gregers kone. Forrådt, men skyldig, og sikkert i Gregers kones verden den eneste skyldige, hvis hun altså kendte til Ingrids eksistens. Sådan var det lettere at tackle sin mands sidespring, gøre den person, som sidespringet blev foretaget med, til skurken.

Det havde Ingrid set Hanne gøre. Ja, faktisk både Hanne og Lars. De havde gjort Lena fra forvaltningen til den store skurk, som havde røvet Lars fra Hanne, faktisk uden at Lars selv havde villet det. Lena var nok en heks. Ingrid havde set Hanne og Lars sammen en uge efter nytår, hvor de inviterede hende hjem til jægergryde med cocktailpølser i. Ingrids mor ville have nægtet at spise den sammenkogte orangefarvede ret. Der havde de hele aftenen rørt og kysset hinanden, når der var mulighed for det. Måske fordi de var glade for hinanden og ikke kunne holde fingrene for sig selv, måske for at vise Ingrid, at alt var godt, og at den lille affære bestemt ikke betød noget. Eller som Hanne havde hvisket forarget til Ingrid, så var Lena 'ikke billig, men gratis'.

Den aften, som i øvrigt var en torsdag, kom Gregers med blomster til Ingrid. Han havde for det meste aldrig noget med, ud over en sjælden gang en flaske vin, men så var det også en god vin. Blomsterne var helt sikkert fra en butik, en smukt bundet buket med cremefarvede roser og gerbera og lyslilla fresiaer og små iris. Den duftede fortryllende. Ingrid blev glad, og fandt en passende vase frem, som hun fyldte med vand, hældte pulveret, som fulgte med buketten, i og stillede på bordet i stuen. Hun fjernede en blå hortensia, som stod der, og flyttede den over i vindueskarmen ved siden af julekaktussen, der nu var afblomstret og stod grågrøn og lidt runken.

"Kaffe?"

Gregers nikkede, "ja, tak, og hvis du har noget stærkt?"

Det havde hun, en flaske whisky single malt. Whiskyen havde hørt til hendes fars lille samling af whiskyer. Da han døde, havde Ingrids mor bedt hende om at fjerne flaskerne. Han var især glad for de røgede whiskyer, og Ingrid havde tænkt, at det vel ikke var nogen skade at beholde dem. Hun drak ikke whisky, hvis hun drak spiritus var det helst en gin og tonic eller en cocktail, men havde hun gæster, kunne hun altid byde på en whisky.

Ingrid gav Gregers den uåbnede flaske og bad ham om at tage den og et par glas med ind.

"Laphroaig, quarter cask," sagde han, "den kender jeg ikke."

"Det gør jeg heller ikke, men lad os smage den. Den er forhåbentlig ikke for røget. Min fars elskede de frygteligste røgede whiskyer."

De sad med kaffe og små trøffelkager, og Gregers åbnede flasken og skænkede op i de tulipanformede whiskyglas, som også havde tilhørt faderen. Gregers havde, som han plejede, sat sig i sofaen tæt op ad Ingrid. Han sad og så på hende, tog en lok af hendes hår og drejede den om sin finger.

”Du er så klassisk,” sagde han.

Ingrid smilte lidt perpleks, hun var ikke helt klar over, hvad han mente. Mon han mente, at hun var gammeldags, kedelig?

”Det er så underligt, at du ikke er blevet taget af nogen.”

Hun kiggede overrasket på ham.

”Ja, altså, at du ikke er blevet gift.”

”Men, jeg har et godt liv,” forsøgte hun.

”Jo, men helt ærligt. De fleste kvinder drømmer jo i bund og grund om at møde den eneste ene.”

Hun svarede ham ikke, for hun vidste ikke, hvad hun skulle sige.

”Men alle de gode mænd er taget, ikke?”

Hun var lige ved at spørge, hvad han ville kategoriserede sig selv som?

Han tog hende i sine arme og kyssede hende. I sofaen sad de skævt overfor hinanden, og det føltes akavet. Han skubbede hende blidt omkuld og lagde hende ned. Hun kom til at ligge, så hun fik lyset fra væglampens 60 watts pære lige i ansigtet. Hun missede med øjnene. Det var ikke rart at ligge sådan i det skarpe lys, sæt nu hendes mascara var løbet.

Han ville slukke lampen, men hun havde købt den på et antikmarked, og der var ingen tænd/sluk knap mere. Lampen skulle slukkes bag sofaen nede på gulvet.

”Du kan dreje pæren,” hviskede hun.

Og i samme sekund han greb om den glohede pære, kunne hun se smerten i hans ansigt.

”Av for satan,” hvislede han, og opgav.

Ingrid måtte få lyset i ansigtet og det fik hende til at føle sig gammel og grim. Han hev op i hendes nederdel, hun kom i tanke om, at hun havde buksestrømper på, og mens han baksede med strømperne, tænkte hun på, at alt ville være meget rarere, hvis det blev gjort på en helt anden måde. Hun forsøgte at hjælpe med strømperne, og imens åbnede Gregers sine bukser, fik dem trukket ned og fumlede endnu mere for at komme ind i hende.

Det her er ikke elskov, tænkte Ingrid. Hun lå, så hans hoved skyggede for lampen, og det hjalp lidt. Hendes lægge og fødder var stadig iført de sorte uldne buksestrømper, og hun kunne mærke sofaens ru uld mod sin lænd.

Gregers var hurtigt færdig, og han blev liggende mellem hendes ben.

"Gregers du maser mig" stønnede hun.

Så sukkede han dybt og rakte ud efter whiskyglasset, tog en ordentlig slurk, som var det vand og gispede chokeret, "for satan!"

Han rejste sig op og bragte sit tøj i orden. Ingrid ville ikke stå foran ham og tage buksestrømperne på igen, i stedet tog hun dem med ud på badeværelse, vaskede sig, børstede sit hår, fjernede den udløbne mascara med et stykke vat og bragte sit tøj i orden.

Gregers stod henne ved vinduet, da hun kom ind i stuen.

"Hvem er han?" spurgte han og pegede på genboen, som endnu engang sad ved sin computer henne ved vinduet.

"Jeg ved det ikke, måske er han forfatter."

Gregers satte sig i sofaen igen, og Ingrid satte sig ved siden af ham. Kaffen i deres kopper var blevet kold, og hun ville rejse sig for at tømmerne kopperne, så de kunne få noget frisk kaffe fra stempelkanden.

"Nej, vent lidt," sagde han.

"Jeg kan lave noget frisk."

"Nej, bliv siddende."

Hun satte sig igen og ventede på, at han skulle sige noget.

"Ingrid vi kan ikke ses mere," sagde han så.

"Åh."

"Nu må du ikke blive ked af det. Det har ikke noget med dig at gøre, altså du har ikke gjort noget forkert."

I det øjeblik havde hun også svært ved at se, hvad det var, hun skulle have gjort forkert, udover at hun sammen med Gregers havde bedraget hans kone.

"Det er Annika, hun venter sig. Ja, det er jo ikke ligefrem planlagt, og det er ikke så smart, men vi har aftalt at give det hele en chance, for børnenes skyld, ikke.".

Ingrid kunne godt forstå det. Det, hun ikke kunne forstå, var alt det Gregers havde fortalt om sit forliste ægteskab, at hans kone boede et andet sted, at hun alligevel ikke boede et andet sted. At hun næsten havde købt en lejlighed, altså hun overvejede det, ikke så langt fra der, hvor de boede nu, og at Gregers blev boende i deres hus. At den yngste var syg, og at Gregers derfor måtte aflyse squash og deres onsdagsmøde, fordi han skulle være derhjemme og passe børn, men når nu de boede et andet sted med deres mor…? At han skulle sammen med familien på sommerferie, mest for børnenes skyld, at de for julefredens skyld holdt jul sammen derhjemme, at hans kone gik på deltid, for at de kunne få det hele til at fungere, og at de altså nu ventede barn.

Hun havde aldrig håbet på, at det en dag skulle blive hende og Gregers. Det var ikke sådan. Deres første møde, den første gang de havde sex, der hvor Gregers var så fuld og ulykkelig, det havde ikke betydet noget for nogen af dem. Men deres onsdagsmøder havde hun holdt af, i hvert fald i starten. Det var rart at have en ven, én man kunne være fortrolig med, én man kunne stole på.

Hun havde så ofte ønsket, at han skulle blive der om natten, blive hos hende en hel weekend. De kunne måske tage på en lille ferie sammen, til Wien eller Berlin. Til hans fødselsdag havde hun givet ham et slips. Et smukt italiensk silkeslips i blå nuancer. Det havde været dyrt, men hun glædede sig til at give ham det, og blev lykkelig, da hun så, hvor glad han blev for det. Da hun morgenen efter gik til arbejdet, opdagede hun gavepapiret og slipset i en nærliggende affaldsspand. Og så det her. Det hele havde været ét stort bedrag. Det kunne hun se nu. Hans fortrolighed havde været løgn, hans ord om, hvor meget han nød at være sammen med hende, havde været løgn. Om hun følte sig udnyttet? Nej, hvordan kunne hun tillade sig det?

"Jeg må se at komme hjem," sagde han.

"Ja," svarede hun stille.

"Men ha' det godt ikke også Ingrid."

"Tak i lige måde."

"Du må ikke være for ked af det, vel. Det skulle altså heller ikke blive denne gang."

"Hvad mener du?"

"Mand, ægteskab, ja, børn er jo nok lidt sent."

Hun overvejede et kort øjeblik at knalde vasen med rokokobuketten ned oveni hovedet på ham. Men hun rejste sig stille, og gik ud i entreen og åbnede døren. "Farvel Gregers," sagde hun så, "jeg ønsker jer alt godt."

"Ingrid," han lagde hænderne på hendes skuldre, "jeg vil savne dig."

"Nej, Gregers, det vil du ikke. Nu skal du tage hjem til din familie."

Han ville give hendes et kys, men hun vendte kinden til. "Gå nu."

Han havde sin frakke over armen og i stedet for at vente på elevatoren, begyndte han at gå ned ad trappen, mens hans tog den mørke frakke på. Han vendte sig ikke om, og Ingrid lukkede stille døren efter ham.

Hun stod ved vinduet henne ved julekaktussen og kiggede ned på gaden. Hun så ham krydse vejen og gå hen til sin bil. Han kiggede op, og hun var sikker på, at han kunne se hendes silhuet, så hun løftede hånden til hilsen. Bilen blinkede, da han låste den op, og han satte sig ind og kørte ned ad den sneklædte gade. Ingrid så over på sin genbo og for anden gang nogen sinde, fik de øjenkontakt. Han vinkede til hende, og hun vinkede tilbage og smilte. De havde fulgt hinandens liv i mange år. De havde aldrig talt sammen, alligevel følte Ingrid, at de vidste alt om hinanden.

Hun samlede kopperne på en bakke og opdagede sit urørte glas. Tog det op og uden først at smage en lille smule eller snuse til det, tømte hun det i et drag.

Den aften følte Ingrid, at hun havde lært en masse om livet. Og hun var ikke sikker på, at hun ikke hellere ville være den lærdom foruden.

6.

I midten af februar fik Ingrid en mail fra Hanne. Hanne mailede ellers næsten aldrig. Hun ville ikke have, at der blev sendt mails til hende på arbejdet, og computeren hjemme var Lars' arbejdscomputer, og den skulle man heller ikke maile til. Men nu sendte hun altså en mail fra computeren på klinikken, hvor hun arbejdede som lægesekretær. 'Hej Ingrid, kan vi mødes i dag efter arbejde? Kh Hanne.'

Ingrid svarede med det samme. 'Kære Hanne, tak for din mail, ja lad os endelig gøre det, hvad med konditoriet overfor centret? Kh Ingrid.'

Og Hanne svarede, 'Ok kl. 16.'

Ingrid ankom lidt før fire til konditoriet. Der var en del mennesker, men et bord ved vinduet var ved at blive ledigt, og en ung pige kom hurtigt og fjernede det brugte service og tørrede bordet af. Ingrid sad og så ud på de vinterklædte mennesker, der hastede forbi uden for på gaden. Da klokken var lidt over fire, bestilte hun en kop te. Hun ville først bestille en kage, når Hanne nåede frem. Hun fik teen, en Earl grey, der blev serveret i et glas med en lille håndbunden pose med teblade i. På tallerkenen lå nogle klumper rørsukker og en appelsin- og en citronskive. Ingrid beundrede den smukke anretning. Der skulle egentlig ikke så meget til at gøre noget kønt.

Hun sad og nippede til den varme te. Hun havde kommet sukker i. Det gjorde hun ellers aldrig, men den varme drik var fuldendt både sød og med smag af den syrlige citron og den noget rundere appelsin. Da klokken var tyve minutter over fire, var Hanne stadigvæk ikke kommet. Hun havde nok bare haft travlt på klinikken, så Ingrid tog en bog op af sin taske 'Italien rundt'. Hun bladrede afsnittet Turforslag rundt om Comosøen igennem. Klokken blev halv fem, og kvart i fem. Ingrid gik på toilettet og bestilte mere te. Hun forsøgte at ringe til Hanne ude fra toilettet, men der var telefonsvarer på, så hun lagde en besked om, at hun sad på konditoriet, og at hun håbede, at alt var vel.

Klokken kvart over fem var Hanne stadigvæk ikke kommet. Damerne på konditoriet var ved at lukke og bar brød og kager ud i baglokalerne. Ingrid pakkede sine ting sammen, og inden hun gik, købte hun et valnøddebrød med hjem. På vejen gik hun ind hos en grønthandler og købte fire store røde grapefrugter, modne avokadoer og et salathoved, og hos fiskehandleren købte hun store chilimarinerede grønlandske rejer. Hun havde lyst til at spise lidt og lækkert.

Da hun drejede rundt om hjørnet ned ad sin egen gade, kom hun til at tænke på, at Hanne måske var blevet syg, og nu lå derhjemme og var dårlig. Hun kunne hurtigt komme ud til Hanne med bussen. Hun overvejede kort og i stedet for at fortsætte ned ad gaden til sin egen gadedør, skyndte hun sig tilbage, hvor hun var kommet fra, krydsede en bred vej og nåede præcis bussen. Den var fuld af mennesker, og de stod tæt. En mand, der stod klos op ad hende, blev ved med at hoste og nyse hende i nakken. Hun kunne næsten mærke, hvordan bacillerne forsøgte at angribe hende. Hun prøvede at mase sig længere frem i bussen, men det var umuligt. Et par stoppersteder før Hanne, stod hun af. Hun kunne ikke holde den syge mand ud længere, så ville hun hellere gå. Hun sprang ud ad fordøren, og hørte lige chaufføren råbe noget efter hende.

Der så mørkt ud oppe hos Hanne og Lars. De var åbenbart ikke kommet hjem endnu. Der måtte være noget, der havde opholdt Hanne. Det lignede ikke Hanne, ikke at give besked. Ingrid var lige ved at vende om og tage en bus tilbage, men hun ville alligevel forsøge dørtelefonen, det kunne jo være, at Hanne var i et af rummene, der ikke vendte ud mod parkeringspladsen.

Ingrid trykkede på knappen nogle gange, og hun skulle lige til at gå, da hun hørte en hæs stemme.

”Ja.”

”Hanne?”

”Ja.”

”Hanne, det er Ingrid.” Der var stille. ”Er du der?”

”Hvad vil du?”

”Jamen, vi skulle jo mødes på konditoriet, jeg ville bare høre, om du har det godt.”

Dørlåsen brummede, så Ingrid kunne skubbe den op. Hun tog elevatoren op til lejligheden og stod længe uden for døren, førend den blev åbnet. På Hannes opsvulmede øjne kunne Ingrid se, at veninden havde grædt.

”Jamen Hanne dog, hvad er der sket?” Ingrid stillede sin pose og taske fra sig og gav Hanne et knus. Hanne begyndte at græde. Hun sagde ingenting, men stod bare hulkende og lod Ingrid holde om sig.

”Er det Lars?”

Hanne nikkede, ”han er flyttet.”

”Åh nej. Kom,” Ingrid trak veninden med ud i køkkenet, ”lad os lave en kop te, og har du spist? Jeg har købt ind, så vi kan lave en salat.”

Hun fik anbragt Hanne på en køkkenstol og gik i gang med at lave te og salat. Hanne sad og pudsede næse og græd og fortalte.

Lars var kommet hjem i går, og havde pakket en taske. Han havde været frygtelig vred og skældt ud. Han gad hende ikke mere, havde han sagt, men hun kunne ikke få ud af ham, hvad det var, der var så frygteligt ved hende. Han orkede hende bare ikke mere. Hun skulle ikke ringe til ham, han ville have fred. Hun havde forsøgt at tale med ham, men han ville bare væk fra hende, og da hun havde foreslået, at de måske kunne få hjælp sammen hos en parterapeut, havde han råbt, at det var hende, der var psykisk syg, og hun kunne søge al den terapi, hun havde lyst til. Så var han kørt.

"Og hvad gjorde du så?" spurgte Ingrid.

"Jeg satte mig ned og ventede, jeg satte mig i lænestolen i stuen og ventede på, at han skulle komme på bedre tanke og komme hjem til mig. Jeg sad der hele natten. I morges gik jeg i bad og tog på arbejdet. Jeg har ikke hørt fra ham." Hun begyndte at græde igen. "Vi har sølvbryllup til august. Jeg har sparet sammen til den fest i flere år."

Ingrid satte sig på hug foran veninden, "stakkels Hanne," hun tog venindens hænder. "Stakkels, stakkels Hanne."

"Jeg har været sådan et stort fjols," sagde Hanne pludseligt. "Jeg vidste det jo godt. Jeg vidste jo godt, at han var mig utro. Jeg har hele tiden lukket øjnene for det. Han var altid på nettet til langt ud på natten. Når jeg kom ind i stuen, skyndte han sig at slukke for computeren. Det var som at gribe et barn i at stjæle. Jeg så engang, at han var inde på en dating side. Han nåede ikke at få slukket pc'en. Det var så uværdigt at skulle snige sig ind på sin egen mand, og tage ham på fersk gerning. Det har været sådan længe, ikke kun med Lena fra forvaltningen, der har også været andre. Jeg har kunnet mærke det på ham, lugte det, hvis han har haft sex med en anden. Det kan man jo, utroskab kan aldrig skjules."

Ingrid tænkte på Gregers. "Hanne du har været alt for god til ham, alt for længe."

"Jeg har vel også mine fejl."

Ingrid blev overrasket over, hvordan veninden kunne forsvare sin utro ægtefælle, som virkelig behandlede hende dårligt og åbenbart havde gjort det i lang tid, måske endda altid. "Jo, men du har da altid været loyal og trofast."

Hanne besvarede bemærkningen med et skulderkast og et lidt skarpt, "Ja, selvfølgelig."

Ingrid hældte kogende vand på et par teposer i en termokande, 'den runde er til te', havde Hanne sagt. Hun brækkede salaten i stykker, skyllede og tørrede den og anrettede de sprøde blade på et par store tallerkner. Så skar hun to røde grapefrugter i fileter og avokadoerne i tynde både. Hun fandt en runken citron og pressede lidt saft ud over avokadoerne. "Har du olivenolie?" Det havde Hanne ikke, men der var noget gammel raspolie, som hun dog undlod at hælde på. Til sidst dryssede hun rejerne over og kom en smule salt og peber på. "Så er der mad," sagde hun, og tog brødet ud af posen og lagde det på et skærebræt.

De satte sig ind i den kolde stue.

"Må vi skrue lidt op for varmen?" spurgte Ingrid.

Hanne gik selv hen og skruede op fra to til tre. Ingrid hentede sin trøje ude i entreen.

De spiste i stilhed. Ingrid sad og tænkte på, at det egentlig smagte rigtig godt med det syrlige og lidt søde, det salte og det lidt stærke fra chilien i rejernes marinade. Hanne så ikke ud, som om hun smagte på maden. Hun stak til rejerne og salaten og bad om mere brød.

"Hvad med drengene, ved de det?"

"Jeg har ikke fortalt dem noget, men de har måske kunnet mærke det. Jeg ved det ikke. De ringer ikke så tit, måske har de lagt mærke til, at jeg heller ikke har ringet så ofte til dem på det seneste."

"De har jo deres liv," forsøgte Ingrid. "Kan du klare at bo her, jeg tænker også økonomisk."

"Jeg ved det ikke." Hanne så helt fortvivlet ud, "det kræver nok vores begges indtægt, og det er Lars, der har taget sig af økonomien. Jeg tjener jo ikke engang halvt så meget som ham."

"Hvis du gerne vil have det, kan jeg måske hjælpe dig med at se på økonomien, altså hvordan det hele hænger sammen."

Hanne svarede hende ikke, og Ingrid blev bange for, at Hanne måske ville føle, at hun snagede og kom for tæt på ved at kende til hendes økonomi. "Altså kun hvis du vil have det," skyndte hun sig at sige.

De sad igen i stilhed, Ingrid spurgte til arbejdet på klinikken, og Hanne svarede med enstavelsesord, højst korte svar eller hovedrysten. Hendes mobiltelefon ringede pludselig, og hun sprang op, som om hun var blevet ramt af noget og styrtede ud i entreen for at finde telefonen. Den lå et eller andet sted, hvor den ikke lige var til at finde, og mens den stædigt blev ved med at ringede, løb hun forvirret rundt. Ringetonen var 'What a wonderful world', Lars' yndlingsmelodi. Til sidst fandt hun telefonen under Ingrids frakke. Ud fra det Hanne sagde, kunne Ingrid forstå, at det var Hannes mor, der ringede.

"Jo, tak udmærket," og lige efter, "nej, nej, der er ikke noget galt, vi har det fint. Ingrid er her, Ja du kan da lige sige hej." Hun stak telefonen op i ansigtet på Ingrid, som var det et våben, mens hun rystede voldsomt på hovedet, og holdt en finger for læberne.

Ingrid tog telefonen og sagde, "hej Else, det er Ingrid." Hun forsøgte at lyde glad. "Jo, det går fint, tak, og min mor, jo, det går også godt nok. Ja, hun savner jo far." De snakkede lidt om vejret, og 'jo, det var stadigvæk koldt, men mon dog ikke at foråret kom, det plejede det jo da.'

Imens gik Hanne til og fra køkkenet, hun bar tallerkner ud og deres tekrus og begyndte at fylde i opvaskemaskinen. Ingrid forstod hentydningen og skyndte sig at afslutte samtalen med Else. "Ja, jeg hilser mor, ha' det godt Else, ja tak, hej hej."

Ude i køkkenet stod Hanne i mørke, hun var færdig med at fylde i opvaskemaskinen, og idet Ingrid kom ud i det smalle køkken, satte hun maskinen i gang. Næsten lydløst tog den vand ind. Den var ny og af en god tysk kvalitet.

"Nå, men jeg må også hellere se at komme hjem," Ingrid gik ud i entreen og tog sin frakke.

"Ja," Hanne lød, som om hun var et helt andet sted.

"Klarer du den?"

"Jamen, det skal jeg jo, ikke?

"Jeg kan godt blive lidt længere."

"Ingrid, jeg har sådan en hovedpine, jeg må hellere se om jeg kan få sovet lidt."

"Ja, selvfølgelig, en god nats søvn, det vil nok hjælpe."

"På hvad?" Hanne lød bitter.

Det var som om tiden stod stille i lejligheden, som om tiden stod helt stille og ikke bare der, men i hele Ingrids liv. Om lidt ville hun gå ned ad trappen fra sjette sal og ud i kulden. Hun ville tage en bus eller måske gå hjem. Hjemme ville hun tænde for fjernsynet og se noget ligegyldigt. Hun ville måske tale med sin mor, læse lidt i en bog, lave en kop te, gå i seng ved ellevetiden og stå op næste morgen og gå på arbejde. Det var sådan det altid havde været for Ingrid; arbejde, spise, sove, besøge mor, ringe til en veninde, se veninderne blive gift, få børn, købe hus og blive skilt. Veninderne fra gamle dage, som hun ikke så meget til, mens de var gift, men som ofte dukkede op igen, når de blev skilt, lige indtil de kom ind i et nyt forhold og brugte al deres tid på det. Så blev Ingrid for det meste glemt igen. Lige indtil de var kede af det på ny, og Ingrid blev trukket op af hatten som trøster. Om nogle år, ville Ingrid skulle trøste dem, fordi de var blevet enker.

Da hun stod uden for den høje bygning, fik trækken snefnug og visne blade til at hvirvle koldt imod hende. Hun hørte dørtelefonen skratte og Hannes hæse stemme. "Ingrid er du der?"

"Ja."

"Ingrid, jeg vil alligevel gerne med til Italien."

Ingrid følte pludselig en enorm glæde. "Vil du virkelig? Åh hvor dejligt, jeg er sikker på, at det vil være godt for dig, og det bliver hyggeligt." Hun havde lyst til at løbe tilbage op ad trapperne til sjette sal og give Hanne et knus. Så kunne de tale om turen, og Ingrid kunne vise Hanne bogen om Italien, som hun havde i tasken. Men Hanne sagde ikke mere, og efter et kort øjeblik fortalte et klik fra telefonen, at hun havde afbrudt forbindelsen.

Ingrid spadserede hele vejen hjem. Det var blevet rigtig koldt på grund af blæsten, men hun tænkte ikke så meget over det. Tanken om at skulle rejse alene til Italien og fejre sin 50 års fødselsdag helt alene, havde ikke været så rar. Hun havde forsøgt at bilde sig ind, at det nok skulle blive dejligt, men hvis hun var helt ærlig, havde hun været meget nervøs for det. Hun havde aldrig før prøvet at rejse alene, det måtte da føles underligt og ensomt. Men nu tog de af sted sammen, hun og Hanne, og det ville blive en rigtig god oplevelse. Også selv om Hanne var ked af det, og måske ikke sagde så meget, men turen ville gøre hende godt. Det var Ingrid sikker på.

Hun passerede en grønthandler, der stadigvæk havde åbent, og købte en stor klase blå stenfri druer og smukke granatæbler hos indehaveren, en ældre tyrkisk mand. Ude i baglokalet kværnede et fjernsyn et program på et sprog, Ingrid ikke forstod. Hun kunne se, at der sad flere mennesker derude.

"Familie," sagde manden og smilte, "fire sønner, otte børnebørn."

"Dejligt," Ingrid sendte ham et stort smil.

Allerede da hun drejede ned ad sin gade, så hun, at der var noget galt henne ved hendes ejendom. Der holdt politibiler og en ambulance, og der gik folk ud og ind ad hoveddøren til hendes nr. 10. Hun kantede sig forbi et par Falck folk.

"Hvad er der sket?" spurgte hun forskrækket.

"Vandskade," sagde den ene brovtende.

"Åh nej!"

"Bor du her?" spurgte de hende.

"Ja, oppe på tredje sal til højre."

"Nå, så er det dig, der har været den heldige. Du må hellere gå derop."

Tusind tanker fór gennem Ingrids hoved, mens hun skyndte sig op til tredje sal. På salen ovenover kunne hun høre folk gå rundt. Hun skulle lige til at låse sig ind i lejligheden, da der kom en betjent ned ad trappen.

"Må jeg lige have lov til at komme med ind?" spurgte han.

Ingrid holdt døren for ham. Og han gik ud til hendes badeværelse. Det drev med vand ned ad væggene og dryppede fra loftet.

"Åh, nej," udbrød hun chokeret, "hvad er der dog sket?"

Betjenten forklarede hende roligt, at hendes overbo, en enlig midaldrende mand, havde taget sit liv ved at skære sig i håndleddene, mens han sad i badekarret med løbende vand.

Ingrid tænkte på, hvad det nu var, overboen hed. Var det Søren eller Niels? Et eller andet helt almindeligt navn. Han havde ikke boet der så længe. Måske et år, ja, tænk engang alligevel, et helt år. Stakkels mand, hun havde set ham for en uge siden, og der havde han også set bleg ud.
Hun så sig fortvivlet omkring. "Hvor er det frygteligt med ham," sagde hun.

Da betjenten opdagede, at hun ikke kun tænkte på sin egen bolig, og de skader der var sket, men også tænkte på den døde overbo, spurgte han, "kendte du ham godt?"

"Nej, nej han holdt sig for det meste for sig selv. Jeg hørte ham engang imellem, hvis han spillede høj musik. Han kunne vist godt lide orgelkoncerter, men ellers ikke. Jeg så heller aldrig gæster eller folk deroppe."

"Orgelkoncerter" gentog betjenten bare.

"Det er nu trist alligevel," sagde Ingrid.

"Har du et sted, du kan være? Det er ingen god ide at blive her."

"Jeg kan tage hjem til min mor, hun bor i nærheden. Men hvad med døren, hvem låser den, jeg kan da ikke bare gå fra min lejlighed?"

"Vi er færdige her, men tal du med viceværten om det," sagde betjenten, og vendte sig og gik.

Det virkede som om, viceværten havde prøvet det før. Han gav Ingrid præcise instrukser om, hvad hun skulle gøre, tale med forsikringen, der skulle tages stilling til oprydning og affugtning, om noget havde taget skade her og nu, om noget på sigt havde taget skade osv. osv.

"Men, tag du nu hjem til din mor," sagde han, han havde ofte hilst på Ingrids mor, "og så ser vi på det i morgen. Kan vi mødes her kl. 10?"

Ingrid takkede ham, pakkede en taske og ringede til sin mor. Selvfølgelig kunne hun komme og bo. Hendes værelse stod næsten, som det gjorde, da hun boede hjemme, indtil for omkring 30 år siden. Ingrid slukkede lyset og låste døren til sin lejlighed, der lugtede allerede klamt og anderledes derinde, syntes hun.

7.

Hun vågnede af sig selv, før vækkeuret ringede. Det var måske den stædige tikken fra det lille rejsevækkeur, som hun havde fået til sin konfirmation, af hvem kunne hun ikke huske, eller også var det den rumsteren, der kom fra køkkenet. Uvante lyde. Hun tændte sengelampen, det var den, hun havde købt for sin første løn fra Bülow & co., en orangefarvet glaslampe med en orangefarvet mønstret skærm, og kiggede sig omkring i værelset. Det var de billeder, hun havde valgt for så mange år siden, der stadigvæk hang der, dengang hun var vild med orange og turkise farver og havde hessian på væggen.

En stille puslen ved døren, og hendes mor stak hovedet indenfor. "Er du vågen?" Hun stillede en dampende kop te på det lave bord ved siden af sengen. Hendes mor havde sin kittel på, hun var i gang med dagens arbejde.

Ingrid måtte give besked til hr. Nielsen, at hun blev forsinket på arbejdet.

"Det spiller ingen rolle," sagde han, da han endelig svarede sin mobiltelefon. Han brød sig ikke om mobiltelefoner. "De gør ens øre så varmt," sagde han altid, "det kan da ikke være sundt at bruge sådan nogen."

Da hun stod og var ved at låse gadedøren op til nr. 10, kan der en hvid kassevogn kørende, og en yngre fyr sprang ud.

"Skal du op på tredje?" spurgte han.

Hun nikkede.

"Så skal jeg med op, jeg er VVS'eren, jeres vicevært har ringet."

Hun holdt døren for ham. Han duftede ualmindeligt godt af en blikkenslager at være, tænkte hun, da han gik forbi hende bærende på en værkstøjskasse og noget forskelligt værkstøj. Han trykkede på elevatoren, og da de stod tæt op ad hinanden i det snævre rum, kunne hun mærke duften fra ham. Citrus og fyrretræ, tænkte hun, en sportsduft. Han så også meget sportstrænet ud, og havde til trods for kulden kun en tynd hættetrøje over sin T-shirt og arbejdsbukser.

Vandskaden var værre, end hun først havde troet. Vandet var løbet igennem loftet og ned ad væggen ude på badeværelset og videre ind i stuen og ind i soveværelset. Det eneste sted, der stadig var nogenlunde tørt, var i køkkenet og i den lille stue, som hun kaldte 'biblioteket'.

"Åh nej," sagde hun fortvivlet mest til sig selv, "bliver det nogensinde godt igen?"

"Ork, ja," blikkenslageren stod i døren ind til hendes soveværelse, "det skal du ikke være bange for, her skal nok blive som før igen. Det er en rar lejlighed, du har."

”Tak, lige nu synes jeg bare, at det hele er lidt uoverskueligt.”

”Har du talt med din forsikring?”

”Nej ikke endnu, men jeg skal til at ringe.”

”Sig til dem, at der skal tages forbehold for skjulte skader.”

”Skjulte skader, hvad mener du?”

”Ja, der kan dukke skader op på et senere tidspunkt, råd, svamp og sådan noget. Alt det man ikke kan konstatere nu, men først på et senere tidspunkt. Dem skal du jo også have dækket.”

”Åh, ja, tak for det, det havde jeg ikke tænkt på.”

Hun ringede til sit forsikringsselskab. Det var flinke og ville sende en taksator ud. Han ville ringe til hende og aftale tid.

”De var helt flinke,” sagde hun, da hun stak hovedet ud på badeværelset, hvor håndværkeren var i gang.

”Det er nok fordi, du ikke plejer at misbruge dem. Du ligner i hvert fald ikke sådan én. Jeg er sikker på, at der popper en lille brun abe op på deres skærm, når en forsikringssvindler ringer ind. Der kom sikkert et lille flag op, da du ringede.”

”Tror du virkelig,” smilte hun.

”Der er mange, der laver numre. Jeg oplever tit, at folk siger, at der er sket en masse mere end der egentlig er. Går den så går den. Det er måske meget forståeligt med de priser, de tager.”

Det mente Ingrid nu ikke, at det var, men hun sagde ikke noget.

”Vil du have kaffe?” spurgte hun.

”Jo, tak da,” han smilte til hende, og hun opdagede at han havde utroligt hvide tænder. Han havde taget sin hættetrøje af, og på hans svulmende overarm havde han en tatovering af Mickey Mouse.

Han hed Allan, fortalte han hende, og da han hørte, at hun hed Ingrid, sagde han, ”ligesom den gamle dronning.”

Hun stillede en bakke med kaffe og småkager på en stol ude foran badeværelsesdøren. ”Jeg må hellere se at komme på arbejde nu,” sagde hun, ”vil du have en ekstra nøgle?”

Det måtte han hellere, han ville smide den ind ad brevsprækken, når han gik.

”Kommer du igen?” spurgte hun forsigtigt.

Det gjorde. Han ville ringe til hende om, hvornår det blev. ”Der kommer også en tømrer og en maler på et tidspunkt, og du skal have en affugter stående i noget tid. Godt, at du kan bo hos den gamle. Det må sgu’ være dejligt.”

Ingrid smilte til ham, "tjooo," sagde hun så.

I de følgende dage blev hendes lejlighed bragt i orden. Allan var der nogle gange, da det firma, han var ansat i, stillede med både smed, tømrer og maler. Da det hele var næsten færdigt, gulvene var blevet slebet og olieret, og væggene malet, kom han forbi, fordi hun havde bedt ham om at ordne nogle rør ude på badeværelse. Det var noget arbejde, hun selv ville betale for, det havde intet med vandskaden at gøre.

"Jeg kan komme forbi på lørdag."

"Jamen, det er jo en fridag," sagde hun overrasket.

"Ja, netop."

Hun var flyttet hjem og nød at være sig selv igen. Ikke fordi det ikke havde været hyggeligt at bo hos moderen, hendes mor havde ikke vidst alt det gode, hun kunne gøre, men det føltes alligevel helt forkert at bo på sit gamle værelse igen, spise morgenmad ude i køkkenet med to gasblus tændt, og middag inde i spisestuen, som aldrig blev rigtig varm. Følelsen af, at tiden havde stået fuldstændig stille for hende, så hun aldrig var kommet videre end til at tage sin studentereksamen og siden sin handelsskoleeksamen og stadig boede hjemme hos mor og far, var slet ikke så rar.

Allan kom som lovet lørdag morgen klokken otte. Han havde en pose morgenbrød med fra tanken, og spurgte, om hun gav kaffe. Hun havde allerede lavet den, men hun havde ikke villet dække bord. Det skulle helst se lidt tilfældigt ud, og ikke som om hun havde ventet på ham.

Ingrid opdagede, at det var hyggeligt at have ham i lejligheden. Han gik ude på badeværelset og lavede den nye bruser. Han havde en radio med, som spillede en populærkanal med glad musik og en del larmende reklamer, hvor folk talte jysk, når det skulle være ekstra sjovt. Hun var i gang med at stryge gardiner til soveværelset. Nu hvor lejligheden næsten var så god som ny, ville hun forkæle sig selv med nye gardiner og et par nye tæpper. Hun havde købt tæpperne i en forretning, der handlede med ægte tæpper og nu havde haft ophørsudsalg i snart 15 år. Hendes forældre havde handlet der en enkelt gang og været rigtig godt tilfredse med det tæppe, de havde købt. Det ene tæppe, Ingrid havde købt, var et tæppe på omkring to gange halvanden meter til at ligge under hendes lænestol inde på biblioteket – det var i rustrøde nuancer. Det andet var i bordeaux farver, det var lidt større og lå under kaffebordet. Det var to afghanske tæpper, og tæppehandleren havde sagt, at det var 'good bargain'. Ingrid havde mest købt dem, fordi hun kunne lide dem. De havde ikke været så dyre.

Allan kom ud fra badeværelset.

"Kom og se," sagde han, og hun fulgte spændt med. Den nye bruser havde flere funktioner, bl.a. en sparefunktion og en massage. Han tændte og viste de forskellige stråler.

"Nej, hvor bliver det skønt," sagde hun glad.

"Hvad med din vandhane ude i køkkenet, den virker lidt træt?"

"Jo, men den må vente, jeg synes at jeg har brugt frygtelig mange penge på det seneste."

"Hvis jeg nu siger dig, at du ikke skal betale for mit arbejde, men bare for materialerne, og jeg sikkert kan finde en pæn hane nede i bilen, hvad siger du så?"

Ingrid kunne mærke, at hun rødmede. Hun havde aldrig før fået lavet sort arbejde. Det brugte de simpelthen ikke i hendes familie. Hendes far ville hellere betale dobbelt end snyde skattevæsenet.

"Joo," hun trak på det.

"Meeen, hvis du gir frokost," sagde han, "det er betalingen."

"Okay, tak," hun var allerede i gang med at overveje, hvad hun kunne servere.

Mens han ordnede vandhanen i køkkenet, løb hun ned og købte ind. Hvad mon han kunne lide? Hun sendte ham en sms, og der kom straks svar tilbage. Han kunne lide smørebrød af al slags, og han havde stavet roast beef forkert. Hun købte ind til forskelligt smørebrød. Hun ville prøve at lave det helt rigtigt, sådan med salatblade under pålægget og citronryttere.

Han var færdig med vandhanen, en meget moderne og flot én.

"Der er en meget lille bitte ridse der," han pegede på noget, der næsten var usynligt, og hun kunne ikke se den uden sine læsebriller, "så derfor får du den billigt for fem stykker smørebrød."

Hun smilte, "nej ved du nu hvad."

"Og en øl, det er fyraften."

Hun stod ved køkkenbordet og smurte maden, mens han pakkede sammen.

"Må jeg tage et bad?" spurgte han, da han havde båret det sidste ned i bilen.

Hun kunne mærke, at hun rødmede igen. "Ja, da," hun forsøgte ikke at lyde forpustet. "Vent lidt, så finder jeg et håndklæde."

"Jeg har selv, sagde han, og pegede på en stor sportstaske, han havde hængende over skulderen. Jeg skal, eller skulle have været til træning. Jeg springer over i dag."

Hun kunne høre, at han tændte bruseren ude på badeværelset og et kort øjeblik, kun et kort øjeblik kom hun til at tænke på, hvordan han måtte se ud. Hans svulmende muskler, han smalle talje, brede skuldre under hendes bruser. Den sidste mand, der havde taget bad derude, var Gregers med sin tykke mave, når han tog 'en skyller', som han kaldte det, uden at bruge shampoo eller sæbe, for at hans kone ikke skulle opdage, dels at han havde haft sex med en anden kvinde, dels at han duftede af en anden shampoo end familiens.

Allan kom ud med vådt hår, og hans duft af citrus og mand var endnu mere udpræget nu. Han havde taget sorte jeans og en hvid kortærmet T-shirt på, og enten var det den meget hvide T-shirt, der gjorde, at hans hud så endnu mere olivenbrun ud, eller også var han bare mørk i huden. Hans korte mørke hår havde han redt tilbage, men et par tjavser faldt ned i panden på ham. Han smilte til hende.

"Årh, det ser godt ud," sagde han, da han så fadet med maden.

"Er du sulten?"

"Altid," han lagde tryk på al.

De sad ved spisebordet, som hun havde dækket med pæne tallerkner og glas. Det var ikke det allerfineste hun havde, det hun havde arvet efter sin farmor og farfar, ikke krystalglassene og sølvbestikket, men alligevel noget gedigent noget, hun selv havde samlet på helt fra sin konfirmation, og som hun havde fået mere af, da hun boede sammen med Erik, også selvom de ikke var gift. Hun havde påskeliljer stående på bordet, og solen faldt ind gennem vinduet og gav det hele et varmt og venligt skær.

Allan satte sig ned, tog et stykke mad og begyndte at spise. Det kom lidt bag på hende, så hun skyndte sig også at sætte sig og begynde at spise. Han åbnede en øl med kanten af kniven, og hun var glad for, at det ikke var Evald Nielsen bestikket, hun havde dækket med.

"Det er lækkert," sagde han glad, han var begyndt med roastbeef maden, han ville åbenbart gemme den røgede laks, økolaksen, til sidst. Han tog en tår øl fra flasken. Hun havde i det mindste ikke behøvet at bekymre sig om krystalglassene.

Han sagde ikke så meget, mens hans spiste, og hun var taknemlig for, at han ikke ræbede sig, da han var færdig.

Lidt undskyldende, sagde han, da han så, at hun lige var startet på sit andet stykke, og han var færdig med sine fem stykke højtbelagt, "jeg var virkelig sulten, og det smagte rigtig godt."

"Det er jeg glad for," svarede hun smilende.

Han kiggede sig omkring i stuen. "Her er virkelig hyggeligt, arbejder du sådan med indretning?"

"Næ, det gør jeg nu ikke, men jeg kan bare godt lide at bo rart, så har jeg arvet lidt forskelligt og samlet, gået på et par antikmarkeder. Hvad med dig, hvordan bor du?"

"Nå, ja," han trak lidt på det, "jeg har nogle møbler, jeg købte da jeg flyttede ind, det var nu mest en nødløsning. Men jeg har ikke rigtig fået købt noget andet."

"Hvornår flyttede du da ind?"

Han regnede lidt på det, "for 15 år siden," sagde han så. "Lejligheden er ikke noget særligt. To værelser, men huslejen er rimelig. Det er en andels."

Han fortalte hende, at hans forældre, som han omtalte som 'de gamle', boede i samme ejendom, og hun kunne forstå, at han tilbragte en stor del af sin fritid hos dem. 'Mors frikadeller, du ved'. Det vidste hun, sagde hun. Så begyndte han at tale om film, han havde set. Det var hovedsagelig amerikanske actionfilm og amerikanske komedier. Hun kendte ikke nogen af dem.

"Hvad så med Klinten?" spurgte han.

Der røg billeder gennem Ingrids hoved. Mente han en stejl skrænt, eller det kunne også betyde ukrudt, det kunne hun huske fra salmebogen. Hun så spørgende ud.

"Klinten… ja, altså ham den gamle amerikanske skuespiller, du ved. Spaghettiwesterns."

"Årh, mener du Clint Eastwood?"

"Ja ja," sagde han.

"Jo, ham har jeg engang set en film med," hun kunne kun huske, at det var noget med, at han var bjergbestiger på et bjerg, hun havde set i Schweiz, sammen med sine forældre for mange år siden. "Ja, han er god," sagde hun.

Allan fortalte om sin træning.

"Hvad træner du da til?" spurgte hun.

Det svarede han ikke på, men han var i centret hver dag i mindst en time. I dag sprang han så over, men det skete sjældent.

"Nu bliver det også snart forår," sagde hun, "løber du så ude i skoven eller i en park?"

Det gjorde han ikke, han løb på løbebånd. Han kunne ikke forstå, at hun ikke trænede.

"Nej, det burde jeg nok også," sagde hun, "men det er ligesom ikke rigtig mig."

"Man skal bare i gang," mente han, "så kan man slet ikke lade være."

Det havde han nok ret i. Hun havde lyst til at fortælle ham om turen til Como sammen med Hanne, men han virkede ikke så interesseret. Han rejste ikke så meget, brød sig ikke om at flyve, og når han havde overvundet sin flylede, som han kaldte det, havde han været taget til Gran Canaria eller Cypern. Der kunne han godt lide at tage hen. Der var et godt natteliv. Og der var ikke så mange 'krakemutter', mente han. Det forstod hun ikke rigtigt, men hun spurgte ikke ind til det.

Han fandt ud af, at han nok alligevel ville over i centret, ikke for at træne, men for at købe proteinpulver, for han havde ikke så meget tilbage. Så han takkede for maden og sagde, at der ville komme en regning på armaturet i badeværelset, som de havde aftalt. Ingrid takkede ham mange gange for indsatsen. Han smilte og gik med sin hættetrøje og sin sportstaske hængende over skulderen.

Om aftenen fik hun en sms. 'Hej, tak for i dag, lækker mad. Har du lyst til en tur på kineseren og en film med klinten hej fra Allan.'

Ingrid rødmede og rødmede over, at hun rødmede. Han måtte være mindst 10 år yngre end hun. Hun svarede efter en halv time for ikke at virke for ivrig. 'Hej, det lyder hyggeligt, tak det vil jeg gerne. Venlig hilsen Ingrid.'

Der kom straks svar. 'Er lørdag ok?'

'Ja tak,' svarede hun, lidt spændt på, hvad 'en tur på kineseren' var.

8.

Hr. Nielsen mødte senere og senere, og han blev mere og mere bleg. En dag meldte han sig syg. Det vil sige, det var hans kone Musse, der ringede til Ingrid og sagde, at direktøren ikke kom ind på kontoret i dag på grund af et ildebefindende. Hun omtalte altid Ingrid som frøken Hansen og hr. Nielsen som direktøren. Da Hanne, som arbejdede på en lægeklinik, hørte det første gang, var hun ved at dø af grin. Selv i vores hierarki siger vi du og fornavn, sagde hun. Men Ingrid havde det fint med omgangstonen, sit ansvar og sin frihed hos Bülow & co.

Hun klarede kontoret fint alene. Hun skruede lidt op for BBC's klassiske kanal, som hun altid hørte på sin pc og talte lidt længere tid i telefon med sin mor, men ellers var der ingen forskel på, om hr. Nielsen var der eller ej. Ingrid passede sit arbejde og forlod aldrig en ufærdig opgave eller et bord med bunker på.

Hendes mor kom ind med frokost, og de sad i det lille køkken og spiste og hyggede sig en times tid. Nok lidt længere end, hvad de ellers ville have gjort.

Dagen efter var hr. Nielsen igen på kontoret, han var endnu mere bleg, end han havde været dagen inden sit ildebefindende, og Ingrid spurgte bekymret til hans helbred.

"Åh, tak skal du have Ingrid, det går godt nok. Det går."

Men det var Ingrid nu slet ikke så sikker på, at det gjorde.

Fredag eftermiddag kom hendes mor forbi og hentede hende. Én gang om ugen gik de på kirkegården sammen og så til Ingrids fars grav. Moderen brød sig ikke om at gå på kirkegården alene, man vidste jo aldrig, hvem der ellers færdedes der, og Ingrid havde ikke noget imod at gå med. Det var et smukt gravsted, syntes de begge, under en japansk ahorn, som blot gav en smule skygge om sommeren, når træet stod med sine fine fingerformede røde blade. Ingrid havde stillet en lille lygte, og de medbragte altid et lys. Det tændte de og stod så lidt i stilhed. De havde også altid en buket blomster med fra supermarkedet, der lå i nærheden af moderens lejlighed. Om fredagen var blomsterne i supermarkedet altid helt friske, og den fredag i februar var det tulipaner i orange nuancer. De ville kunne klare kulden.

Så talte Ingrid og hendes mor lidt om gamle minder, ture de havde taget sammen, noget faderen havde sagt eller gjort. 'Han var en god mand', ville moderen altid sige. 'Den bedste far, man kan få', ville Ingrid tænke, og kort, men også kun ganske kort, ville hun tænke på, at faderen havde måttet leve med moderens dårlige ryg i alle de år. Lige så længe som Ingrid kunne huske. 'Hvis det havde stået til mig, havde du nok haft en masse søskende', havde hendes far engang fortalt Ingrid.

De havde siddet en varm aften på en lille cafe i Normandiet og drukket et glas calvados efter maden. Moderen var gået op på værelset på hotellet på grund af sin ryg, og Ingrid havde siddet med sin far og talt hyggeligt. 'Men vi måtte jo tage hensyn til din mors ryg', sagde han så, 'så det blev ikke til noget. Desværre. Men vi fik jo dig', havde han sagt og smilet. Selv da han blev ældre, kunne hans øjne stråle. Den dag havde de besøgt en kirkegård for faldne soldater fra 2.verdenskrig, og de havde alle sammen gået med blanke øjne og i stilhed set de tusinder af hvide kors. Det var en rejse, de var taget på med et busrejseselskab. Det var ikke så dyrt at rejse med sådan et selskab, og det var godt, at hendes mor havde kunnet klare den lange bustur til trods for sin ryg. Ingrid tænkte på, at hvis det galt om at spare, var moderens ryg kun sjældent en hindring. Der havde hovedsagligt været ældre mennesker med på den tur, en del af mændene var gamle modstandsfolk. Ingrid havde været den yngste på turen, men det havde ikke gjort hende noget. Hun syntes, at det var interessant især at tale med modstandsfolkene.

Da Ingrid og hendes mor var på vej ud fra kirkegården, mødte de kirkens ene præst, en midaldrende kvinde, og fik en sludder med hende. I kirken kunne de høre organisten øve sig til den kommende kirkekoncert.

"Buxtehude og Bach," fortalte præsten.

"Uha," sagde Ingrids mor, "det lyder voldsomt".

Men Ingrid sagde, at hun nok ville komme og høre koncerten, for organisten var dygtig.

De tog en bus hjem fra kirkegården, og moderen gik straks i gang i køkkenet. "Det er Beuf a la Webster, det har du altid så godt kunnet lide."

"Uhm, nu skal jeg dække bord. Skulle vi ikke åbne en flaske vin?"

"Jo, det er da en god ide."

Der stod stadigvæk nogle kasser vin inde i bunden af klædeskabet, der hvor faderens tøj havde hængt. Vinen stammede fra hans afskedsreception i banken, og det var god vin. Den blev heller ikke ødelagt af at stå der, for der var altid så koldt i det nordvendte soveværelse, at temperaturen, selv på varme sommerdage, sjældent kom over 15 grader. Ingrid fandt en flaske bordeaux grand crû, som hun tog med ind i spisestuen og åbnede. Den duftede godt. Hun satte skænkeproppen af sølv med en påsat vindrueklase på. 'Kluk kluk kluk', hun elskede den lyd. Moderen kom ind med den varme gryderet i en terrin, og Ingrid hentede kartoffelmosen i køkkenet.

"Tag nu endelig, Ingrid, du er altså blevet så tynd."

"Jamen jeg har det fint, jeg er jo ikke den overvægtige type."

"Nej, det er vi da gudskelov ikke i vores familie. Hvordan går det i øvrigt med Hanne?"

Ingrid undrede sig lidt over, at moderens tanker faldt på Hanne, når talen kom ind på overvægt, for Hanne var da bestemt heller ikke overvægtig.

"Jo, hun har det vist udmærket, tror jeg." Hun havde ikke villet fortælle moderen om Hannes forestående skilsmisse.

"Jeg så for resten Hannes mor forleden, og hun fortalte, at Lars er blevet forfremmet."

"Nå, det vidste jeg ikke." Ingrid undrede sig over, at hun ikke havde hørt det.

"Jo, og drengene er ved at være færdige med at studere. Den ene skal være ingeniør, den anden det er vist noget med IT. Nu håber hun snart på oldebørn."

Det var et skønbillede, hendes mor var ved at male af Hanne og Lars og deres familie. Ingrid havde talt i telefonen med Hanne i går aftes, og der kunne hun næsten ikke tale, sådan havde hun grædt. Lars var modbydelig, og ville have hende ud af lejligheden hurtigst muligt.

"De har været virkelig heldige med den svigersøn, tag nu en ekstra gang, Ingrid, du er altså virkelig blevet noget tynd. Du har vel ikke blodmangel?"

"Jeg, kan simpelthen ikke mere, mor, det smagte skønt – som sædvanligt."

Moderen sendte hende et lille smil. "Du må tage resten med hjem."

"Jo tak, men lad os dele, du skal også have noget at spise i morgen," foreslog Ingrid, og tænkte på, at hun selv skulle ud lørdag aften. Med Allan. Han sendte hende sms'er hver morgen. Meget tidligt. 'Godmorgen så begynder en ny dag og det er tid at stå op'. Eller om eftermiddagen, 'så er det snart fyraften, eys!' Han stavede for det meste godt nok, men havde det lidt svært med de engelske ord, som han gerne benyttede, og med ord som af/ad og ligge/lægge, mig og jeg. En dag skrev han, at kunderne havde været 'uterlige', men det følte Ingrid, at hun burde gøre ham opmærksom på, nok var 'utidige'. Ellers rettede hun ham ikke. Det mente hun ville være for skolefrøkenagtigt og belærende.

De drak kaffe og spiste moderens hjemmebagte marmorkage. Det var egentlig verdens kedeligste kage, men den var svær at lave, Ingrid havde forsøgt, og hun værdsatte den derfor. Og så så de et frygteligt underholdningsprogram med nogle talentløse mennesker, der sang, og nogle talentløse dommere, der var uenige om, hvor meget talent de talentløse havde. Moderen kendte alles navne, for hun overtog dameblade fra genboen. Ingrid vidste ikke, hvem nogen af dem var.

Hun kunne høre, at hun fik en sms, og moderen sagde som altid, "hvad var det?"

"Det var nok bare en sms," hun forsøgte at lyde lidt henkastet. Hun ville vente med at læse sms'en. Om lidt ville hun gå på toilettet og så lige tjekke. Hun kunne altid svare ude fra toilettet, hvis det var vigtigt.

Det var Allan, der skrev. 'Glæder mig til i morgen. Kan hente dig fra stationen kl. 7 (?)'. Hun svarede tilbage, 'ok, fint, jeg glæder mig også'. Da hun skulle til at sende beskeden, ringede telefonen, og hun blev så forskrækket, at hun var ved at tabe den ned i toilettet. Hun nåede lige at gribe den. Det var Hanne, endnu engang fuldstændig grådkvalt.

"Han har hentet noget tøj og sit pas, han skal åbenbart på weekend tur til Praaaag," græd hun, "og hun skal meeeed."

"Åh Hanne, hvor er han dog en frygtelig karl," forsøgte Ingrid at trøste.

"Og vi var på kobberbryllupsrejse til Prag, kunne han ikke have valgt et andet sted."

"Jo, det skulle han sandelig have gjort," forsøgte hun, og hun var lige ved at sige: "Wien," men gjorde det heldigvis ikke, for der havde Hanne og Lars været sidste år.

Det ringede på dørtelefonen hos Hanne, og hun afbrød samtalen midt i, at Ingrid var ved at sige noget om, at de to jo også snart skulle af sted til Como… Klik, og Hanne var væk.

Moderen spurgte ikke direkte, hvem det var, men Ingrid ville altid sige det, hvis nogen havde ringet. Det havde hun lært var velopdragent.

"Det var Hanne, der ringede, mens jeg var ude på toilettet"

"Nå, det var da morsomt, lige som vi talte om hende. Har hun det godt?"

"Jo tak, det tror jeg nok." Ingrid forsøgte at lyde glad, men hun håbede, at hendes tonefald ikke indbød til yderligere samtale om Hanne. "Vil du have mere kaffe, mor?"

Skulle hun tage blomster med? Til en mand? Til ham? Måske. Eller en flaske vin? Han lignede ikke så meget én, der drak vin. Ingrid var i syv sind. Hun endte med at købe en pæn lille bundet buket i hvide nuancer. Hyacinter, tulipaner, narcisser og grønne grene. Hvidt, syntes hun, egnede sig bedst til en mand. Buketten duftede skønt og var meget forårsagtig.

Hun havde fundet ud af, at 'kineseren' var en kinesisk restaurant. Mon det var en fin restaurant? Hvad for noget tøj skulle hun tage på? Det skulle ikke være for klassisk. Hun kiggede sit skab igennem. Det var vist nok temmelig klassisk alt hendes tøj, men til sidst fandt hun et par sorte Brax bukser og et Peter Hahn cardigansæt i smaragdgrøn. Hun tog sine perleørenringe på. Det så pænt ud, syntes hun, og en sort quiltet faconsyet frakke. Det var koldt udenfor, så hun tog sine lange sorte Bruno Magli ruskindsstøvler på og fandt et mangefarvede uldent sjal frem og sine sorte skindhandsker. Det skulderlange hår bandt hun, som altid, med en elastik i nakken, men hun ville ikke tage hue på.

Allan boede i Ballerup, og hun skulle med toget mod Frederikssund. Hun havde set på nettet, hvor lang tid det tog at komme derud og regnet ud, hvornår hun skulle af sted. Der var ikke så mange mennesker på stationen, de fleste kørte den modsatte retning ind mod centrum sådan en lørdag aften. Hun kom til at sidde i kupé med et ældre ægtepar og tre drenge med omvendte kasketter. Drengene sad og kastede bolchepapir efter hinanden. Papiret landede på gulvet, og til sidst blev det den ældre mand for meget.

"Det ligger der nede," sagde han og pegede ned på gulvet, hvor papiret flød.

Drengene grinte bare.

Hans kone forsøgte at få ham til at tie stille, Ingrid hørte hende hviske; "de slår dig bare ned."

"Jamen, det er da for galt," sagde han vredt.

"Jamen, hold nu op," hviskede hun.

På den næste station, Skovlunde, stod drengene af, og da de stod ude på perronen, gav de den ældre mand fingeren. Fnysende gik han rundt og samlede papir op, også det der ikke stammede fra drengene, og Ingrid hjalp ham med det, der var faldet ovre ved hende.

"Det er altså for galt," sagde han, "det var ikke gået, da jeg var dreng, vi fik én over nakken, også selv om vi ikke havde gjort noget."

Ingrid smilte til ham.

"Du skulle ikke have sagt noget til dem," gentog hans kone, man ved aldrig med sådan nogen.

Ingrid kunne se på tavlen over togets døre, at hun skulle af næste gang. Ægteparret skulle videre helt til Frederikssund, sagde de, for der boede de, og der var mere trygt end både i Skovlunde og Ballerup. Ingrid håbede, at Allan ventede på hende på perronen.

Toget ankom til stationen, men Allan var ikke at se nogen steder. De havde ikke aftalt andet end, at han ville hente hende på stationen. Ikke om hvor på stationen, og hun kunne se, at der var flere udgange. Hun blev stående i nærheden af uret på perronen. De få mennesker, der havde været med toget, forsvandt, og der var snart helt mennesketomt. Hun frøs i sin nok lidt for tynde frakke og ærgrede sig over, at hun ikke havde taget Føtexfrakken på og en hue. Der var tyve minutter til næste tog, kunne hun se, og hvis han nu ikke kom, kunne hun gå over på perronen til de tog, der kørte tilbage mod København. Hun stod lidt og trippede for at holde sig varm, og til sidst valgte hun at gå hen imod hovedudgangen. En flok unge mennesker kom gående på vej til at tage toget mod København, de var i godt humør. Et par unge piger i alt for tyndt tøj, små korte jakker og meget stramme bukser, kom gående med hver deres flaske vodkamix, en tredje pige så ud som om hun allerede havde fået alt for meget. Hun dinglede af sted, mens én af de unge mænd forsøgte at få hende til at gå oprejst. Ingrid sprang til side, da parret var ved at komme faretruende tæt på hende. Hun skyndte sig videre, men nåede lige at høre de gurglende lyde af en person, der kaster op, bag sig. 'Uf altså', tænkte hun og bad til, at det ikke havde sprøjtet på hendes støvler.

Der holdt busser og ventede uden for hovedindgangen, og det orange lys fra de høje lysstandere fik den disede og kolde aften til at virke besynderlig spøgelsesagtig. Pludselig var han der. Han kom løbende hen imod hende i sin hættetrøje og et par lidt for snævre jeans. De strammede om hans muskuløse lår, når han løb, nåede hun lige at se. Han havde træningssko på, og hans hår var vådt.

"Jeg kommer lige fra træning," sagde han glad.

Han duftede godt, 'det er Bossen', havde han fortalt hende. Hun havde fundet ud af, at han satte 'e n' på en masse ord, 'Clinten, Bossen og kineseren', det var ikke altid lige let, at forstå havde han mente.

"Jeg har ikke ventet så længe," skyndte hun sig at sige.

De gik ved siden af hinanden ud til hans bil, som holdt parkeret lidt fra stationen. Det var ikke den gulpladede arbejdsbil, som han plejede at køre i, men én nogenlunde magen til, en gammel kassevogn, med defekt gearkasse, fortalte han.

Hun gav ham blomsterne og følte straks, at det var frygteligt akavet.

"Næh," sagde han, "en dusk."

Han lagde buketten mellem dem i bilen. Ingrid tog buketten op, for at blomsterne ikke skulle tage skade, falde på gulvet eller blive mast, når han skiftede gear.

Den kinesiske restaurant lå ikke så langt fra stationen. Den gamle kassevogn hostede af sted, og Allan brugte en del kræfter på at skifte fra andet til tredje gear. Inde i restauranten lugtede der af friture, og Ingrid sank en gang. Harsk friture, det tegnede ikke så godt, syntes hun.

"Skal vi spise her, eller tage maden med hjem til filmaften?"

Hun kiggede sig omkring. Der sad mennesker ved godt halvdelen af bordene. En del børnefamilier, som gik op og tog maden fra en buffet, der stod midt i rummet. Væggene var dekorerede med forskellige tuschtegninger, en del af dem, syntes Ingrid, virkede mere japanske end kinesiske, og så stod der plastikorkideer og bregner i vindueskarmene.

"Lad os tage Tv-dinner," sagde hun og smilte.

"Ok, men skal vi så spise her eller tage med hjem til mig?"

"Hjemme hos dig," skyndte hun sig at sige.

"Du må vælge, lige hvad du vil," sagde han, "og du behøver ikke at se på, hvad det koster."

Hun morede sig stille over, at det vel var sådan noget, man kunne finde på at sige til et barn, og valgte 'reje chop suey'. Retten var, som alle de andre retter på kortet, ikke særlig dyr. Allan valgte stegt svinekød med bambusskud og ananas, og foreslog at de skulle starte med en Tom yam suppe. Det syntes hun lød ok.

"De laver verdens bedste tom yam her," understregede han.

Det lod til, at han kendte de fleste af de besøgende, som kom enten for at spise på restauranten eller hente mad til at tage med hjem.

"Vi har bestilt to nr. 11, én nr. 27 en nr. 28 og en nr. 32," sagde en solariebrun bredskuldret fyr. Han læste op fra en seddel og fik udleveret en æske med den bestilte mad. Allan talte lidt med ham, uden at han præsenterede ham for Ingrid. Der var et par andre i restauranten, som Allan også talte med, og indehaveren og han så ud til at være gamle venner. De drillede hinanden på en godmodig måde.

På vejen hjem til Allan, standsede de ved en tank, og han købte en pose familie matadormix, to halvanden liters cola, en liter regnbueis og en pakke vafler. På tanken snakkede han med en familie, der var inde for at købe chips, colaer og slik. "Nå, lørdagsguf, hva'," sagde han til dem og slog manden venskabeligt på skulderen.

"Kender du alle i Ballerup?" spurgte Ingrid ham.

"Ja, næsten," grinte han, "Ballerup er nærmest sådan en landsby."

Da de kørte igennem de øde gader ud til Allan, tænkte Ingrid, at hun nok ikke ligefrem ville beskrive den døde forstad som en landsby.

Allans lejlighed lå i et kæmpe boligkompleks. Der var et stort højhus og en masse mindre femetagers ejendomme. Han boede i højhuset på 12 etage. De tog elevatoren op.

"Jeg plejer ellers at løbe op," sagde han, da elevatoren gik i gang med et lille hop.

Der lugtede underligt i opgangen, som om nogen havde stegt løg. De trådte ud fra elevatoren og drejede til venstre. Der var en lang gang med adskillige døre. Helt ens døre med navneskilte. Sådan nogle skilte, hvor man ikke skulle skifte det hele ud, hvis nogen flyttede, man kunne bare åbne en lille låge og så sætte et nyt navn i. 'Allan Larsen', stod der på hans. Han åbnede døren ind til sin lejlighed, og Ingrid opdagede, at der også lugtede af stegte løg i hans entre, måske lugtede der bare sådan i det højhus. Lyset brændte i hele lejligheder og åbenbarede en bolig med et gråt væg til væg tæppe, en lille entre med et spejl og mørke lameldøre ind til et skab, som udover bøjler og en sort dynejakke ikke indeholdt noget. Han tog sine sko af og stillede dem derind, så to han et par enorme hjemmesko på, der ude i spidsen havde påsatte plyselefanthoveder med store ører og snabler. Han havde båret maden og posen fra tanken, og Ingrid stod med blomsterbuketten i hånden. Hun tog sin frakke af, og lagde den forsigtigt over hans sorte sportstaske, som stod i entreen. Hun stod og overvejede, om hun skulle tage støvlerne af, da han stak hende et par hvide tennissokker i hånden.

"Her, dem kan du tage på i stedet for."

Hun tog pligtskyldigt støvlerne af, og de hvide alt for store sokker på.

"Har du en vase?"

"Nå, ja dusken."

Han havde ingen vase, men han fandt en tupperwarekande, som hun fyldte med vand og satte blomsterne i. Hun gik ind i hans stue og stillede blomsterne på kaffebordet. Stuen var sparsomt møbleret. Der var en trepersoners sofa og en lænestol i ens stof. Gråligt med et mønster, der lignede lyn eller fjer i rødlilla farver. Midt i mellem stod et kakkelbord i brune og orange farver. Hun erfarede senere, at han havde arvet bordet fra sine bedsteforældre. Så stod der et lille spisebord af finer, tre tilhørende stole med røde sæder, og en reol, der udover et stereoanlæg ikke indeholdt andet end nogle farvede colaglas og vinglas i koboltblåt. På væggen hang reproduktioner, et af Monet.

"Det er altså ikke en ægte," sagde Allan, da han opdagede, at Ingrid stod og så på det, og han virkede som om han alvorligt troede, at hun havde troet, at det kunne være ægte. Hun havde nu kigget på det, fordi hun havde mindedes en tur til Paris, hvor hun og hendes forældre havde set det ægte maleri i Orangerie-museet i Tuilerierne. Der hang en plakat med van 'Gogh'ens' solsikker, som Allan sikkert ville have sagt, hvis han havde vist, at det var van Gogh, der havde malet det. Der var også en plakat med en Heavy Metal gruppe – hans serviceinformation var 'Van Halen'. Her behøvede han ikke at tilføje et ekstra 'e n' i slutningen af navnet.

Køkkenet var lille og aflangt. Henne ved vinduet var der et lille arrangement med et bord, der kunne klappes op, så det ikke fyldte så meget, og en skammel. Udover en elkedel, stod der intet fremme. Ingen tedåser, ingen pyntegenstande, intet.

"Skal vi spise suppen først?" spurgte hun.

Men Allan kunne bedst lide at spise det hele samlet, så det gjorde de. Han serverede suppen i de to små cylinderformede flamingobægre, de havde fået dem i, og hentede to grilltallerkner, kniv og gaffel til de andre retter.

"Du har ikke pinde, vel?"

Han grinte, "nej, jeg kommer altid op at slås med de pinde."

De satte sig ved siden af hinanden i sofaen over for den store fladskærm. Han fordelte plastikbeholderne, som maden kom i og hældte indholdet af sine to beholdere op på sin tallerken, først alle risene og derefter alt kødet med bambusskud. Ingrid forsøgte med sin kniv og gaffel at tage lidt ris og lidt rejer og grøntsager op på sin tallerken.

"Der er valgmuligheder, hvad film angår," sagde han, og viste hende nogle dvd'ere.

"Clinten var udsolgt, men så fandt jeg Van 'MaDammen'," han grinte ad sin egen vittighed, "og den her er også god, den har jeg set flere gange."

Ingrid kiggede på coveret: 'Tilbage til Fremtiden', stod der. Så var der forskellige karatefilm og nogle krigsfilm og den samlede Olsen Bande serie, men hun fandt én, hun tænkte, måske kunne være god. 'Sjakalen' fra 1973. Hun kunne huske, at hendes far havde læst bogen af Frederick Forsyth, og havde syntes godt om den.

"Hvad med den her?" spurgte hun.

Den tog de. Der var trailers til flere film, inden 'Sjakalen' startede, og Ingrid var nået igennem suppen. Suppen var stærk og varm, og det var rigtig rart. Allan drak cola til, Ingrid ville helst nøjes med vand.

"Og du kan få Baileys til kaffen," sagde han med et glad smil.

Ingrid stivnede.

Reje chop suey'en smagte lidt, som om olien, det hele var stegt i, havde været brugt til at stege svinekød i forinden, og Ingrid tillod sig at levne lidt under påskud af, at hun simpelthen ikke kunne spise mere.

Filmen var ok. Den foregik i London, forskellige steder i Frankrig og Italien med engelske skuespillere. Det kunne bestemt være værre, tænkte hun.

De havde siddet i sofaen og spist og set filmen. Lampen over bordet lyste med en 60 watts pære, og det skarpe lys var ubehageligt, syntes hun.

"Har du stearinlys?"

Henne i den ellers tomme vindueskarm hentede Allan to lave glasstager med takkede kanter, sådan nogle man for det meste ser i forsamlingshuse. Der sad to skæve lys i ubestemmelige blå-brune farver, afbleget af solen. Der var afsvedede kranse omkring lysene, lavet af lyserøde plastikroser.

"Tak det var rart, lyset var lidt skarpt."

”Nå, du er vist en rigtig romantiker,” sagde han.

Han satte filmen på pause og gik ud i køkkenet med de tomme tallerkener.

”Tak for mad,” Ingrid rejste sig for at hjælpe, ”det smagte dejligt.”

”Ja, hos Kinøjseren er det altid godt,” svarede han. ”Kaffe eller te?”

”Jeg vil gerne bede om kaffe.”

Han fyldte elkedlen og tog et glas frysetørret kaffe fra køkkenskabet, der, udover kaffen, indeholdt færdige pastaretter. Han viste hende en af æskerne.

”Det er smart, man steger noget hakket kød på panden og drysser det her på. Så koger man ris, og blander det hele sammen og så er der mad.”

”Men er der ikke også nudler i?” spurgte hun.

”Jo, men man kan godt spise ris til alligevel. Man kan vælge mellem mexicansk og græsk og asiatisk smag.”

”Spiser du altid det?”

”Ja, hvis ikke jeg er hos de gamle, du ved boller i karry og flæskesteg. Men det kræver så mere træning bagefter.”

Vandet kogte, og de tog deres kopper med ind. Han havde kun skummetmælk til kaffen, ”men til gengæld er der Snølfer,” sagde han, og lagde de celofanindpakkede kager på bordet sammen med den enorme slikpose, vaflerne og litercolaerne.

”Isen, den havde jeg næsten glemt, katastrofe!” Han sprang op og hentede regnbueisen og to glasskåle og et par skeer.

”Bailey’en for pokker, den var jeg også ved at glemme!”

Fra reolens vitrineskab hentede han to farvestrålende colaglas, som han skænkede den chokolademælksfarvede væske halvt op i.

De så resten af filmen, og sad bagefter og snakkede lidt. Ingrid forsøgte at tale om bøger, men bøger læste Allan ikke, sagde han. De gav ham ingenting, og Ingrid undlod at komme nærmere ind på det emne.

Da klokken var 12, kørte han hende til stationen, han kendte togtiderne og vidste, at hun kunne nå det sidste tog. ”Jeg følger dig ned til toget, man ved aldrig, vel?”

Hun følte sig tryg ved at gå sammen med ham. Han havde sin bomuldshættetrøje på. Ingrid frøs i sin frakke.

”Tak for i aften,” sagde hun, inden hun steg ind i toget, ”det var rigtig hyggeligt.”

”Vi kunne måske gentage det,” sagde han.

"Det lyder hyggeligt, men så må du komme hjem hos mig."

Han smilte sit perfekte hvide smil og vinkede, da togets vogne lukkede sine døre mellem dem med et lille sus.

Der var stille i kupeen, en ung fyr sad og sov nogle bænke foran hende. Da toget nåede Skovlunde fik Ingrid en sms. 'Tak for invitationen – glæder mig Kh Allan'.

Toget fortsatte mod Valby, hvor Ingrid skulle af. Hun rejste sig og passerede den unge sovende fyr. Idet hun var ud for ham, sprang han op, usikker på benene og snøvlede: "Hvad! Er det Skovlunde nu?"

9.

Ingrid var lige kommet ind ad døren, da hendes mobil ringede. Det var en grædende Hanne.

"Jeg kan altså ikke klare det mere," hulkede hun. "Jeg har sådan en hovedpine, og jeg kan ikke sove. Når jeg forsøger at spise noget, kaster jeg det op igen. Han er på vej til Prag nu," snøftede hun utrøstelig.

"Hanne, skal jeg komme over til dig?"

"Vil du?"

"Ja, selvfølgelig. Jeg skal lige have noget andet tøj på, jeg er der, så hurtigt jeg kan."

Hun skyndte sig, at finde varmt tøj frem. Turen hjem fra stationen havde været kold, men en tyk sweater og uldne bukser med buksestrømper inde under, varmede dejligt. Der gik kun sporadiske natbusser, så hun tog et par gamle træningssko på. Hun ville løbe over til Hanne. Hun kom til at tænke på Allan, som åbenbart aldrig gik i andet.

Nede på gaden var det begyndt at sne. Det var tøsne. Hun satte i løb, hun kunne godt mærke maden og isen, og drejede væk fra sin egen gade. Der var kun få folk ude, de fleste var på vej til eller fra cafeer, klubber og private fester. To fyre løb op på siden af hende, og begyndte at tale med hende. Hun smilte til dem, de var begge i smoking og laksko, den ene havde et champagneglas i hånden.

Dørtelefonen brummede, idet samme Ingrid satte fingeren på. Hanne måtte have set hende komme. Ingrid veg forskrækket tilbage, og nåede ikke at åbne, inden brummetonen var holdt op. Hun ringede på, og Hanne var der hurtigt ved døråbneren igen. Ingrid løb op ad trappen, hendes tøj var vådt, og inden for begyndte det hurtigt at føles klamt.

Hanne lignede en frø. Hendes øjne var frygtelig hævede, og hun gik rundt med en køkkenrulle i lommen på sin røde frottébadekåbe. De to veninder gav hinanden et knus.

"Jeg ville ønske, at han var død," hikkede Hanne.

"Nej, det mener du jo ikke," sagde Ingrid forskrækket.

"Jooooo."

"Gå nu ind i seng, så laver jeg en kop te."

Hanne gik næsepudsende ud på badeværelset og derfra ind i soveværelset. Ingrid satte vand over og lavede urtete.

"Er du sulten?" spurgte hun, da hun kom ind med en bakke med to kopper og termotekanden.

Hanne rystede på hovedet.

"Hvad med en kiks? Jeg fandt dem her i skabet." Det var en gammel pakke Digestive. "Du skal jo have noget at spise, ellers bliver du syg."

"Jeg vil bare dø," hviskede Hanne.

Ingrid satte bakken på sengen og tog Hannes hånd. "Det mener du jo heller ikke, hvad med dine drenge, en dag får du måske børnebørn, og hvad så med dem?"

Hanne tav, hun var grå i ansigtet, og hendes næse løb.

"Kom nu her," sagde Ingrid, og gav hende en klenex fra en pakke, der stod på sengebordet, "nu drikker vi en kop te, jeg bliver siddende her, til du har det lidt bedre og kan sove."

"Jeg får det aldrig bedre," sagde Hanne en smule kontrært.

Mens de drak teen, den var med kamilleblomst, og det mindede altid Ingrid om sygdom og migræne, sad Hanne og græd og pudsede næse og græd og pudsede næse. Hun fortalte Ingrid om, hvad der var sket i løbet af dagen, og meget af det, hun fortalte, mindede Ingrid om den gang, hun selv var blevet forladt af Erik. Det var efter, de havde boet sammen i et par år, og pludselig var han væk. En dag, da hun kom hjem fra arbejdet, var han forsvundet. Han havde pakket en taske med noget af sit tøj, og så var han rejst uden at efterlade et brev. Hun havde været rystet. Han havde på intet tidspunkt ladet hende forstå, at han havde det dårligt i deres forhold. Hun, til gengæld, syntes at det gik godt, og hun nød at komme hjem til ham hver dag. Han læste medicin, og havde ind imellem vagter på forskellige sygehuse. Det var hende, der tjente pengene, han spædede lidt til med sin S.U. og pengene fra sine vagter. Men den faste indtægt og betalingen af de faste udgifter, stod hun for. Det var så mange år siden, omkring 25 år, men det Hanne oplevede og var igennem nu, følte Ingrid, var så lig med det, hun selv havde oplevet. Det samme svigt, den samme smerte. Det gjorde også fysisk ondt at miste.

"Jeg forstår dig så godt," sagde hun.

"Hvad forstår du, du har da aldrig prøvet at blive skilt," svarede Hanne snøftende.

"Jo lidt, dengang Erik rejste."

Hanne rystede lidt på hovedet, så sagde hun, "nå det," og så talte hun videre om, at hun nok ikke kunne beholde sommerhuset ved Bjerge Strand.

"Jeg mener bare ," forsøgte Ingrid igen, "jeg forstår så godt, hvor dårligt du har det, hvor ked af det, du er."

Hanne havde både sin mobiltelefon og sin almindelig telefon liggende på natbordet, og hvis ikke hun lige checkede dem, skævede hun til dem konstant for at være sikker på, at de ikke skulle ringe, uden at hun hørte dem, eller der skulle komme en sms, hun ikke så.

Da klokken var over tre, var Hanne faldet lidt til ro.

"Prøv nu at sove, så lister jeg lige så stille af. Du kan bare ringe til mig, så kommer jeg herover igen."

Hanne lagde sig ned som et lille barn, og Ingrid puttede hende.

"Sov nu godt," sagde hun.

Hanne svarede med et snøft.

På vej ned ad trappen mødte Ingrid en lille spinkel pige, der var ude med aviser. Pigen kunne ikke være meget mere end 12 år. Hun havde langt sort hår og tyndt tøj på, og så meget bleg ud i opgangens skarpe neonlys.

"Hvad laver du dog ude på det her tidspunkt?" spurgte Ingrid pigen.

"Aviser," svarede pigen sky og smuttede uden om hende.

Nede på gaden stod der en ældre dreng og ventede. Ingrid tænkte, at det måske var den lille piges bror, og hun tænkte på at sige noget til drengen om, at han ikke skulle lade sin søster gå ude på det sene tidspunkt, og at hun sikkert slet ikke måtte lave det arbejde, hun gjorde. Men hun sagde ingenting. Hun skyndte sig hele vejen hjem, og da hun stod i sin egen opgang, kunne hun mærke benene ryste af træthed. Avisen var ikke kommet hos hende endnu. Hun havde abonnement på Berlingske i weekenden. Men da hun langt om længe lå i sin seng, hørte hun, lige inden hun faldt i søvn, smækket fra brevsprækken og bumpet af avisen, da den ramte gulvet i entreen. En velkendt beroligende lyd, der fortalte hende, at alt var som det plejede.

Det var hr. Nielsens fødselsdag om mandagen. Ingrid havde lavet et pænt morgenbord, da han mødte på kontoret klokken lidt over ni.

"Tusind tak," sagde han rørt, "Ingrid, du er en øjesten."

Hun havde købt et pænt slips til ham i lidt groft vævet silke, ikke for spraglet, og ikke for prangende i blå og grønne nuancer.

"Det er jo alt, alt for galt," sagde han glad.

Hun vidste, at han blev 78 år. De talte aldrig om hans pension, om han ville trække sig tilbage og nyde sit otium. Det var, som om intet nogensinde skulle ændre sig. Ingrid klarede de fleste af opgaverne, men spurgte ham ofte til råds om helt almindelig ting, nogle gange måske mest af psykologiske årsager. De havde mærket krisen, men Ingrid var ikke af den opfattelse, at det var gået hårdt ud over Bülow & co. Alle behøvede vel altid farver og maling, tænkte hun, også kunstnerne.

Til frokost inviterede han hende ud. Det skete en sjælden gang og altid nede på en hyggelig lille frokostrestaurant, hvor indehaveren, en kvinde i tresserne med rødt hår, kaldte Ingrid for hr. Nielsens datter. Det havde Ingrid intet imod. De havde bestilt bord, og kom til at sidde ved vinduet, hvor de kunne kigge ud på den travle gade. De spiste først marinerede sild og bagefter varmrøget laks. Hr. Nielsen spiste kun halvdelen af hver ret. Det så ud, som om hver bid voksede i munden på ham, som om maden ikke smagte ham.

"Har du virkelig ikke lyst til mere?" spurgte han hende, da hun havde takket nej til at vælge mere fra den velassorterede smørrebrødsseddel.

"Nej tak, jeg kan simpelthen ikke få en bid mere ned. Det er store anretninger, man får her," smilte hun.

De drak hver et lille glas fadøl af husets egen øl.

"Sikke et dejligt måltid," takkede hun, "det smagte skønt."

"Ja, men kaffe skal vi da have, og lidt sødt til ikke?" Så hr. Nielsen bestilte stempelkaffe og petit fours.

Da de sad med den dampende varme og stærke kaffe foran sig, trak hr. Nielsen et sirligt foldet stykke bøttepapir op ad inderlommen.

"Der er noget, jeg gerne vil, at du skal have."

Brevet var skrevet med fyldepen. Han brugte computer, men til fødselsdage og jul og andre højtidelige begivenheder skrev han kortene i hånden. Han havde en smuk håndskrift, en let læselig skråskrift, men med tiden var den blevet en smule rystet.

"Det er ikke kun fordi, det snart er din fødselsdag, jeg vil give dig det her, men også fordi du har været her så længe, og du har altid været en god og trofast medarbejder. Hvis ikke det havde været for dig, Ingrid, tror jeg, at jeg havde lukket firmaet for længst. Og det er ikke kun som medarbejder…" Han tav og sad stille lidt, hun kunne se, at det var svært for ham at tale, "men det er også fordi, du er sådan et godt menneske, Ingrid. Misforstå mig ikke, men jeg holder meget af dig, som en datter, vil jeg sige."

Ingrid sad med brevet i hånden, "skal jeg se, hvad der står i det nu, eller skal jeg vente?"

"Du skal læse det nu, det vil jeg bede dig om, og du skal blot acceptere det, der står."

Ingrid foldede brevet ud og læste det. Hun troede ikke sine egne øjne. Hun læste igen.

'Jeg, Johannes Nielsen, overdrager pr. dags dato maleriet af en ung kvinde, der hænger på mit kontor, til min medarbejder Ingrid Hansen.'

Det var underskrevet med hans svungne signatur.

"Men hr. Nielsen," begyndte hun.

Han løftede hånden fra bordet for at stoppe hende, "vi taler ikke om det, og når vi kommer tilbage til kontoret, tager vi billedet ned, og så får du det med hjem. Billedet repræsenterer ikke den store værdi i penge, jeg vil bare gerne have, at du får det. Du vil værdsætte det. Sådan er det."

Ingrid vidste, at emner var uddebatteret, og hviskede blot et lille "tak."

Da de var tilbage på kontoret, hjalp de hinanden med at taget maleriet ned fra væggen. Det var omkring 40 centimeter bredt og 50 centimeter højt og forestillede busten af en ung kvinde. Hun havde det mørke hår samlet i nakken, og hun bar en grå spencerkjole med en hvid krave og en oval medaljon i en kæde om halsen. Det var signeret med Th. Nygaard 1925.

"Det er meget smukt," sagde Ingrid, "tusind tak."

Jeg har bemærket, at du ofte står og kigger på det.

"Ja, det er hendes øjne, jeg synes, er så betagende og hendes smil. Hun ser lidt trist ud."

Han smilte bedrøvet. "Ja, og da vidste hun ikke engang, hvordan alting ville gå."

"Kender du hende?" fór det ud af Ingrid.

"Det er min mor," sagde han.

"Jamen…!"

Han løftede hånden igen, for at bremse hende. "Jeg vil gerne have, at netop du skal have det."

"Men, hvad med din familie, dine sønner…?"

"Nej, der er ingen der… der vil være interesseret i det."

Hun havde aldrig tænkt på hr. Nielsens familie udover Musse og sønnerne, men naturligvis havde han haft et liv før dem, en barndom, en ungdom. Havde det været gode tider, havde det været et kærligt hjem? Havde han været lykkelig der? For hun var ikke sikker på, at han var det nu.

"Hvad hed din mor?"

"Ingrid Agnethe Regine."

"Det er bestemt smukke navne," smilte hun, "hvornår døde hun?"

Hr. Nielsen svarede ikke, han havde tårer i øjnene. "Da jeg var fem år," sagde han hæst, dagen før min fem års fødselsdag, døde hun. Hun fødte en lille pige, som døde, og nogle dage efter døde hun selv. Dengang kunne man jo ikke det samme, som man kan i dag."

Der trillede tårer ned ad hans kinder. "Du må undskylde," sagde han og skyndte sig at tørre tårerne væk med et stort hvidt lommetørklæde, han hev frem fra sin inderlomme.

Ingrid vidste ikke, hvad hun skulle sige, hun tænkte på sin fars ord med, at 'tårer er, når hjertet løber over', men næsten ligegyldigt hvad hun kunne finde på at sige, ville det komme til at lyde banalt.

"Det er jo så mange år siden." Han forsøgte at smile, som om han ville fjerne alt det triste.

Hun nikkede, "hvad skete der med dig, hvad med din far?"

"Der var ingen far, jeg havde en halvbror, han er død for mange år siden, og min bror og jeg kom hen og bo hos min morbror og hans kone. Vi var fem og 10 år. Jeg kan ikke huske så meget fra dengang, men jeg kan huske, at min onkel kom med en lille bitte kiste til den lille døde pige, min mor lige havde født. Han forsøgte at gemme kisten bag på ryggen, så jeg ikke skulle se den. Jeg troede jo, at det var en fødselsdagsgave til mig. Jeg vidste ikke, at min lillesøster var død. Min lillesøster, eller halvsøster. Det var en skandale dengang. Min mor var ikke gift, og så fik hun børn uden for ægteskab, vi var uægte, og det fik vi ofte at vide, også i skolen." Han tav og rystede på hovedet, som for at ryste de grimme minder bort, "nå men, det var dengang."

"Men selvom det var dengang, behøvede man jo ikke at være væmmelige ved hinanden og slet ikke mod børn."

"Nej...," han sukkede, og hun kunne se, at hans triste smil var nøjagtigt som kvindens på maleriet.

"Nu kan jeg godt se, at det er din mor på billedet. Jeg har aldrig tænkt over det, men nu kan jeg godt se det. Din mor var meget smuk, du har arvet hendes øjne."

De hjalp hinanden med at pakke maleriet ind i bølgepap og i brunt kraftigt papir. Han kom sejlgarn om, og lavede et fint lille håndtag, hun kunne bære det hjem i.

"Lad os hænge det billede fra Jacob op i stedet," sagde han, "så ser man ikke så tydeligt, at maleriet mangler."

Jacob var en ung kunstner, som ind imellem kom og købte farver hos dem. Hans far havde også handlet ved 'stalddøren', og de var begge to hyggelige og belevne mennesker, som ved deres små besøg skabte liv på det til tider meget stille kontor. Da Ingrid startede på Bülow & co. kom der ofte spændende mennesker på besøg. Unge kunstnere, som fik lov til at købe farver og maling på klods, og nogle gange, efter års kredit, afleverede et maleri som betaling. Nogle af kunstnerne havde siden fået stor succes, og malerierne var blevet meget værd. Stort set alle disse malerier havde hr. Nielsens sønner overtaget, og Ingrid vidste, at de fleste var solgt på auktion til høje priser. Jacobs maleri forestillede en sydhavsø.

"Han er nu ikke uden evner," sagde hr. Nielsen, "selvom motivet måske er en smule banalt."

”Kan du leve med at have det hængende i stedet?”

”Det går an,” han sukkede, ”for et stykke tid. Jeg er glad for, at du kan lide maleriet af min mor, og behold gavebrevet, det er vigtigt Ingrid, det må du ikke smide ud.”

Hun bar maleriet hjem. Det var tungt til trods for sin ringe størrelse, rammen var af træ og meget enkel. Hjemme pakkede hun det forsigtigt ud, og hun brugte lang tid på at finde en god plads til det. Det var smukt og udstrålede en varme og venlighed, hun gerne ville bringe ind i sin stue. Henne ved lænestolen ved siden af Le Klint lampen ville det hænge smukt. Der hang et maleri af lyserøde roser i en skål. Maleriet havde hun købt på et antikmarked, og fordi der var et lille hak i lærredet havde hun fået det billigt. Hun flyttede maleriet ind i spisestuen i stedet. Så lavede hun sig en Gin og Tonic og satte sig ned i stolen og kiggede på maleriet af hr. Nielsens mor. Jo, der hang det godt. ’Ingrid’, som hun selv hed, ’Agnethe Regine, her skal du bo,’ tænkte hun, ’og jeg skal nok passe på din søn, som du måtte forlade, da han var så lille’. Tanken var ubærlig.

Hendes mobil bippede, hun havde fået en sms. ’Hej, så er træningen overstået, nu boller i karry hos de gamle og et afsnit af Paradise Hotel fra forleden.’ Ingrid blev med et ryk bragt ud af sine tanker. Det var Allan. Hun kiggede på den unge kvinde på maleriet, to så forskellige verdener, tænkte hun. Så ringede fastnettelefonen, det var hendes mor. Den var gal med ryggen igen.

10

"Jeg tror, at det er den koldeste vinter nogensinde, i hvert fald så længe jeg kan huske."

"Pjat, da jeg var barn var der vintre til, da kunne vi gå over sundet til Sverige."

På første sal til højre boede Gerda Lange, en kvinde på over 80, som Ingrid ofte talte med. Hun gik også ind imellem ærinder for Gerda, tog noget med, når hun selv skulle ud at handle. 'Du skal bare ringe til mig, ikke Gerda, så skal jeg nok købe med for dig'.

Men Gerda var sej, og det var meget sjældent, at Ingrid skulle hjælpe hende med noget. Hun var fraskilt og barnløs, og måske netop derfor, vidste hun, at der ikke kom nogen og hjalp hende, at hun måtte klare sig selv, uden at klynke. 'Der er alligevel ingen, der ser én, når man græder', sagde hun. Ind imellem stod der en kagedåse uden for Ingrids dør med hjemmebagte småkager eller kokosmakroner i fra Gerda. Når Ingrid leverede kagedåsen tilbage, ringede hun på, og hun blev altid budt inden for til et lille glas. Det kunne være portvin eller madeira, af en god kvalitet, for Gerda havde været sekretær i Udenrigsministeriet igennem hele sit voksne liv, og hun vidste, hvad der var godt.

Alt var meget sirligt holdt hos Gerda. Lige fra det nypudsede messingskilt på døren til pelargonierne på den lille altan. Ingrid elskede at komme på besøg hos Gerda. Hun havde så mange smukke ting, en del af dem købt på rejser og under udstationeringerne i spændende lande. Hun havde været ansat på ambassader i Jakarta, Damaskus, London og Paris. Man kunne spørge Gerda om meget, men der var andet, man end ikke overvejede at spørge hende om. For Gerda var et meget privat menneske. Det var kun ved en tilfældighed, at Ingrid havde erfaret, at Gerda var fraskilt. Hendes tidligere mand havde været billedkunstner. Ingrid vidste intet om, hvor længe de havde været gift, eller hvorfor ægteskabet gik i stykker, men i Ingrids fars bank kom der ind imellem en kvinde ind, som kendte Gerda. Hun havde været rengøringsdame hos Gerda, og hun kunne fortælle nogle historier om det ægteskab. 'Men det har vi ikke lyst til at høre noget om', sagde Ingrids far altid. Selvom Ingrids mor måtte erkende, at hun da ikke havde spor imod at høre bare lidt om det. Men for Ingrid var Gerda en sød og rar kvinde, hun meget gerne talte med om rejser og bøger og musik. Sidste sommer havde de været sammen til en koncert på Thorvaldsens museum. Gerda havde fået to billetter til En aften med Mendelssohn. Orkestret havde blandt andet spillet hans Italienske Symfoni, og Ingrid havde været rigtig glad for at blive inviteret med. Hun holdt meget af Mendelssohn, han var nok den komponist, hun holdt allermest af.

Det havde været den dejligste aften, en skøn varm sommeraften i København, hvor alle sad uden for og nød det gode vejr. Ingrid havde inviteret på grillet tun og et glas hvidvin bagefter på en lille restaurant, og med tæpper om benene havde de siddet på terrassen og sludret hyggeligt lige til klokken var et, og Gerda havde givet en taxa hjem. Den aften havde Gerda fortalt en lille smule mere om sig selv. Hvordan hun havde plejet en syg mor igennem det meste af sin opvækst og tidlige ungdom. Moderen havde dårligt hjerte og døde, da Gerda var 20 år. Gerdas far havde giftet sig igen med en enke efter en grosserer. Der var to teenager sønner, og ikke så megen plads til Gerda. Hun var blevet ansat i Udenrigsministeriet, og så begyndte et liv med udstationeringer. Under den første udstationering i Paris havde hendes daværende mand været med hende. 'Det var en meget lykkelig tid. Vi var så unge og alt var så spændende' havde hun fortalt med strålende øjne. Når Gerda smilte, lyste hendes ansigt op. 'Det var tilbage i begyndelsen af tresserne, og det var en fantastisk tid. Min mand gik på Kunstakademiet, og vi boede i en dejlig lille lejlighed lige bag Saint Eustache kirken, det var mens de gamle haller lå der. Der var altid liv, og mange af restauranterne, der lå rundt omkring hallerne, havde åbent hele døgnet, så folk, der arbejdede i hallerne, altid kunne få deres løgsuppe eller steak-frites'.

Ingrid kunne sagtens forestille sig Gerda i Paris, på ' La Closerie des Lilas' i en skræddersyet dragt og håret i en smart frisure. Sådan havde Gerda sikkert set ud, selv om hun nu mest gik i praktisk tøj, og Ingrids mor altid sagde, at Gerda så farlig ud. 'Du har oplevet så meget. Har du skrevet dagbog eller skrevet det, du oplevede, ned?' havde Ingrid spurgt hende om, men Gerda havde smilet og svaret, 'nej, hvorfor skulle jeg det? Vi skriver alle sammen hver vores historie, nogle historier er mere spændende end andre, men i bund og grund er de vel mest spændende for os selv. Mit liv skal ikke ende i en rodekasse hos en marskandiser'. Og Ingrid havde tænkt over det, da hun lå i sin seng den aften efter koncerten, og over hvilken historie hun selv havde skrevet? Hvor mange kapitler var der i hende, Ingrids bog? Der var arbejdet, der var moderen, og der var arbejdet og moderen og så lidt fodnoter. Men jeg har et godt liv, sagde hun til sig selv, jeg har jo et godt liv, og hun havde slået det hen med, at hendes liv skulle hun ikke beklage sig over. Det kunne godt være, at hun ikke levede i den farlige og hurtige overhalingsbane, men til gengæld kunne hun hurtigt bremse op, og de skader, der måtte ske, var ikke så slemme, når man kørte med 40 kilometer i timen. Og hvem skulle under alle omstændigheder læse hendes historie, udover hende selv? Gerda havde ret, hun ville heller ikke ende i en rodekasse til en tier hos en marskandiser.

Gerda havde fortalt Ingrid, hvorfor hun blev skilt, og historien var naturligvis ikke nær så farvestrålende, som rengøringsdamen sikkert helst havde fortalt den. Gerda og hendes mand holdt op med at være forelskede, de gled fra hinanden, som man siger, voksede og ville i hver sin retning. 'Han var temmelig alkoholiseret, og med mit job på ambassaden var der naturligvis rigelig tilgang til billige våde varer. Men det var upraktisk med en mand, man efterhånden aldrig vidste, hvor var. Og især i Paris. Paris er stor. Nej, Ingrid, det enkleste er vel, at vi slet ikke passede sammen. Jeg var nok alt for ordinær til ham, og jeg orkede efterhånden ikke alle hans skøre ideer og hans flakkende sind. Men meget af hans arbejde, især i de tidligere år, var godt. Jeg har nogle billeder derhjemme, det over chatollet, har han lavet'. Ingrid vidste straks, hvad det var for et, og havde spurgt, om det var det af de to ældre mennesker? 'Ja, det var hans forældre. Det billede holder jeg meget af – og jeg holdt også meget af hans forældre. De var bønder, han plejede at sige, at hans forældre blev forbyttet, da han blev født.'

Ingrid havde spurgt Gerda, om hendes mand stadig levede, og Gerda havde svaret med et trist smil, 'nej, han tog sit liv'.

Gerdas mand var lige blevet anerkendt, var blevet repræsenteret på én af de store udstillinger. Han havde et lille hus i Sverige, der boede han hele året. Han havde hængt sig oppe på loftet. Ingrid havde sagt til Gerda, at det var hun ked af at høre, men Gerda havde slået det hen. 'Nej, Ingrid, han ville ikke være her mere. Når jeg tænker tilbage, havde han det i sig, det selvdestruktive, i alle årene, men ja, det var frygteligt, da det skete. Jeg var i Jakarta, det var en del år efter, at vi var blevet skilt. Men én, man har holdt af, bevarer man i sit hjerte, og vi var aldrig uvenner. Vi kom aldrig til at hade hinanden. Jeg fik malerierne af hans forældre, jeg arvede ham jo ikke. Han blev aldrig gift igen eller fik børn, så forældrene arvede, hvad der var, men de var ikke interesserede i hans kunst. Den var også meget dyster, men hans billeder havde alligevel et eller andet, der gjorde mig glad. Måske fordi jeg kendte ham og vidste, hvor morsom og sød han havde været i starten, da vi mødte hinanden. Og så lige pludselig var han en anden. Én man helst ikke ville kende'.

Ingrid inviterede Gerda op til kaffe og for at se maleriet, hun havde fået af hr. Nielsen.

"Det er et virkelig dejligt maleri," sagde Gerda, "hvad skete der med den unge kvinde?"

"Hun døde efter en fødsel."

"Hun ser så vemodig ud på billedet."

"Jeg har aldrig tænkt over det, men hendes søn har det samme vemodige blik, når man fanger ham i en stille stund, hvor han sidder og tænker."

Mens de drak kaffe, fortalte Ingrid om sin forestående Italienstur.

"Det lyder vel nok vidunderligt. Det er godt, at du tager af sted, også selv om din mor ikke kan. Og din veninde hun må da glæde sig rigtig meget."

"Jeg ved ikke rigtig, hun taler ikke så meget om turen. Det er mere de problemer, hun har med sin mand, eller snart tidligere mand, der optager hende, men jeg er sikker på, at hun vil nyde ferien. Og hun har godt af at komme lidt væk, tror jeg."

"Men, det er din tur, Ingrid, og din fødselsdag. Det må du ikke glemme, lov mig det, du må ikke altid glemme dig selv." Gerda kiggede bestemt på hende over sine halvbriller.

"Nej, jeg glæder mig også rigtig meget."

"Er du sikker?"

"Jo, jeg ved ikke, det er lige som om, at Hanne slet ikke er nærværende, når man taler med hende, men jeg er sikker på, at når vi først er af sted, skal hun nok få det rart."

"Uanset om Hanne tager med, så skal du tage af sted, Ingrid. Uanset om hun tager med eller melder afbud, så tag af sted, det må du love mig."

Ingrid kiggede forskrækket på Gerda. Hun havde slet ikke overvejet, at Hanne kunne finde på at melde afbud. Den tanke havde aldrig strejfet hende.

"Jamen, jeg er da sikker på, at Hanne tager med. Altså med mindre hun bliver syg eller noget, altså alvorlig syg."

"Bare lov mig, at du tager af sted, uanset hvad," gentog Gerda. "Jeg har tit rejst alene. Det kan sagtens lade sig gøre. Det er slet ikke så farligt, og man kommer aldrig op at skændes om, hvad man skal se. Og hvis man gør, så har man helt andre problemer."

De to kvinder smilte til hinanden, og Ingrid skænkede mere kaffe.

"Det er en dejlig kaffe, du laver, og marmorkage. Har du selv bagt den?"

"Nej, det er min mor, hun er en mester til marmorkage. Har du ikke lyst til et lille glas? Jeg har Cointreau."

"Ja, så længe det ikke er Lilla Bols, siger jeg ja, tak."

Koret skulle holde den traditionelle 4.majkoncert som optakt til aftenens lysfest, og der ville i forårsmånederne op til koncerten være flere korprøver end sædvanligt. De var 18 medlemmer, når alle var samlet i det firstemmige kor. Repertoiret til koncerten havde dirigenten, Werner, valgt. Det var, som altid, en blanding af korindslag og af danske sange fra Højskolesangbogen, hvor alle sang med. Werner ville akkompagnere på et klaver, som altid med møje og besvær blev slæbt ind i den gamle kirke.

Ingrid havde det ikke godt med, at hun var nødt til at melde afbud til nogle af prøverne i forbindelse med hendes Italienstur. For det var så uheldigt, at Werner først havde 14 dages restferie og siden var på kursus, lige inden Ingrids egen ferie. Så Ingrid ville miste flere prøver. Hun havde sunget i koret i så mange år, så hun regnede nok med, at det skulle gå, men hun kunne mærke, at der var andre deltagere, som var utilfredse med, at de ikke fik holdt prøver nok, og da Ingrid så kom og fortalte, at hun desværre var nødt til at melde afbud til to prøver, havde der været en del hævede øjenbryn. Ikke fordi Ingrid skulle synge solo eller som sådan bar koret, det var, som én af damerne havde udtrykt det, fordi det skabte ubalance, når én af de unge manglede. Ingrid havde tænkt, at det var lidt morsomt, at hun med sine snart halvtreds år, stadig blev regnet for 'én af de unge', men korets gennemsnitsalder var nu nok også tæt på de tres.

For at kompensere lidt for miseren planlagde Ingrid, at hun sidste øveaften inden først Werner, så hun drog på ferie, ville byde på et glas og lidt godt, nu hun fyldte rundt. Hun overvejede at tage bussen ind til La Glace og købe petitfour. Men hendes mors; 'ring du lige ind først og hør, hvor meget de koster,' havde fået hende fra det. For det var virkelig meget dyrt. I stedet købte hun forskellige nødder, frugt, chips og god chokolade tillige med fire flasker Cremant du Bourgogne. Hendes mor havde syntes, at tre flasker var tilstrækkeligt. 'Åh, men vi kan jo altid drikke resten senere, hvis der bliver noget til overs', havde Ingrid svaret.

Til prøven ugen inden, havde hun nævnt, at hun gerne ville byde på et glas efter næste uges prøve. Heldigvis ringede én af tenorerne, Karsten, og tilbød hende et lift. Det var rigtig rart, for det regnede, og kassen med flasker og alt det andet, havde været tungt at have med i bussen. Karsten havde et år forinden inviteret hende ud. Det havde været hyggeligt, de havde spist på en udmærket restaurant, og bagefter havde de set en film. En dansk film, hvor det nu havde været svært at høre, hvad hovedpersonen sagde, fordi han mumlede. Men filmen havde været udmærket. Karsten var ingeniør og ansat i et stort byggefirma, det var noget med gasledninger. Han havde fortalt, at han havde været gift og havde to voksne børn og vist nok et barnebarn. Han var en sjov type, høj og tynd med gråt skæg og det tynde hår samlet i en hestehale. Hans briller var lidt for mørke, syntes Ingrid, for han havde ganske pæne øjne. Han interesserede sig for porcelæn, og samlede på Aluminia. Det havde han fortalt, da de på vej mod biografen havde passeret Den Kongeliges Porcelænsfabriks forretning på Strøget. Ingrid vidste godt, at hun burde have taget initiativ til, at de skulle ses igen, men hun havde aldrig fået det gjort. Der havde jo været alt det med Gregers. Hun havde også set Karsten med en anden kvinde til organistens egen koncert, så hun regnede egentlig med, at han havde fået en veninde. Det var godt for ham, han virkede en smule ensom. Men nu havde han altså ringet og givet Ingrid et lift.

De fleste af korets deltagere var mødt op. Ingrid var glad for, at hun havde købt rigeligt ind. De plejede at holde en pause på en halv time og drikke kaffe og snakke, men Ingrid ville vente med at servere, til efter de var færdige med at øve. I pausen sagde hun i stedet, at hun håbede, at de senere havde lyst til at blive og drikke et glas. Hun havde allerede stillet glas og skåle frem ude i det lille køkken, der hørte til kirkens personalerum.

Det var lige som om, der ikke rigtigt kom gang i sangen, den aften. De blev ved med at øve, "Frihedssangen", men alterne kom hele tiden skævt ind i de ikke helt lette harmonier, eller også var den gal med tenorerne. Karsten var tenor med en temmelig slank stemme.

"Jeg er virkelig nervøs for den koncert," sagde Lizzie, én af de sidst tilkomne i koret. Hun havde sunget der i fem år, og hun plejede ellers ikke at have noget at være nervøs for.

"Åh mon ikke vi klarer den," mente Dora. Hun havde som Ingrid sunget i koret i mange år, og det plejede at gå. Når de stod i deres sorte tøj, kvinderne med forskelligt farvenuancerede spraglede tørklæder om halsen, plejede det at gå. Og gik det ikke, så var der sjældent nogen, der hørte det.

De stoppede lidt tidligere den aften, end de plejede.

"Vi må hellere stoppe nu, jeg tror ikke at vi bliver bedre i aften, men mens jeg er væk, så øv, øv, øv på "Frihedssangen," råbte Werner, "og så tror jeg, at Ingrid gerne vil byde på en forfriskning."

Han nikkede til Ingrid, og hun skyndte sig ud i køkkenet.

Da hun kom ind med rullevognen, var der kun halvdelen af korets deltagere tilbage.

"Hvor er de andre henne?" spurgte hun Karsten.

"Jeg tror, at de er gået," svarede han og rystede på hovedet, "kom de ikke ud og sagde farvel?"

"Næ, nå men så er der så meget mere til os, der er tilbage."

Hun kiggede på de fire flasker, hun heldigvis ikke havde åbnet endnu.

"Værsgo, tag et glas."

Karsten hjalp hende med at skænke.

"Hvad er årsagen?" ville korets ældste deltager, Theodor på snart firs, vide.

"Jeg fylder rundt," svarede Ingrid smilende.

"Åh, ja så, fyrre er en dejlig alder." Han gav hende leende et klem i siden. "Jeg sendte dig ellers en venneanmodning på Facebook."

"Men, jeg er ikke på Facebook."

"Er du ikke på Facebook?" Han lød overrasket. "Nå, men så må det have været en anden Ingrid Hansen. Nu er vi i hvert fald venner."

Det var ikke alle, der ville have et glas, og da de en halv time efter blot var fire tilbage, var der kun drukket én flaske, og de fleste skåle var næsten urørt.

"Har I ikke lyst til et glas mere," spurgte Ingrid, "jeg kan ikke bære alle de flasker hjem igen."

Karsten havde hentet nogle stole, og mens Ingrid skænkede, satte dirigenten Werner og alderspræsidenten Theodor sig ned. Karsten delte skålene med nødder og chokolade og økologiske chips rundt.

"Hvor skulle alle dog hen?" spurgte Theodor.

"Der kom vist et skandaleprogram om skattely i fjernsynet," mente Werner.

"Godt, at man ikke har nogen penge, så har man ikke de problemer, skål og tillykke," Theodor hævede sit glas.

De sad og sludrede en times tid. De var hyggelige de tre. De talte om Werners forestående kursus i Tyskland hos en anerkendt organist, og Theodor skulle på en bustur til Normandiet. Ingrid fortalte om sin tur til Como, som Theodor først hørte som Congo og spurgte, om hun havde malariapiller med, og Karsten havde planer om at tage til Løkken, men først i sommerferien.
Da klokken var elleve, brød de op.

"Vil du ikke have noget knas med hjem?" spurgte Ingrid Theodor.

"Tak, som byder," sagde han, og gik med en fyldt skål.

"Mente du også skålen?" spurgte Karsten.

"Nej, den hører til kirkens køkken," lo Ingrid, "jeg tror nu ikke, at den har været så dyr."

Karsten kørte hende hjem og hjalp hende ind i opgangen med flaskerne.

"Jamen, så må du have en god tur og fødselsdag," sagde han. "Jeg tænkte, om vi måske kunne ses, når du kommer hjem igen? Gå ud og spise eller noget?"

"Det ville være hyggeligt, men så synes jeg, at du skal komme her hjem en aften." I det samme hun havde sagt det, kom hun til at tænke på, om hun virkelig syntes, at det kunne være hyggeligt, eller om hun bare sagde det, for ikke at være uforskammet. Men han virkede så venlig, og det ville ikke være pænt at affærdige ham.

"Det vil jeg gerne," sagde han med et smil. "Så ses vi… og god fødselsdag." Han gav hende et akavet kys på kinden.

"Tak. Ja, vi ses."

11.

Der var 18 dage til rejsen nu. Ingrid krydsede dagene af på kalenderen i køkkenet. Det var fjollet, det vidste hun godt, ligesom da hun som barn satte tændstikker i kartoffeldyr og tog én ud, for hver dag der gik op til en rejse eller en fødselsdag. Men hun var ligeglad. Hun glædede sig.

Det var nogle dage siden, hun havde hørt fra Allan. Sidst havde han skrevet, at han arbejdede ude på en byggeplads ved havnen, og han kom så sent hjem, at han kun lige nåede træningen, inden han skulle i seng. Han plejede at gå tidligt i seng for at komme op klokken halv fem og af sted på arbejde, inden der kom for megen trafik. Men nu lå der en sms fra ham. 'Mester har inviteret til sin 50 års på lørdag, stor fest med kniv og gaffel. Vil du med?' og så var der to smiley'er. Ingrid sad lidt og tænkte over tilbuddet. Hun vidste ikke helt, om det var en god ide, men hun var da lidt smigret over, at han gerne ville have hende med. Hun skrev tilbage, 'Det lyder spændende, det må jeg høre nærmere om'.

Da han ikke skrev igen, ringede hun til ham om eftermiddagen, men fik hans telefonsvarer. 'Det er ham selv, læg en besked.' Ingrid blev så befippet, at hun kom til at slukke for telefonen. Han ringede ud på aftenen. Han var lige kommet fra træning og sad hos sine forældre og drak kaffe. Ingrid kunne høre fjernsynet i baggrunden, og ind imellem moderen, der kom med kommentarer, indtil Allan bad hende om at 'lukke kneveren'.

"Jeg går lige ud på altanen," sagde han, og Ingrid kunne høre en summen fra den nærliggende motorvej.

Det var hans mesters 50 års fødselsdag, og den blev fejret i nogle selskabslokaler nede ved Brøndby strand, i nærheden af mesterens villa.

"Ja, det er ellers en megastor villa med pool og det hele, men de vil altså holde det ude med tre retters og velkomstdrinks."

"Hvad er dresscode?" spurgte Ingrid., men hun kunne høre på Allan, at han ikke helt forstod ordet og ændrede det til, "skal man have pænt tøj på?"

Det skulle man, det var med hele svineriet, sagde han. Ingrid overvejede, hvad det var.

"Jeg kan hente dig fra stationen," sagde han, og Ingrid syntes at det var pænt af ham, "men hvad med gaven?" spurgte hun.

"Jamen, jeg har betalt i dyre domme til en fællesgave fra os alle sammen. Sådan et springvand med en granitkugle, der løber rundt oven på en vandsøjle, enormt flot, så det skal du ikke tænke på."

Til sidst sagde Ingrid, ja tak, og i det samme hun havde gjort det, begyndte hun at fortryde, men samtidig tænkte hun på, hvad i alverden hun skulle tage på?

Hun havde hængt nogle forskellige sæt frem, for lige at tjecke, om der var noget galt. Sømme, der var gået op, eller pletter. Det ene, et vinrødt sæt med nederdel og bluse, havde hun haft på til sin fars sidste runde fødselsdag, men det var måske lidt for ufikst og gammeldags? Så var der en sort bluse med sort perlebroderi i halsen og en sort halvlang nederdel i flere lag tyndt stof. Det var måske lidt for elegant? Der var også den sorte Armani-nederdel og så med et pænt cardigansæt fra Peter Jahn. Det grønne havde hun naturligvis haft på hjemme hos Allan, og det var nok lidt mere hverdagsagtigt, men måske med det cremefarvede sæt i kashmir eller den nye jakke, hun havde købt på udsalget. Nej, jakken ville hun gemme til sin fødselsdag i Italien, det var den bestemt til, og den skulle gemmes til hendes egen fødselsdag.

Hun fortalte først sin mor om festen, da de sad efter deres lørdagsindkøbstur og spiste frokost.

"Nej, det var da pænt af ham, at invitere dig med, hvad laver han?"

"Han er VVS'er, altså blikkenslager," rettede Ingrid det til. Hun kunne godt høre, at hans erhverv ikke faldt i så god jord hos moderen.

"Hvad så med den blå kjole vi købte sammen? Den er du så pæn i."

"Jamen mor, det var jo da jeg blev færdiguddannet, vi købte den inde hos Westergaard. Den er 25 år gammel, mindst."

"Den har nu altid været så pæn, og i en god kvalitet."

Hvis ikke Ingrid ind imellem havde smidt noget af sin mors tøj ud, før i tiden med hjælp fra faderen, ville moderen stadigvæk gå i tøj fra krigens tid. 'Kvalitet smider man ikke bare væk', sagde hun altid og mente det også i overført betydning, som 'hvorfor spise ude, når man har en mesterkok derhjemme?'

Da lørdagen oprandt, øsede det ned fra tidlig morgen. En kold væmmelig vinterregn, sådan en regn, man føler bliver sprayet efter én fra alle sider, også nedefra, så selv om man bøjer nakken for at beskytte sig, så bliver der kastet vand efter én nedefra.

En halv time inden Ingrid skulle af sted til toget, var hun stadigvæk i syv sind. Det tøj, hun endelig havde valgt, det sorte sæt med den tynde nederdel, ville måske virke for tyndt og sommeragtigt. Hun havde det på, men tog det af og til sidst, endelig langt om længe, hev hun en lille sort cocktailkjole ud fra skabet. Den var i en fin let uld med en rund hals og et lille ærme. Den nederste del var med et fast underskørt og en drapering af stof, man slog om sig. Stoffet faldt flot og helt tæt til hendes slanke krop. Hun fandt en gammel guldbroche, hun havde arvet efter sin farmor, og satte den på højre skulder. Det var klassisk, ikke for ekstravagant, og, når det kom til stykket, nok allermest hende. Hun lagde en diskret make up med en læbestift i lys rød, som passede bedst til hendes lyse hår og skandinaviske farver. Det skulderlange blonde hår samlede hun med en stram knude i nakken, så skruede hun perleørenringene fast, og tog sin diamantring, endnu et arvestykke, på højre ringfinger. Strømperne havde hun købt til lejligheden. Tynde sorte strømper, af et fint fransk mærke, med en smal blomsterbort langs benet. De var dyre, men da hun hverken skulle bidrage til gave eller blomster, som hun håbede, at svendene havde husket at købe til mesterens kone, kunne hun godt spendere lidt ekstra på et par lækre strømper. Undertøjet var også i en god fransk kvalitet. Hun havde købt sættet, da Gregers kom på besøg første gang, men han havde vist ikke skænket det en tanke.

Hun slukkede for cd-afspilleren, en gammel Gerry Rafferty cd, og tog en tyk ulden sort frakke på, overvejede at tage de sorte støvler på til turen, men besluttede sig så for at tage de pæne sorte sko på med rem og hæl og finde en taxa, der kunne køre hende til stationen. Hun bandt det uldne sjal godt omkring sig, slog sin paraply op og trippede ned til den mere befærdede vej. Efter at have ventet fem minutter, kom der en taxa, men der var en yngre mand i jakkesæt og diplomatfrakke, der snuppede den for næsen af hende. Efter endnu et par minutter kom der en anden, og Ingrid bad ham om at køre hende helt ud til Ballerup station. Hun var allerede gennemkold, og hun orkede ikke at skulle stå på stationen i suset og trækken fra de gennemkørende tog.

'Jeg er ved indgangen til stationen', skrev hun på en sms til Allan. Han var ikke kommet endnu, og det var 10 minutter siden, de skulle have mødtes. 'Er på vej', skrev han, og fem minutter efter kørte hans hvide kassevogn op foran indgangen. Døren på passagersiden var svær at få op, men til sidst lykkedes det hende, og hun kravlede op i bilen. Den snævre frakke måtte hun knappe op, får at komme ind på sædet. Der duftede stærkt af Allans after shave, og til sin rædsel opdagede, hun at han havde sin hættetrøje på.

"Næ, hvor nydeligt," sagde han og smilte glad til hende.

Hun følte sig som en ældre kvinde, der havde kapret en ung mandlig eskorte. Hun havde lyst til at springe ud af bilen igen og løbe ned på stationen og kaste sig ind i det første tog, der måtte køre ind mod byen. Hvis det var, hvad han havde tænkt sig at gå til fest i? Hvis det var dresscode, passede hendes Jackie Kennedy-kjole slet ikke.

Radioen spillede AC/DC, 'Highway to Hell', og Allan skruede op. De rockede i bogstaveligste forstand i den gamle spand ned ad motorvejen mod Brøndby Strand og festen, som Ingrid havde gruet for, og nu var direkte skræmt over at skulle deltage i.

Selskabslokalerne lå i en separat bygning neden for fem store etageejendomme. Det var mesters svigerforældre, der boede i en af lejlighederne i byggeriet og gennem dem, han havde lejet lokalerne. Allan parkerede kassevognen et stykke fra indgangen, og da Ingrid hoppede ned fra bilen, landede hun i en vandpyt. Hun kunne mærke det iskolde vand sive ind igennem læderet på skoene. Allan gik et stykke foran hende ind ad døren, og råbte glad til nogle yngre mænd, hun forstod, var hans kollegaer. Der var en garderobe til tøjet, og den var efterhånden godt fyldt op. Ingrid var nødt til at hænge sin sorte uldne frakke mellem en frakke, der lignede hendes Føtexfrakke på en prik, og en ildelugtende våd kaninpels.

Allan tog også sin hættetrøje af og hængte den på en knage. Indenunder havde han en stramtsiddende stribet skjorte på. Den var åben i halsen og åbenbarede toppen af et behåret bryst og en guldkæde. Han tog hendes hånd og førte hende ind i en sal, der var fuld af mennesker. "Velkommen til," sagde en mand i et lyst jakkesæt. Han var lav og bred, og skaldet på nær en bræmme hår i nakken.

"Det er Mester," sagde Allan og gav sin chef et venskabeligt slag på skulderen.
Mesteren kvitterede straks med en venskabelig knytnæve i maven på Allan. De to mænd grinede kammeratligt, og mester greb Ingrids hånd og trykkede den så hårdt, at hun fortrød, at hun havde sat sin ring på højre hånd.

"Hjertelig tillykke og tak for invitationen," sagde hun.

"Ja, det er altså Ingrid," forklarede Allan.

Mester, der hed Bent, kaldte på Henriette, der var hans kone. En storbarmet kvinde i en orangefarve todelt kjole, der matchede hendes korte asymmetriske hår, kom sejlende hen imod Ingrid.

"Pænt goddag," kvidrede hun og sendte Ingrid et stort smil, "ja vi var lidt spændt på, hvem han tog med, ham Allan. Han gemmer dem jo godt."

"Nårh, ja," sagde Allan og smilte en smule genert.

Ingrid fik stukket et glas i hånden, en orangefarvet drik, der viste sig at være mousserende vin med abrikossmag.

"Jeg vil nok hellere have en bajser," sagde Allan.

”Ja, det tænkte jeg jo nok,” mester pegede hen imod en bar med et fadølsanlæg. Der stod en bleg tjener i hvid jakke bag baren, og Allan viste ham med hænderne, at han ville have en stor fadøl.

Der kom et par unge fyre hen til Allan. Ud fra det, de sagde, kunne Ingrid høre, at de var kollegaer. Men han præsenterede hende ikke, og hun havde lidt svært ved at falde ind i samtalen, som drejede sig om nogle besværlige faldstammer ude i Rødovre. Hun kiggede sig i smug omkring og så, at der var hængt plancher op med bordplaner. Hun skulle sidde ved siden af én, der hed Christoffer og på den anden side, hendes bordherre, stod der Mazur. Allan kom hen til hende og kiggede over hendes skulder på planen, hun kunne mærke hans krop bag sig og hans duft. Han lagde en hånd på hendes hofte.

”Åh nej krakkemutten,” sagde han så, ”det er jeg sgu ked af, du skal sidde ved siden af krakkemutten.”

”Hvem er det?” spurgte hun.

”Han er arbejdsmand, og hans taler meget dårligt dansk. Han kommer fra et eller andet krakkemutland, jeg ved sgu’ ikke hvor.”

Allan forsvandt, og lidt efter kom han tilbage med sin mester. Hun kunne se, at de drøftede et eller andet.

”Jamen, du sagde, at hun kunne tale fransk og alt muligt,” sagde Mester.

”Jo, men helt ærligt.”

”Hvad er problemet?” spurgte hun, da hun kunne høre, at de talte om hende.

Mester var ilde berørt. ”Ja, det er fordi, vi hørte, at du kunne tale fransk.”

Ingrid var ved at få den orangefarvede søde drik, som hun lige havde taget en for stor slurk af, galt i halsen.

”Og så tænkte vi, at du måske gerne ville sidde ved siden af Mazur.”

”Taler han kun fransk?” Hun frygtede, at hun skulle sidde og støve alle sin godt glemte franske brokker frem.

”Nej,” brød Allan ind, ”han taler også krakkemutsk.”

”Han er fra Iran,” rettede mesteren ham.

”Jamen, det går da fint,” sagde hun, ”jeg vil meget gerne sidde ved siden af Mazur.

”Ja..!, og du har da Christoffer på den anden side.” Mester sendte Ingrid et taknemligt smil, mens Allan bundede sin fadøl og rystede på hovedet.

Så blev de kaldt til bords, og Ingrid bemærkede et par, som stod for sig selv med hinanden i hånden. De var slanke, distingverede, manden lidt højere end kvinden og havde begge mørkt hår –

hans var gråsprængt og kvindens lange hår var sat op med nogle smukke spænder, et i hver side og fra ørerne hang nogle store dråbeformede mørkegrå perler. Hun havde en halvlang skifergrå kjole på med diskrete broderier og et matchende sjal. Hun var omkring 50 år og meget smuk. Manden var i et nobelt, velsiddende mørkt jakkesæt.

Ingrid gik hen til dem. "Undskyld er du Mazur?" spurgte hun ham.

Han sendte hende et spørgende smil.

"Så skal vi sidde ved siden af hinanden ved bord otte. Ved du, hvor du skal sidde?" spurgte hun kvinden, der straks rystede på hovedet.

"Kom lad os finde ud af det."

De gik tilbage til plancherne og så, at Mazurs kone, der hed Alysia, skulle sidde ved bord fem, et stykke fra bord otte.

"Åh nej," udbrød hun og holdt stadig fast i sin mand.

Bordene var dækket med roser, lys og servietter i samme nuancer som mesters kones kjole og de orangefarvede drikke. Der kunne sidde 10 ved hvert bord, fire på hver langside og én for bordenden, og der var 10 borde. Forretten stod allerede klar med små kuvertbrød og pakker med Kærgården ud for hver tallerken, og der var skænket hvidvin op i glassene. Der duftede af dild i lokalet. Ingrid var sulten. Ovre i hjørnet sad en mand i et beigefarvet jakkesæt og en bordeaux skjorte og spillede på et hammondorgel. Indgangsmelodien var 'La qucarachi', hvilket fik takten blandt de af gæsterne, der fulgte den, til at blive en smule rytmisk.

De fulgte først Alysia hen til sin plads. Hun skulle sidde mellem en ældre kvinde og en decideret gammel mand, og bagefter fandt de deres pladser ved bord otte. Det viste sig, at Christoffer var en bebumset femtenårig fedladen dreng, der havde taget sin iPad med til bords, og en stor del af middagen spillede spil på den. Pladsen for bordenden var tom.

Mazur trak stolen ud for Ingrid, en gestus hun ikke var vant til, og hun skyndte at sætte sig. Hun kunne se Allan sidde ved et bord noget væk. Han sad med ryggen til, og hans borddame var en ung overvægtig kvinde i en stropløs kjole af denim. På hendes ene skulder var der tatoveret en slange, der bugtede sig ned mod albuen. Ingrid opdagede at en del af især de yngre kvinder gennemgående var meget barmfagre og dekoreret på alle mulige måder. Blomster og dyr i fantastiske farver var printet på deres vinterblege eller solariebrune hud.

Der var en god stemning, alle talte og lo.

Mesters kone rejste sig op og holdt en kort velkomsttale. "Ja, for manden er jo ikke den store taler," startede hun med at sige. "Under jeres tallerkner ligger der en lille seddel, og vi skal starte med at synge nr. 1."

Ingrid løftede sin tallerken og fandt ganske rigtig en lille seddel med en velkomstsang på. På den anden side var der en 'Tak for mad sang'.

"Nå, jeg troede, at der stod, hvem der skulle vaske op," råbte et vittigt hoved, og alle grinede.

Så sang de velkomstsangen og skålede, og så blev der sendt sovsekander rundt med en grønlig creme fraichedressing til fiskesymfonien på tallerkenen.

Mazur smilte til Ingrid, da de skålede, men sagde ikke så meget.

"Taler du dansk?" spurgte hun langsomt og kom i tanke om, at det måtte lyde, som om hun forsøgte at komme i kontakt med en retarderet.

"Jo, en lidt," sagde han forlegent.

"Men er fransk bedre?"

"Qui!" nikkede han taknemligt.

Hun slog over i fransk, men hviskede for ikke at skabe for megen opmærksomhed.

"Mit franske er ikke det bedste, og det er længe siden, at jeg har talt det, men jeg vil meget gerne gøre et, hvad hedder det nu…, forsøg."

Mazur så ud, som om han havde vundet i Klasselotteriet.

"Åh hvor vidunderligt," sagde han på et formfuldent smukt fransk. "Det ville være dejligt. Dansk er et svært sprog, hjemme taler vi mest fransk, selvom vores børn taler flydende dansk."

Maden smagte udmærket, og Ingrid, sulten som hun altid var, gjorde hvad hun kunne for ikke at spise for hurtigt. Christoffer til højre for hende, sad og stak til tallerkenens eneste krebs.

"Bryder du dig ikke om maden?"

Han rystede på hovedet, "jeg hader fisk."

"Kan du heller ikke lide krebs?"

"Det tror jeg ikke, jeg har aldrig smagt dem, men de ser ækle ud," sagde han og tog en bid af brødet, som han havde delt med sin kniv og smurt et tykt lag Kærgården på. Han drak cola af et fadølsglas og genoptog sit spil på iPad'en.

"Du kan sikkert få lidt ekstra brød," forsøgte hun for at være venlig, men han svarede hende ikke.

"Har du været ansat i firmaet længe?" Hun vendte sig mod Mazur.

"Ja, i fem år, før det var jeg arbejdsløs meget længe, så jeg er glad for arbejdet."

"Hvad laver du?"

"Jeg er arbejdsmand, jeg går til hånde, bærer materialer og kører ærinder."

"Jeg kan forstå, at I kommer fra Iran?"

"Ja, Teheran."

Hun havde lyst til at spørge ham om en masse mere, men følte, at det ville virke alt for nysgerrigt.

Han kunne se det på hende, for han fortsatte. "Vi var nødt til at forlade landet. Jeg var politisk aktiv. Advokat. Det var jo ikke så godt. Men heldigvis kom vi ud alle sammen; Alysia og vores to børn, de var jo små dengang, den ene nyfødt, og min mor, hun bor i Paris i dag sammen med min søster og hendes familie."

"Er du advokat?"

Han nikkede.

"Og nu arbejder du som arbejdsmand i et blikkenslagerfirma?"

"Ja...," han trak lidt på det, "VVS, men jeg er meget glad for at få arbejde, og de er flinke."

Ingrid kunne ikke lade være med at tænke på, at Allan og mesteren meget åbenlyst havde omtalt Mazur som 'krakkemutten.' Hvor flinkt var det?

"Min kone er sosuhjælper på et plejehjem," fortsatte han, "hun er uddannet læge i Iran." Det lød ikke som om det generede ham.

"Hvordan kan det være, at I ikke kan arbejde som advokat og læge her?"

"Nej nej," sagde han forskrækket, "det går slet ikke an."

"Jamen, hvorfor ikke?"

"Jeg ved det ikke, men så skulle vi tage vores uddannelser om, hvis vi ville arbejde inden for vores fag. Helt fra studentereksamen, så det ville tage mange år og være meget dyrt. Spild af penge."

"Det gør mig ondt," sagde Ingrid, og tænkte lidt på, hvor det egentlig var, at ressourcerne var spildt her.

Fiskesymfonien var spist, tallerkenerne fjernet af et meget erfarent serveringspersonale i hvide skjorter og sorte gabardinebukser, og nu blev der skænket rødvin i glassene. Lige idet personalet skulle til at bære fadene med rådyrryg, halve æbler med gele, små glaserede løg og bønner ind, var der en mand, der rejste sig og slog på glasset. Han ville holde tale.

"Sæt ham ned," råbte nogen fra nabobordet, og den ellers taleoplagte mand, blev en smule brutalt sat ned igen og fik at vide, at han måtte vente med ordene for nu var der dyreryg.

Den brune sovs og pommes fritterne blev sendt rundt i separate metalskåle, og Christoffer tog glad en stor portion pommes frites og hældte sovs over.

"Er der HP og ketchup?" spurgte han Ingrid, og Ingrid hviskede, at 'det var der nok ikke', og hun tænkte, at hvis det var hendes mor, han havde spurgt, ville hun kategorisk have bortvist ham. Han kastede sig over herlighederne, og tog også et par skiver kød, da de kom forbi.

"En cola mere," sagde han belevent til serveringsdamen, der kiggede olmt på ham.

Mazur var en behagelig bordherre, og selvom Ingrid ofte følte, at hun manglede ord, og at hendes franske bestemt ikke var godt, lyttede han tålmodigt og sagde, at hun talte vældig godt fransk.

Hans liv i Danmark var meget ulig det liv, han og hans familie havde levet i Iran. Ingrid kunne mellem linjerne forstå, at parrets familier havde været velhavende, levet i store huse i en rig forstad til Teheran. Børnene var alle akademikere, og han havde mødt Alysia, mens de begge studerede.

"Savner du Iran?" spurgte hun ham.

"Hvem ville ikke savne sit fædreland? Jo, det gør jeg bestemt, men ikke som det er i dag. Min familie er i Europa, her hører jeg til nu. Danmark har hjulpet os meget, vi har en lejlighed ikke langt herfra," sagde han.

Ingrid tænkte på, at en lejlighed i Brøndby måtte være så langt fra en velhavende forstad til Teheran, som man kunne tænke sig.

"Nå, fatter du et ord af, hvad han siger?"

Allan stod pludselig bag dem med sit tomme fadølsglas i hånden. Han var på vej op for at fylde det igen.

Ingrid følte en flovhed isne ned ad ryggen. "Ja, naturligvis," skyndte hun sig at sige.

"Ja, for vi plejer ikke at fatte en brik af det krakkemutske."

Han gav Mazur et godmodigt slag på skulderen.

Mazur lo.

"Behandler de dig altid sådan?" spurgte Ingrid, da Allan havde givet hende et akavet kys ovenpå hovedet og var gået igen.

"Ja, ja, men de mener det ikke så galt," sagde Mazur alvorligt.

Ingrid tænkte på, om Mazur nogensinde havde overvejet at gå til nogen, for eksempel en fagforening og spørge, om ikke det eventuelt var mobning, han var udsat for?

Taleren fra før fik lov til at rejse sig, og nu holdt han en tale, især om hans kendskab til fødselarens evner ud i fodbold. I praksis var de ikke så store, men teoretisk var de, ifølge taleren, enorme. Det var en meget godmodig tale, som blev honoreret med klapsalver, og så var der skåleviser og 'så gir' han nok en lille én, en lille én, en lille én'.

Mazur sang med, han var absolut velintegreret, måske endda bedre end Ingrid, som ikke kendte alle sangene.

Der var flere taler og sange. Der var festlige sangskjulere, som ofte fortalte om Mesters metier, blandt andet var én af skjulerne et toilet. Heldigvis af papmache. Det var alt sammen meget morsomt, og stemningen var festlig og blev mere og mere løftet. Allan kom over flere gange med bemærkninger om Mazurs danske, og hver gang for at lave lidt sjov med det. Han var efterhånden en smule beruset, kunne Ingrid mærke, men måske var det bare fordi, hun og Mazur det meste af middagen havde drukket mineralvand.

Og Ingrid skulle på toilettet. "Undskyld mig et øjeblik," sagde hun og ville til at rejse sig, men straks var Mazur oppe og hjalp hende ud fra bordet.

"Tak, det er man altså ikke vant til i dag som dansk kvinde."

"Åh...?" Han så forvirret ud.

"Nej, nej, jeg mener, der er ikke mange i dag, der er så velopdragne."

"Og gammeldags?"

"Tja, måske, men lidt almindelig dannelse gør vel ingenting."

Han smilte og rakte Ingrid hendes taske, som hang i sin tynde snoede silketråd over stoleryggen.

Toiletterne var ude i indgangshallen. Da hun stod og vaskede hænder, kom Henriette derud. Hun skulle lige have pudret næsen og panden, som var en smule glinsende. Ingrid smilte til hende.

"Det var vel nok dejlig mad," sagde hun.

"Ja, de er gode her. Morer du dig?"

"Ja, meget, min bordherre Mazur er en vældig rar mand. Vi har meget at snakke om."

Henriette gengældte hendes smil, "nå, jeg har ellers hørt, at han er meget stille."

"Nej, nej slet ikke, han er vældig rar at tale med."

"Men, han taler jo ikke rigtig dansk, vel?"

"Jo, det gør han nu, men vi har talt fransk sammen, og hans franske er meget flot."

"Taler I fransk sammen, nå, nå kan du det?"

”Ja, jeg er korrespondent, altså ikke fransk korrespondent, og det er nu også mange år siden, jeg har talt det.”

”Jeg gik engang til engelsk, da vi købte lejligheden nede i Alanya, men jeg holdt op. Man kan jo godt klare sig alligevel, og de må sgu' kunne forstå én alligevel, ikk'?”

”Ja, selvfølgelig.”

Der kom en ældre dame i en spraglet brokadejakke ud fra et af toiletterne. ”Og vi kan tale skraldespansk!” Hun grinte højlydt af sin vittighed og begyndte derefter at hoste.

Kvinden viste sig at være Henriettes mor, og altså årsagen til, at de kunne holde festen i lokalerne.

”Hvordan går det med hoften?” spurgte Henriette sin mor, og henvendt til Ingrid sagde hun, ”Mor har lige fået opereret den anden hofte også.”

Ingrid var ikke klar over, hvilken én af hofterne, det drejede sig om, men hun kunne, på den måde kvinden stod og støttede sig til vasken på, se at hun havde smerter. ”Åh, sikke da noget.”

Kvinden sagde med en hæs røst, ”man er kommet i reparationsalderen, det er knæenes tur næste gang.” Hun havde svært ved at trække vejret.

”Men dog,” Ingrid kunne ikke finde på andet at sige.

”Henriette, kan du ikke lige finde cigaretterne i min taske,” moderen skubbede en sort skuldertaske med læderfrynser hen på sin sikkert ikke opererede hofte, og Henriette fandt en pakke Prince i den. Sammen gik de to kvinder ud ad døren. Moderen for at stå uden for i kulden for at ryge, Henriette for, sammen med Ingrid, at gå tilbage til festsalen.

Fyren ved orglet spillede 'Vimmersvej', og folkene ved bord ét greb fat i Henriette og ville skåle med hende.

”Jeg skal lige hente mit glas,” råbte hun.

Én af herrerne ved bordet tog fat i Ingrids arm. ”Vi vil gerne have mere rødvin!” Hans vinøse læber vidnede om, at han allerede havde smagt rigeligt på Merlot'en.

”Ja,” sagde Ingrid lidt forskrækket, ”jeg arbejder her altså ikke, men nu skal jeg se, om jeg kan finde en flaske.”

”Nå,” sagde manden til sin borddame, ”hun ligner da ellers lidt en serveringsdame, i sort og sån'…”

”Nej, hun har taske med,” svarede kvinden, og tog Ingrid nærmere i øjesyn, målte hende fra top til tå.

Ingrid blev reddet af Henriette, der sammen med sit glas medbragte en fyldt rødvinsflaske.

"Vi sparer ikke på noget her," råbte hun, og skænkede rundhåndet op til den vinsmægtende mand.

Ovre ved Allans bord var de i gang med at sejle op ad åen, og hurtigt kom alle de andre borde med, og sådan blev det ved en fem minutters tid. Hun så Alysia, der sad imellem sine to bordfæller, som sejlede hver sin vej. Alysias albuer gik i takt op og ned, og hun var i fare for at blive revet midt over. Så slog manden ved orglet over i 'We are the champions', og Alysia fik rettet på sit tøj og hår. Da Ingrid satte sig på sin plads igen, smilte Mazur taknemligt til hende.

Desserten kom ind med fuld musik. Det var isbomber med fyrværkeri, og det var flot. Selv Christoffer kiggede op fra sin iPad, og tog tre gange af isen. Ingrid ville ikke sige noget til ham om, at det måske var på grund af den usunde mad, han spiste, at han havde så uren hud. Det ville jo være uforskammet.

Så var der 'Tak for mad' sangen, og alle rejste sig og gik ind til kaffen. Ingrid kiggede efter Allan, men han stod oppe ved det fyldte gavebord og snakkede med nogle yngre fyre, hun regnede med var flere af hans kollegaer. Hun satte sig ved et af de små borde sammen med Mazur og Alysia. "Havde I det hyggeligt ved dit bord?" spurgte hun.

"Oui, oui," skyndte Alysia sig smilende at sige, "og god mad."

Der var sat termokander med kaffe ved hvert bord og skåle med chokolade og blandet slik. Mazur vekslede et par ord med Alysia, som Ingrid kunne se, stille affærdigede det, hendes mand havde sagt til hende.

"Vil du hellere have te?" spurgte Ingrid.

"Jeg kan sagtens drikke kaffe," sagde Alysia lidt undskyldende.

"Jeg henter noget te, hvad for en slags te vil du helst have?"

"Nej nej, det skal du ikke tænke på," Alysia så forlegen ud.

"Åh, det er ikke noget problem, jeg vil også gerne have en kop te," sagde Ingrid, selvom hun egentlig havde lyst til kaffe.

I køkkenet var personalet i fuld gang med at tømme og fylde et par store opvaskemaskiner.

"Tak for dejlig mad," smilede Ingrid.

"Sig det til kokken," sagde en kvinde, som stod i døråbningen ud til bagsiden af huset og røg. Kokken var en stor overvægtig bleg og kronraget fyr. Han var i gang med at pakke sine knive sammen. Han vendte sig og slog armene over kors. "Takker," sagde han med dyb røst.

"Undskyld, I har vel ikke te?"

”Er der tedrikkere?” Tonen var overrasket. En serveringsdame rystede på hovedet og gik over til et skab og åbnede det. ”Her, du kan selv se efter.”

Der var poser med skovbærte, jasminte og citronte.

”I har vel ikke sort te?”

”Hvis du lader den trække længe nok, skal den nok blive sort,” sagde kokken.

”Nej, jeg mener Earl Grey eller noget i den retning.”

Serveringsdamen rodede rundt i æsken med te og fandt et brev kamillete.

”Så tror jeg, at jeg tager citronteen.”

Teen smagte af syntetiske citrusfrugter, men Alysia drak pligtskyldig af sin kop.

Allan kom over til deres bord med en flaske Baileys. ”Så er der lidt til damerne.” Han skænkede op til Ingrid og Alysia. ”Kun til kanten,” sagde han.

”Du mener os det godt.” Ingrids glas var ved at løbe over.

Allan hentede endnu en fadøl og satte sig ved siden af hende. Han lagde armen om hendes skulder. Han virkede noget beruset, og han grinte glad. Han var åbenbart heldigvis ikke en type, der blev aggressiv, men derimod bare glad, når han fik noget at drikke.

”Årh, er der ’olader’,” sagde han. ”De her er gode.” Han tog to stykker chokolade, der var pakket ind i rødt cellofan. ”Morer du dig?” spurgte han.

”Ja, vi har haft det vældig hyggeligt. Mazur er en rigtig rar og interessant mand.”

”Han plejer ellers ikke at sige så meget.”

”Det er måske, fordi hans danske ikke er så godt.”

”Man ska’ vel ka’ tale dansk, hvis man ve’ bo har,” sagde Allan med et lille fnys.

Ingrid kommenterede det ikke.

Der kom noget af Mesters familie over og satte sig ved bordet. Kvinden var i en meget udringet stropløs top og en måske lidt for stram nederdel, og havde, som Henriette, asymmetrisk hår, men hendes hår var farvet i en mere bordeaux nuance og med sorte nister. Hun sagde, at hun hed Gyrithe og var frisør. Allan kommenterede ’tuschen’, som han kaldte hendes skuldertatovering, der forstillede en springende delfin. Han åbnede sin skjorte og viste sin egen tatovering af Mickey Mouse. Lige oven over udskæringen på Gyrithes top, kunne Ingrid skimte starten af noget, som hun syntes mest af alt lignede en viking i kamp. Alysia og Mazur sad helt stille og forsøgte smilende at følge med i samtalen. Gyrithes mand var politibetjent. Han havde også en tusch, men den sad omme på ryggen og forestillede et keltisk tegn og et sværd.

"Jamen det er nærmest en dolk," forklarede Gyrithe grinende, "for Jan," som manden hed, "havde ikke råd til en særlig lang klinge på sværdet, dengang han fik det lavet. Er du også tatooed?" Gyrithe så på Ingrid, der var ved at få sin udefinerbare citruste galt i halsen.

"Nej øh, og… og heller ikke piercet," skyndte hun sig at tilføje.

Gyrithe vendte sig mod Allan, Ingrid så ikke ud til at interessere hende, når hun nu ikke var dekoreret. Hun begyndte at fortælle ham om, at hun havde set nogle ret seje tatoveringer på en messe, hun og Jan havde været til.

"Årh, 'lader," sagde hun pludseligt og snuppede chokoladeskålen fra Allan. "De her er bare de bedste." Hun var åbenbart også ude efter Allans favoritter i rødt cellofan, og de indledte en hektisk diskussion, om hvorvidt chokoladerne stammede fra Aldi eller Lidl.

Alysia forsøgte at få øjenkontakt med Ingrid. "Mazur fortæller, at I skal til Italien, til Como." Alysias danske var væsentligt bedre end hendes mands.

"Ja," sagde Ingrid og tænkte glad, 'åh ja, lad os tale om noget andet', og hun fortalte om sin tur. "Der er ikke så lang tid til, og jeg glæder mig frygteligt meget."

"Jeg var ved Comosøen som barn," fortalte Alysia, efter at Ingrid havde fortalt det hun kunne, hvilket jo reelt ikke var så meget endnu. "Der er virkelig skønt."

Ingrid havde slet ikke tænkt den tanke, at Mazur eller Alysia havde rejst endsige nogensinde havde levet et almindeligt liv.

"Hvordan kunne I det?" spurgte hun, og vidste i det samme, hun havde stillet spørgsmålet, at det var dumt og en smule krænkende.

"Vi boede i Paris dengang, min far var ambassadør, og vi rejste jo meget rundt, flyttede ofte. Min mor og søster og jeg ferierede en sommer ved Comosøen. Der er så smukt! Man kan lave de skønneste udflugter, og byerne er hyggelige." Alysia lænede sig over det lille kaffebord og talte næsten hviskende til Ingrid. "Der er så meget at se, smukke huse, svævebaner, søerne med alle bådene og de imponerende bjerge. Der var vældig hyggeligt og meget smukt. Vi havde lejet et hus uden for en lille by, men jeg var en ung pige, og min lillesøster og jeg fik lov til at spadsere ind til byen og drikke limonade på en cafe på et torv."

Åh, Ingrid fornemmede stedet, hyggelige og smukke huse og sikkert venlige mennesker. Hun og Hanne skulle få det så skønt. Det skulle blive så hyggeligt, som i gamle dage, når de sad og snakkede sammen, grinte over de samme ting. Det ville helt sikkert være lunt i vejret. Hun skulle se at finde sit sommertøj frem. Eller i det mindste det bedste af forårstøjet.

"Har din mand været der før?"

Ingrid blev bragt tilbage til virkeligheden. "Min mand, nej… nå, du mener Allan… det ved jeg ikke, og han er ikke min mand. Vi er bare venner. Det er min veninde Hanne og mig, der skal af sted."

"Hvor skal du hen?" Et lidt ældre par havde slået sig ned i en sofa på den anden side af bordet. De drak begge Baileys med store isklumper i.

"Til Como," hviskede Ingrid for ikke at få for megen opmærksomhed.

"Como?" Manden rystede på hovedet og kiggede på sin kone.

"Spanien," sagde hun, og fortsatte syngende, "Eviva Espana."

"Og så skal vi ned til Sangriaen og smage på muskatellen og alle de små signoritaer," sang hendes mand snøvlende.

Ingrid tyssede på ham. Hun opgav at fortælle parret, at Como lå i Italien.

I det samme spillede manden ved orglet op til dans. Mester og Henriette var på gulvet i en lystig Hansi Hinterseer og snart fulgte andre med.

Mazur sad og så pinlig berørt ud. Da nummeret var ovre og rytmeboksen lagde op til en elektronisk udgave af Robbie Williams 'Angels', rejse han sig og bukkede, "må jeg have lov at byde min borddame op?" Han sagde det både henvendt til Ingrid og Allan.

Ingrid skyndte sig at rejse sig. Hun kunne bag sig fornemme Allans modvilje, men ud ad øjenkrogen så hun Alysia byde ham skålen med chokolade.

Mazur dansede glimrende. Han førte hende sikkert rundt på gulvet og udenom de jingende par. Da nummeret var ovre, fulgte han hende tilbage, bukkede igen og sagde "mange tak". Så bød han Alysia op og dansede to danse med hende, indtil Kurt, som orgelmanden hed, slog over i Nick og Jay og selv sang med på, 'Du er så lækker, lækker, lækker'. Og nu kunne Gyrithe og Jan ikke holde sig tilbage længere. De sprang op og lavede en måske lidt vel udfordrende dans, syntes Ingrid, men måske var det hende, der var for snerpet, og det hjalp jo heller ikke, at hun næsten ikke havde fået noget at drikke.

Allan gled længere og længere ned i sofaen. Han hentede endnu en fadøl, og hun var forundret over, så meget han kunne konsumere uden hele tiden at skulle på toilettet, men det skulle han ikke. Da han kom tilbage med sit glas, havde han et glas mere med. Det var på størrelse med et lille ølglas og væsken i det var i to lag og farvet meget rødt og meget orange. Han gav hende det.

"Hvad er dog det?"

"Prøv engang, du vil garanteret kunne lide det."

Hun snuste, "det dufter som en is."

"Det er en Filur, prøv og smag."

Hun tog en lillebitte tår. Det smagte fuldstændig som barndommens sodavandsis Filur. 'Føj for den lede', tænkte hun.

"Smager det ikke godt?"

Ingrid nikkede, hendes mund klistrede sig sammen.

"Næh, laver de Filurer," Gyrithe og Jan vendte varme tilbage fra dansegulvet.

Ingrid syntes, at den kæmpende viking på Gyrithes vældige barm blev åbenbaret mere og mere. Blusen måtte være gledet længere ned under dansen.

"Ja da, og alle mulige shots!" råbte Allan begejstret.

"Jeg skal da have en Filur," Gyrithe var på benene igen, "så tag en Rom and Coke med til mig", råbte Jan efter hende.

Ingrid kiggede på sin drink, og så, at Mazur og Alysia så helt forskrækkede ud.

"Vil I ikke have noget at drikke?" spurgte hun dem, hun fornemmede, at de ikke selv bare ville gå op og hente drinks. "Man skal selv hente," sagde hun, for at de ikke bare afslog af højlighed, "eller vi kan gå op sammen."

Mazur løftede hånden. "Nej nej," sagde han, "jeg henter. Vil du have andet end det der?" Han pegede med hele hånden mod filurdrikken.

"Åh ja tak, det ville være rart med en mineralvand."

I det samme kom én af serveringsdamerne ned til deres bord for at fjerne kaffekopperne. "Og vil I have noget at drikke?" spurgte hun professionelt.

Ingrid følte sig lidt dum, fordi hun havde været lige ved at lokke Mazur op for at hente, men hun havde ikke set, at serveringen kom ned til bordene.

"Ja, mange tak," Mazur bestilte "tre mineral water."

Kvinden kiggede på ham, som om han var kommet med et sjofelt tilbud.

"Tre mineral water," gentog han forsigtigt.

"Minaretvand? Hvad fanden - stik ham en on the rocks med is," råbte en mand, der viste sig at være Gyrithes halvbror og langturschauffør, eller 'langtidschauffør', som Gyrithe blev ved med at omtale ham. Serveringsdamen kom aldrig tilbage med de tre mineralvand, så til sidst gik Mazur selv op og hentede til dem.

Der var pause i musikken, men pludselig stod der en lille undersætsig kvinde iført fuldt westernudstyr med hat og lårkort flæseskørt i rødt og sort på dansegulvet. Hun havde et headset på under hatten og bar på en ghettoblaster. Med udpræget amerikansk accent råbte hun: "Yihaa, mine damer og herrer, jeg håber at I er klar til en omgang linedance. Alle mand og piger på gulvet, også dig bessefar." Hun pegede på Alysias bordherre, der i sit lidt for store jakkesæt var sunket sammen i en sofa.

"Åh, nej," tænkte Ingrid, og forsøgte at rejse sig for ubemærket at flygte ud ad døren til toilettet, men hun mærkede en hånd på sin arm og så Gyrithes bror, 'langtidschaufføren' smilende inklinere.

"Yihaaa," råbte han og hev hende op med en meget kraftig bevægelse.

Dansegulvet var snart fyldt op af flere rækker feststemte og forventningsfulde mennesker. Ud ad øjenkrogen så Ingrid, Mazur og Alysia stå ved siden af hinanden i en af rækkerne.

Kvinden i westernkostumet satte musikken i gang og kommanderede alle frem og tilbage, og fik alle til i flok at sparke, dreje, vrikke og vende sig til 'Achy breaky heart', imens hun råbte ord som 'cha cha cha', 'polka' og 'schottische'.

"Det går jo fantastic 'gådt'," råbte hun og var klar med nye trin og friske countrymelodier.

Ingrid forsøgte at følge med og lære trinene, som var forholdsvis enkle, hun var overrasket over, så mange der så ud til at have prøvet linedance før. Blandt dem var Mazur og Alysia, der uden at fortrække en mine, både gik den rigtige vej og vendte sig, som man skulle. Til sidst sagde kvinden 'tak for i aften', og 'I hope you had fun', og alle klappede.

"Hvor var I gode!" sagde Ingrid til Alysia, da de igen sad ned.

Alysia hviskede tilbage, "åh jo, der hvor vi bor, er de meget glade for linedance, og vi synes, at det er uhøfligt at holde os uden for."

Inden manden ved orglet gik i gang igen med at spille og få folk tilbage på dansegulvet, var det tid at få tanket op, som langtidschaufføren omtalte det. Alysia kiggede diskret på sit ur og hviskede noget til sin mand. Han nikkede.

"Vi er nødt til at gå om lidt," sagde Alysia til Ingrid, "jeg skal møde tidligt i morgen."

"Åh, det er jeg ked af, det har været så rart at møde jer." Hun fik en ide, hvis jeg må få jeres adresse, kunne jeg sende jer et kort fra Como."

"Tak, det er pænt af dig."

Ingrid fandt et kort og sin sølv fyldepen i tasken. Hun vendte kortet om, det var Gregers visitkort, og det måtte have ligget der, siden den aften for længe siden, hvor hun og Hanne og nogle veninder havde været i byen og mødt ham. Alysia skrev sit navn og adresse på bagsiden af kortet.

Klokken var 12, og Alysia og Mazur brød op. De rejste sig stille, gik hen til Mester og hans kone, som stod ved baren og gav hånd og takkede. Ingrid fulgte dem ud.

"Farvel og tak for i aften, jeg håber, at vi en dag ses igen."

Mazur kom med parrets frakker, og Ingrid så, at Føtexfrakken var Alysias.

"Sådan én har jeg også," sagde hun.

"Varm og billig," smilte Alysia.

Mazur tog en lidt slidt parkacoat på, ærmerne var ikke lange nok, så han forsøgte at gøre sine arme lidt kortere, så det ikke sås.

"Jeg fik jo aldrig spurgt til jeres børn. Hvor gamle er de, og hvad laver de?"

"De er 20 og 23 år."

Hun kunne se på Alysia, at spørgsmålet varmede og opvejede det billige overtøj.

"Vores datter læser til læge, og vores søn er lige blevet ansat som fuldmægtig i et advokatfirma."

"De bringer traditionen videre."

Mazur lo. "Ja, det kan man sige."

"Hvor er det flot. Held og lykke med dem."

Ingrid gav dem begge et knus og stod og vinkede til dem, da de gik ud i mørket. De skulle kun over parkeringspladsen og så op til deres lejlighed i et af højhusene.

12.

”Hvad laver du herude?” Allan kom hen til hende. Han slingrede og var nu tydeligt beruset.

”Sig mig, hvor meget har du egentlig drukket?” smilte hun.

Han forsøgte at tælle, samtid med at han holdt et ræb tilbage. ”Åh en ti, tolv bamser.”

Taget i betragtning af, at hvert enkelt glas måtte kunne indeholde omkring 75 centiliter, var Ingrid egentlig imponeret.

”Hvis det var mig, der havde drukket alt det, var jeg enten druknet eller skulle til udpumpning.”

Han grinte, ”nej nej nej, ikke her,” han tog hendes hånd og lagde den på sin brystkasse og sagde, ”muskelmasse.”

De gik tilbage til selskabet, der nu var i gang med en 'Boggievoggie'. En lang slange bugtede sig igennem lokalerne, og alle sang med på 'og så går vi i ring, hey!' Hænder greb fat i dem, og de blev slæbt med rundt. Hun kunne høre Allan synge falsk lige bag sig. Bare han ikke kaster op, tænkte hun. Men det gjorde han ikke.

Der lugtede pludselig umiskendeligt kvalmt af Rådhuspladsen en sen aften, og nogen råbte, så er der natmad! Det var hot dogs eller 'indianer med sidevogn og lort i nakken', som Allan kaldte dem. Der var også andre vittige fortolkninger af pølser og brød, som folk var så fulde af. Ingrid havde nu ikke lyst til noget.

”Årh, en kradser kan du vel tage, hvis du ikke spiser svinekød,” forslog Gyrithe.

Ingrid tænkte lidt over, hvorfor Gyrithe ikke mente, at hun spiste svinekød, men spurgte ikke.

”Jeg skal i hvert fald have en hot dogs,” fortsatte Gyrithe, ”og har I Cocio, helst lun?”

Der var tænkt på det hele, selv de lune kakaomælk.

Allan kom svajende med en hot dog med rå løg og endnu en fadøl. Han smilte og så rigtig glad ud.

”Du er en rigtig dame at se på,” sagde han snøvlende.

Ingrid tog det som en kompliment.

”Har du haft det sjovt?” fortsatte han, hans ånde lugtede stærkt af løgene.

”Jo tak, det har været en dejlig fest. Hvordan har du tænkt dig, at vi skal komme herfra? Du er jo ikke i stand til at køre.”

”Nå, nej vi tager en taxa.”

Ingrid kunne hurtigt regne ud, at det ville koste hende en formue at køre hjem fra Brøndby

Strand, og det var ikke lige taxaer, hun havde brug for at bruge sine feriepenge på.

"Kan jeg ikke køre din bil?" spurgte hun, "jeg har kørekort."

Lige da hun havde sagt det, fortrød hun.

Allan grinte, "vil du det?"

"Ja, det kan vel ikke være så svært. Den har almindeligt gear, ikke?" Hun tænkte på, at der vist var problemer med at få bilen i gear, men mon ikke nok hun kunne køre den alligevel.

Allan hentede en hot dog mere. "De smager helt rigtigt," sagde han, "du skulle virkelig snuppe én."

"Jeg har ikke rigtigt lyst." Hun følte, at det vendte sig i hende. Det sidste hun havde lyst til nu var kogt svineaffald i et rødt syntetisk hylster, lugten i sig selv var ækel, og hun var begyndt at få hovedpine.

Langt om længe havde alle spist sig mætte i natmaden, og som en af de sidste, fik Ingrid Allan på benene og ud til overtøjet, hvor værtsparret stod og sagde farvel.

"Tusind tak, det var virkelig en dejlig fest," sagde hun til Mester og hans kone. De så rigtig glade ud, og sagde, at 'det var de glade for, og de mente nok, at alle havde hygget sig rigtig godt'. De takkede også for gaven, og til sin gru opdagede Ingrid, at der ikke var købt en blomsterbuket, som lovet, men hun nævnte det ikke.

Allan glemte sin hættetrøje. Det opdagede Ingrid, da de stod ved den gamle hvide kassevogn, men hun orkede ikke at få ham til at vakle ind igen efter den.

"Giv mig nøglerne, så skal jeg låse op for dig," sagde hun. Hun frøs, og hun var træt.

Han stod og svajede ved siden af hende, mens han rodede i sin bukselomme på de snævre Lee jeans for at finde nøglerne. Det var isnende koldt, men han så ikke ud til at fryse.

Da hun langt om længe havde fået åbnet for dem og de sad i den rodede bil på de hullede sæder og havde fået spændt sikkerhedsselerne, satte Ingrid nøglen i tændingen og drejede den, men der skete intet.

"Den skal have lidt tid," snøvlede Allan.

Hun prøvede igen, men der skete stadigvæk intet.

"Hvad fanden, skal I køre i den gamle spand?"

Der stod pludselig én af Allans kollegaer og råbte og bankede på ruden. Ingrid vinkede til ham og drejede nøglen igen. Med tre host og et brag satte motoren i gang, og fra cd-afspilleren brølede AC/DC's 'Get it hot' og fyldte rummet med en øredøvende larm.

"Gud!!" røg det ud ad munden på hende.

"Gi' den lidt gas, gi' den lidt gas," råbte Allan.

Hun gav den fuld gas, og motoren vrælede.

"Ikke så meget, ikke så meget."

Hun slap koblingen, men bilen stod i gear, og den sprang en meter frem og gik så i stå. De blev begge kastet først frem og så tilbage i bilen, og Ingrid var taknemlig for, at de mølædte seler kunne holde, og at der ikke havde stået noget foran dem. Allans kollega, som hed Rasmus, var gået over bag nabobilen og stod og tissede, men han var heldigvis et stykke væk.

Anden gang kom bilen lidt lettere i gang.

"Kan du ikke slukke for det der," skreg Ingrid og tjattede ud mod cd-afspilleren.

Allan sad og fumlede i lang tid, og pludselig sad han med den knap, som skulle skrue ned for musikken, i hånden. Musikken brølede videre.

"Lad lige motoren varme lidt op," råbte han til hende, men Ingrid syntes, at den havde fået særbehandling nok. Hun sad og flåede i gearet for at få den i bakgear. Det var svært, men til sidst lykkedes det at få skubbet stangen ned og fremad, og forsigtigt bakkede hun tilbage. Bilens blændede ruder gjorde, at hun stort set ikke kunne se noget bag bilen, men hun håbede bare på, at én af gæsterne ikke havde stillet sig i nærheden, eller at der stod en bil eller noget andet.

Pludselig var Rasmus der igen og bankede på hendes rude. Hun fik et chok. Han råbte et eller andet, og Ingrid blev bange for, at hun måske alligevel var kørt ind i noget. Funktionen for at få vinduet rullet ned, kunne hun ikke finde, så hun åbnede i stedet døren.

Rasmus flåede døren op og råbte lige ind i ansigtet på hende. "Får man ikke et kys af aftenens kønneste pige?"

Han lugtede fælt at øl og hot dogs, og blandet med den instantane rædsel, Ingrid havde følt over måske at have ramt ham med kassevognen, gav hende kvalme.

"Nej!!", brølede hun og smækkede døren i. Hun gassede op og ville køre, men Rasmus fulgte med og fægtede med armene og råbte et eller andet.

Allan vred sig af grin, "hans jakke sidder fast i døren."

Ingrid bremsede, fik åbnet døren, skubbet Rasmus væk, smækket døren i igen og gasset op. Med hjulspind og AC/DC lagde hun parkeringspladsen foran festlokalerne og de fem højhuse bag sig. I sidespejlet kunne hun se Rasmus stå og råbe efter sig.

"Han tager bare på 'Dammeren' i stedet for," råbte Allan, "han skal nok finde én eller anden."

Ingrid orkede ikke at spørge ind til det.

AC/DC fulgte dem hele vejen til Ballerup, for da cd'en langt om længe var færdig med sidste nummer, startede den forfra igen. Allan havde guidet hende, så godt han kunne, og de havde kun kørt forkert et par gange. To gange måtte Ingrid ud i en uvending som var blevet til en x, y, z-vending, men hun havde efterhånden lært bakgearet godt at kende.

Da hun langt om længe drejede ind til husene, hvor Allan boede, var det tredje gang den aften, hun hørte "Highway to hell", og hun var enig med sig selv i, at hun aldrig, aldrig, aldrig mere ville høre AC/DC igen.

De holdt neden for Allans lejlighed, og Ingrid overvejede at låne bilen hele vejen hjem.

"Puha, godt vi ikke mødte politiet," sagde Allan, da hun havde slukket motoren for bare at få et øjebliks ro og spørge ham, om hun kunne låne bilen.

"Hvorfor siger du det? Jeg har jo næsten ikke drukket noget."

"Fordi man slet ikke må benytte den her bil til andet end firmakørsel. Mester havde fået en ordentlig bøde, og jeg havde nok fået sparket."

"Vil det sige, at jeg har kørt en ulovlig bil hele vejen fra Brøndby Strand og hertil?"

"Altså bilen er måske som sådan ikke ulovlig, der er lige lidt med bremserne, men det at du kørte den, var ulovligt. Nå, men nu er vi her." Han klappede hende venligt på armen.

Tankkerne fløj gennem hovedet på hende. Hun kunne tage en taxa nu, hvis det altså var muligt at finde én her kl. to om natten. Hun kunne forhøre sig, om der gik natbusser, og hun kunne spørge om hun måtte låne en sofa. Hun valgte det sidste.

"Ja, ja, selvfølgelig," sagde Allan, og kravlede ud af kassevognen og smækkede den tunge dør i efter sig. Ingrid tog nøglerne ud af låsen og åbnede døren. Hun hoppede forsigtigt ned på asfalten og kunne godt mærke, at hendes italienske sorte remsko ikke havde været egnet til at køre en gammel kassevogn med. Hendes fødder, især koblingfoden, gjorde ondt. Hun låste bilen, og skyndte sig efter Allan, der var gået i forvejen. Han havde åbenbart glemt alt om hende, for døren til opgangen smækkede i og var låst lige foran hende.

"Hej," råbte hun og bankede på.

Han kom tilbage, "nå det må du sgu undskylde, jeg havde glemt, at du var med."

De tog elevatoren op til hans lejlighed. Der lugtede stadigvæk af bløde løg i opgangen. Allan låste op og gik ud på badeværelset. Lidt efter kunne hun høre ham tisse og børste tænder samtidig for åben dør. Han kunne multitaske.

Sofaen i stuen havde hverken puder eller et tæppe, hun kunne tage over sig, så hun gik ind i soveværelset, hvor der stod en halvandenmands seng med en enkelt dyne og pude. Hun gik hen og kiggede ud ad soveværelsesvinduet. Det var begyndt at sne. Store snefnug hvirvlede rundt i lyskeglerne fra lamperne på parkeringspladsen. Der var øde. Kassevognen havde hun parkeret på midterstriben af to pladser.

Allan kom marcherende ind fra badeværelset. Han var nøgen, men hans nøgenhed så ikke ud til at røre ham. Ingrid tænkte, at hun aldrig i sit liv havde set så flot en mandekrop.

”Nå, men god nat,” sagde han og smed sig oven på dynen.

”Du har vel ikke et tæppe eller noget,” spurgte hun ham.

”Du kan bare sove her,” sagde han og bankede på dynen ved siden af sig.

Ingrid var træt, meget træt, og hun orkede ikke at forsøge at finde et tæppe eller en frakke eller andet, hun kunne have over sig. Han havde sikkert ikke andet overtøj end hættetrøjen, som han jo havde glemt til festen.

”Okay,” sagde hun stille.

På badeværelset fik hun vasket sig og børstet tænder med tandpasta på den højre pegefinger. Det var ikke særlig effektivt, men smagen af den stærke trefarvede tandpasta, som nærmest eksploderede i munden på hende, gav en fornemmelse af renhed. Hun fandt en kæmpe bøtte Matas bodylotion, som hun smurte i ansigtet. Inde i soveværelset sov Allan allerede tungt. Han snorkede svagt, og der var en umiskendelig lugt af øl og rå løg i rummet. Ingrid klædte sig af, hun hængte sin kjole på en rippe, der var sat op ved siden af sengen og tog sine sko og strømper af. Hun satte sig på sengen i sit fine franske undertøj og forsøgte blidt at skubbe til Allan, så hun også kunne være i sengen.

”Flyt dig lidt,” hviskede hun.

Han mumlede et eller andet, men rykkede sig til sidst, så hun med nød og næppe kunne kile sig ned under en fjerdedel af dynen. Puden havde han taget for sig selv.

”Kan du ikke give mig lidt af dynen?” forsøgte hun.

Han rykkede sig yderligere, og til sidst lå hun under dynen, næsten helt dækket. Han blev selv liggende oven på dynen et stykke tid, men til sidst blev det for koldt, og han lagde sig under den, og idet han gjorde det, tog han det meste af dynen fra hende. Hun lagde sig tættere op ad ham for at få varmen. Han sov tungt, og da han på et tidspunkt vendte sig imod hende, fik hun hans alkoholånde ind i ansigtet. Hun vendte ryggen til, og til sidst lå de som to skeer, tæt sammen og nogenlunde behageligt. Han lagde sin arm om hende. Den var muskuløs, og det var Mickey Mouse armen. Hun lå vågen længe. I søvne gav han ind imellem nogle spjæt og mumlede højt. Ingrid lå musestille, hun kunne mærke varmen fra hans muskuløse krop. Udover armen, som han havde omkring hende, rørte han hende ikke. Til sidst faldt hun i søvn, men hun sov en let og urolig søvn, med en masse forvirrede drømme. Især om muskuløse mandekroppe.

Hun vågnede ved, at Allan stod op. Hun var ikke klar over, hvad klokken var, men gennem sprækkerne i persiennerne kunne hun se, at det var ved at lysne. Et gråt og trist lys trængte ind i rummet. Uden for var det gråvejr, men så vidt hun kunne skimte, sneede det ikke.

"Bliv bare liggende," sagde han. Hun tænkte på, om han måske ville lave morgenmad til dem. Hun kunne høre ham tage brusebad, der duftede snart i soveværelset af shampoo og sæbe. Han kom ind fra badeværelset. Han var nøgen, men han havde elefanthjemmeskoene på fødderne. Han gik hen til et skab, åbnede det og tog noget tøj frem. Jeans, en T-shirt og endnu en hættetrøje, denne var stribet rød og sort. Han tog tøjet på, satte sig på sengen og tog strømper og et par løbesko på samt sit ur, som han havde lagt på sengebordet.

"God morgen," hviskede hun og forsøgte at stryge sit viltre hår væk fra ansigtet. Hver morgen startede næsten altid med en dårlig hårdag.

"Morgen," sagde han blidt, han så forbavsende frisk ud. "Bliv bare liggende."

Han går nok efter morgenbrød, tænkte hun, men i det samme sagde han, "jeg kører over til de gamle i deres kolonihavehus, jeg har lovet dem at hjælpe med noget brænde."

"Hvor meget er klokken?"

"Den er otte, du kan bare blive liggende, men smæk døren efter dig." Så aede han hende ovenpå hovedet, så hendes hår uglede endnu mere, rejste sig og gik.

"Nå men, farvel," hviskede hun ud i det halvmørke rum.

Hun stod op, der måtte være én eller anden måde, hun kunne komme hjem fra Ballerup på. Hun gik hen til vinduet for at se, om der kørte busser ude på vejen. Der var stadig ingen aktivitet på parkeringspladsen, men der måtte da være nogen, der kunne give hende et lift til stationen. Hun så en cyklist komme kørende igennem den nyfaldne tøsne. Cyklen satte lange spor efter sig. Det var Allan på en gammel damecykel. Han kørte hen til sin bil. Åbnede den og tog, så vidt Ingrid kunne se, nogle handsker og et halstørklæde fra bagrummet. Så smækkede ham døren i, steg på cyklen og kørte videre. Over til "de gamles" kolonihavehus for at hjælpe med brænde.

Kaffe! tænkte Ingrid, kaffe en stor kop kaffe med varm mælk, blødkogt æg og rugbrød. Hun var hundesulten. Hun kiggede kun kort ind i Allans køleskab, hvor der ud over Blå Royal øl og tyske sodavandsdåser ikke så ud til at være noget spiseligt overhovedet. På køkkenbordet stod der en stor bøtte lyserød proteinpulver, og i køkkenskabet var der poser med frysetørrede færdigretter med pasta og ris. Intet spiseligt.

Hun vaskede sit ansigt og forsøgte at tæmme håret med vand og en stram elastik, så skyndte hun sig at klæde sig på. Hun ville hjem, væk fra det her gudsforladte sted. Hun kiggede sig om flere gange, for at se om hun havde glemt noget, og for at være sikker på, at hun aldrig nogen sinde mere behøvede at komme tilbage. Tøj, sko, frakke, handsker, sjal, taske, uret og ringen på fingeren. Hun gentog ordene for sig og kiggede en ekstra gang under sengen. Tøj, sko, frakke, handsker, sjal, taske, ur og ring. Alt var der. Så smækkede hun døren bag sig, og stod i opgangen, hvor der stadigvæk lugtede af bløde løg. Elevatoren var optaget, og hun kunne høre nogle børn larme nogle etager over sig. Det var sikkert dem, der havde stoppet den. Til sidst løb hun i sine høje hæle ned ad trappen. På tredje sal duftede der af karry og hvidløg, en kærkommen forandring til de bløde løg. Da hun åbnede døren ud til parkeringspladsen, slog en kold vind hende i ansigtet, men i det mindste var den frisk og lugtede ikke af stegefedt.

"Går der en bus herfra?" spurgte hun et ægtepar, som netop havde parkeret deres bil og kom gående med en lille sort puddelhund.

"Nej, nok ikke i dag," svarede de. De løftede hunden op og gemte den i en taske. "Man må ikke have hunde her," hviskede konen til hende, "og vi skal besøge vores datter."

Hovedvejen, tænkte Ingrid, hvis der går busser, må de da gå fra hovedvejen. Hun trippede ud i sneen og mærkede hurtigt, hvordan kulden og fugten trængte igennem skoene. Der var ganske rigtigt et stoppested, men dér, hvor tidsplanen skulle have været, var der malet graffiti, så man intet kunne se. 'Pikabe' var det eneste læsbare. Der stod ingen andre og ventede på en mulig bus, dårligt tegn, tænkte hun, og der var ingen biler på vejen, eller mennesker for den sags skyld. En lang lige trøstesløs vej, uden villaer, uden mennesker uden noget som helst andet end højhusene, hvor Allan og hans familie boede.

Ingrid frøs. Hun tænkte på at gå ned mod stationen, men fra første gang, hun besøgte Allan, kunne hun huske, at stationen lå langt væk. Men hun kunne ikke blive stående der i sit tynde tøj. Hun kunne mærke, hvorledes kulden krøb op ad benene på hende, og hun ville ende med både blærebetændelse og underlivsbetændelse, og med at dø i Ballerup. Pludselig så hun en mand komme gående over parkeringspladsen hen imod en bil. Det var en taxachauffør. Han skulle sikkert på vagt. Ingrid begyndte at løbe og råbe, "Hej, hallo!" Hun viftede med armene, men manden gik og talte i en mobiltelefon.

"Hallo!!"

Han satte sig ind i bilen, 'Taxa med et smil', stod der med store bogstaver på siden, og startede den.

Ingrid løb, alt hvad hun kunne i sine højhælede remsko. "Hallo, tag mig med."

Bilen bakkede ud, og chaufføren skulle lige til at køre, da Ingrid nåede at flå døren bag ham op.

"Jeg vil meget gerne med," råbte hun forpustet.

Chaufføren vendte sig vredt om mod hende, "jeg har ikke vagt nu," sagde han.

"Så må du ikke køre i bilen," svarede hun, og håbede på at det var rigtigt.

"Hvor skal du hen?"

"Bare til stationen."

Han fnøs, "det er en alt for kort tur. Skrid!"

"Nej," sagde hun stædigt, lukkede døren og tog sele på.

"Skrid!" råbte han igen.

"Nej," sagde Ingrid, "hvis du nu kører mig helt ind til Frederiksberg, hvor meget skal du så have for turen?"

"Tusind kroner."

"Du er ikke rigtig klog. Jeg ringer og siger det til taxafirmaet."

"Nå, så fem hundrede," sagde han.

"Det er i orden."

"Hvorhenne på Frederiksberg?"

"Jeg skal nok guide dig. Den hurtigste vej."

"Jeg skal stille GPS'en."

"Bare kør'."

Ingrid vidste godt, at hun ikke havde fem hundrede kroner i kontanter i sin pung, hun havde sit kort, men hvis manden kørte sort, tog han næppe imod kort, kun kontanter. De kørte uden at sige et ord til hinanden, men hun kunne se ham sidde og holde øje med sig i bakspejlet.

"Sen fest, tidlig morgen," sagde han så.

Hun skulle til at svare ham, da han afbrød hende.

"Sådan er danske kvinder. I er nogle ludere."

Hun havde lyst til at slå ham oven i hovedet med sin taske. "Pas du bare dit arbejde," sagde hun.

De kørte ad motorvejen den hurtigste vej ind mod byen. Der var næsten ingen biler på vejene, men på grund af sneen, der enkelte steder stadig lå i et tyndt lag, kørte han ikke særlig stærkt. Da de nåede til Frederiksberg, så Ingrid en bank med en hæveautomat, og hun bad ham om at standse.

"Hvorfor det?"

"Jeg skal hæve penge, så du kan få kontanter."

"Betalte kunden dig da ikke," spurgte han hende frækt.

Hun ignorerede ham, og overvejede alvorligt at ringe til taxevognmanden, nummeret stod vel på siden af bilen. Hun hævede fem hundrede kroner i kontantautomaten, ikke en øre mere.

"Du kan gå herfra," sagde han, "da hun steg ind igen."

"Du kører videre. Jeg har noteret mig taxaselskabets nummer."

Han turde åbenbart ikke andet.

Lige inden de nåede til hendes egen gade, sagde hun, "det er her." Hun ville give ham de fem hundrede kroner og sad og viftede med dem.

"Jeg sagde tusind kroner," sagde han og greb fat i hendes håndled.

Han var stærk, men hun gav ham et håndkantslag over armen med den venstre hånd, så han slap. "Fem hundrede," sagde hun vredt, smed pengene i nakken på ham og steg ud af bilen.

Han råbte noget, men hun knaldede døren i med et brag og begyndte at gå.

Da han lidt efter passerede hende, rullede han vinduet ned. "Din luder," råbte han efter hende, "alle danske kvinder er ludere."

Der stod nogle ikke særlig morgenfriske folk i kø uden for en bagerbutik og gloede på hende. Hun slog sit sjal tættere om sig og stred sig det sidste stykke vej hjemad. Nøglen i hoveddøren, elevatorens stille brummen. Hendes entredør, Berlingske lå på måtten. Hun var hjemme. Hun overvejede et varmt bad, kaffe og blødkogt æg, men hun var for træt. Hun ville først sove nogle timer. Telefonsvareren blinkede, der var én besked. 'Ja, det er mor, jeg ville bare lige høre, om du havde en god fest. Nå, du er måske gået ud igen. Nå, men der er ikke noget særligt, Jytta ringede', Jytta var én af moderens gamle skolekammerater; 'jeg så lidt tv i går aftes, men der var som sædvanligt ikke noget' klik og bip, bip, bip.

Ingrid kom papir i de sorte remsko, så de kunne tørre, tog alt sit tøj af, hængte kjolen pænt op, lagde undertøj og strømper til vask, og skubbede sig helt ned under den store bløde dobbelte dyne. Når hun lå der, var der ingen, der kunne finde hende. Alt var mørkt. Hun lukkede øjnene og mærkede en ro i kroppen og en svag ringlen i ørerne. Englelyd.

13.

Hr. Nielsen kom ikke på kontoret om mandagen og heller ikke om tirsdagen. Musse ringede ind, og sagde, at direktøren ikke havde det så godt. Ingrid bad hende om at hilse mange gange og ønske god bedring.

"Ja, ja," sagde Musse, og lød som om hun ikke havde hørt efter, hvad Ingrid sagde.

Om onsdagen var hr. Nielsen på kontoret igen, men han så igen meget bleg ud, og Ingrid blev alvorligt bekymret for ham.

"Du må til læge, hr. Nielsen," sagde hun.

"Åh, det er ikke noget, det er nok bare en virus."

Men han gik lige efter frokost.

"Jeg kører nu, hvis min kone ringer, så sig til hende," han tænkte sig om, "så sig til hende, at jeg er til møde ude i byen og først kommer sent hjem."

Ingrid var ikke sikker på, at han havde noget møde ude i byen, og slet ikke et møde, der kunne trække ud. Han plejede også at have sin mobiltelefon med, og ikke behøve at involvere hende i, hvad Musse og hans øvrige familie skulle vide om hans færden.

"Er du helt sikker på, at du har det godt nok?" spurgte hun.

Han løftede hånden afværgende og sagde, "ja, ja – tak skal du have," og gik ud ad døren uden yderligere kommentarer. Nede i gården så hun ham stige ind i den blå Mercedes. Han blev siddende længe uden at starte motoren. Ingrid regnede med, at han sad og talte i sin telefon, men da hun lidt senere gik forbi hans kontor, opdagede hun, at telefonen lå på hans bord. Hun tænkte på at tage den og løbe ned i gården til ham, men da hun kiggede derned, så hun Mercedesen starte og langsomt køre ud gennem porten.

Ingrid vendte tilbage til sit arbejde. Der var 10 dage til turen, og hun ville ikke efterlade nogen bunker til hr. Nielsen. Sådan var det altid, når hun tog på ferie eller havde fri, hun efterlod aldrig bunker til ham.

Om aftenen talte hun med Hanne. Hanne lød lidt gladere, end hun havde gjort i lang tid, og hun sagde, at hun glædede sig til ferien, og at hun syntes, at hun trængte til den. Hun var endda begyndt at finde tøj frem. Det var et godt tegn, tænkte Ingrid glad.

"Tror du ikke, at der er varmt nok til, at man kan sidde ude og spise frokost?" spurgte hun.

Det mente Hanne godt, at man kunne. Hun kendte nogen, der havde været i Rom for en uge siden, og der var det lunt i dagtimerne, men køligt om aftenen.

"Vi skal nok have en lidt tyk jakke med, til når vi går ud om aftenen," sagde Ingrid, "eller tror du, man måske endda kan solbade?"

Hanne fnøs, "jeg skal ikke vise mig nogen steder overhovedet i badetøj."

"Åh, Hanne, det kan du da ikke mene, du er så nydelig."

"Ja, ja, ja," Hanne lo kort, "tag du bare en bikini med, du har jo heller ikke født to børn."

Ingrid skrev 'solcreme' på sin liste og 'badedragt'. Måske var det så lunt, at man kunne tillade sig at sole lidt, men med hendes lyse hud, skulle hun altid passe på ikke at blive forbrændt. Hun skulle have faktor 30 med som sædvanligt.

På lørdag kunne hun købe, det hun manglede, når de var på indkøb. Det var undertøj og måske også en natkjole. De to natkjoler, hun havde, var lidt forvaskede, så det var nok en god ide at købe en rigtig pæn en.

Ingrid tog et varmt bad og satte sig i sin badekåbe i lænestolen med en dampende varm kop grøn te. Hun havde slukket lyset i stuen og kun tændt stearinlys. Hun rejste sig for at sætte en cd med Debussys klaverværker på afspilleren. Det var én af hendes fars cd'er. Moderen hørte aldrig anden musik, end den radioens P4 spillede. Der var 'Pigen med hørhåret' igen. 'Du er min egen lille pige med hørhår', havde hendes fars sagt, da hun var barn. Og det hår kunne drille så frygteligt. Da hun var teenager, havde hun fået den skøre ide, at stryge det med et strygejern, men det var ikke en god ide, for det spaltede af varmen.

Manden i lejligheden overfor sad og skrev. Han skænkende kaffe fra sin Alessi-termokande – eller var det mon te? Nej, han lignede absolut en kaffedrikker, sort kaffe.

Fra sin lænestol kunne hun se hr. Nielsens mors bedrøvede øjne. I det svage lys så det ud som om, der måske krusede et lille bitte smil på hendes læber, og havde det været en film, håbede Ingrid, at den unge kvinde på næste billede ville havde leet glad. Eller måske grædt? Måske var det en trækning, en sitren i mundvigen lige før gråd. Grænsen mellem lykke og sorg, nydelse og smerte, hvor et ansigt enten lyser op i glæde eller fortrækkes i sorg.

I stearinlysets skær fik ansigtet liv. Øjnene afspejlede sjælen. Det var næsten skræmmende, som det ansigt kunne berette, tænkte Ingrid, og alligevel forblev uopklaret. Havde hun været lykkelig dengang? Havde hun haft en god barndom omgivet af kærlige mennesker? Hun så ikke bitter ud, kun lidt vemodig, måske fordi øjenlågene var en smule tunge. Hun måtte have været et godt menneske, for hendes søn var et godt menneske. Det var ham, der havde hjulpet Ingrid og hendes mor, dengang Ingrids far døde. Det var hr. Nielsen, der var kommet og havde hjulpet med bedemanden, havde bedt præsten om en samtale og havde siddet sammen med dem, da de havde fortalt om den elskede, de havde mistet. Han havde ikke gjort noget stort ud af sig selv, havde bare sørget for, at alt blev gjort og gjort så smukt. Kistepynten var i faderens yndlingsfarver rød, hvid og blå. Blå iris. Hr. Nielsen havde hjulpet med teksten til dødsannoncen i avisen, han havde lagt ud for arrangementet efter begravelsen, da de havde inviteret deltagerne på smørebrød på en pæn lille frokostrestaurant og kaffe og petit fours bag efter. Og han havde hjulpet i ugerne efter og givet Ingrid fri, så ofte hun havde brug for det, nogle gange bare for, at hun kunne være sammen med sin mor. Hr. Nielsen var et godt menneske, han måtte komme fra en kærlig mor, og der måtte også have været noget godt og helstøbt i den far, han aldrig havde kendt.

Selvom klokken kun var ti, var Ingrid træt. Hun havde en væmmelig trykken bag øjnene. Hun gik i seng og faldt i søvn med det samme, men vågnede flere gange i løbet af natten badet i sved. Bare det ikke var begyndende sygdom. Det havde hun bestemt ikke brug for nu, eller for den sags skyld nogen sinde. Det kunne naturligvis være overgangsalderen, den var ikke startet hos hende endnu, selv om Hannes for længst var overstået. Hun gik ud på toilettet, drak lidt vand og gik i seng igen.

Hun vågnende før vækkeuret og lå lidt og forsøgte at få styr på tankerne. Hun havde drømt rigtig væmmeligt. Om at skulle nå et fly til Japan, men hun havde hverken fået pakket eller fornyet sit pas. Hendes mor var blevet væk, hun kunne ikke finde hende. Hun kæmpede for at finde de ting, hun skulle have med, men hendes sko var forsvundet og hendes pas…?

Passet!! Hvad med det? Var det mon udløbet? Hun havde ikke skænket sit pas en tanke. Dengang de rejste sammen, sørgede faderen altid for at have styr på deres pas. Nu skulle hun klare sig selv. Og nu, inden hun overhovedet var kommet af sted, var det ved at gå galt for hende.

Hun sprang ud af sengen, og i sin natkjole løb hun på bare fødder ind i stuen og kiggede efter passet. Først i skuffen i spisebordet, hvor det altid lå. Det var væk! Hun satte sig ned. Nu måtte hun ikke gå i panik. Hvis ikke det var der, hvor så? Måske i mappen, hvor hun havde sine papirer. Alt fra pensionsopsparingspapirerne til Lønmodtagernes Dyrtidsfond. Dåbsattesten. Hun fandt mappen frem i reolen i biblioteket og kiggede den igennem. Men der var intet pas. Hun ledte i køkkenskufferne og i skuffen i det lille sengebord. På badeværelset og i skabet i entreen, men der var intet pas! Ingrid mærkede en panikangst komme snigende. Hvis hun nu tog et bad og tog sig sammen. Faldt til ro og samlede sine tanker.

Mens hun stod i badet og lod det varme vand løbe ned over sig, spekulerede hun på, om det ikke godt kunne lade sig gøre at få et nyt midlertidigt pas, inden hun skulle rejse. Jo, det kunne det måske, men hun ville være nødt til at gå i sin frokostpause eller tage en halv fridag og tage hen til

Borgerservice. Hvad skulle man have med? Sin fødselsattest? Hvor var den? Den havde da ikke ligget i mappen med de personlige papirer. Hvis den nu var væk også, hvad så?! Hvor lang tid tog det at skaffe sådan én? Ingrid lukkede for vandet og begyndte at tørre sig, men så opdagede hun, at hun havde glemt at skylle balsammen ud af håret. Hun tændte for vandet igen og skyllede det grundigt. Måske lå hendes fødselsattest hjemme hos hendes mor endnu? Nej, det kunne den da ikke, hun havde da alle sine personlige papirer her, og så kopier af det hele i bankboksen i hendes fars gamle bank. Hvor var nøglen til bankboksen!?

Hun skulle til at børste tænder, men hun blev ved med at spekulerer på nøglen til bankboksen. Hun gik ind i stuen. Lå den i skuffen i spisebordet? Hun syntes ikke, at hun kunne huske at have set den. Åh nej, hvis nøglen også var væk. Eller lå den i én af skufferne i køkkenet? Nej, det kunne den da ikke. Ingrid åbnede spisebordsskuffen og begyndte at rode rundt i papirer og kort. Der lå kalendere fra de sidste mange år, som hun gemte som en form for dagbog. Hun udbrød et lettet suk. Der var nøglen til boksen, og der under de gamle kalendere lå passet. Det var gyldigt fem år endnu. Puha.

Hun satte sig på en stol og mærkede, at hun rystede, den trykken for øjnene, hun havde følt aftenen før, var ikke blevet bedre, tværtimod efter nattens urolige søvn. Hendes mobil telefon ringede i det samme, og klokken var ikke engang syv endnu, hvem kunne det være? Bare der ikke var sket hendes mor noget.

"Ingrid Hansen," sagde hun.

"Kenny er det dig?" blev der råbt i den anden ende. Forbindelsen var lidt dårlig.

"Nej, du må have fået forkert nummer," sagde hun.

"Hva'? Hva' fanden, er det ikke Kenny? Hvorfor fanden tager du så røret, din dumme kælling."

Forbindelsen blev afbrudt, nummeret var hemmeligt. Ingrid kiggede forvirret på telefonen, hun havde i hånden. Den var håbløs gammeldags, den kunne tage sms'er, men den var slet ikke som de smarte telefon, man kunne få nu. Hendes far og mor havde givet hende den, kort før hendes fars død, og dengang havde den været smart og sidste nye model. Hun brast i gråd. Hvorfor, vidste hun egentlig ikke, men hun følte sig bare pludselig så ked af det. Hun skulle tage sig sammen, skulle hun, men gråden overvældede hende. Sorgen. Sorgen over en masse, som hun til dagligt levede med, og levede fint med, som hun havde accepteret for længst, men bare ikke lige nu. Lige nu, syntes hun, at det hele var frygteligt uoverskueligt, og hun lod tårerne i sine trætte smertende øjne få frit løb. Måske var det virkelig overgangsalderen? Hun kunne spørge Hanne, om den var sådan.

Tarvelig og snigende, svækkende, drænende. Hun vidste det ikke, hun havde jo aldrig prøvet det før. Den og så meget andet, havde hun heller aldrig prøvet før.

Der var stille på kontoret, hr. Nielsen var ikke mødt. Op ad formiddagen tænkte Ingrid på at ringe til ham, men hans mobiltelefon lå inde på hans kontor, og hun ville ikke ringe hjem og forstyrre. Hun havde ikke fået morgenmad, kun taget en kop kaffe og to panodiler. Hun hadede at tage piller og især på tom mave. Hovedpinen havde ændret sig til en træt fornemmelse, som om hendes hjerne var pakket ind i vat. Hun håbede ikke at det udviklede sig til migræne, som det så ofte gjorde.

Hun havde ikke fået madpakke med, og der var intet i køleskabet, så da klokken var elleve, og hun var hundesulten, gik hun ned til det nærmeste supermarked og købte rugbrød, smør, æg og tomater.

Mens hun stod i kø ved kassen, fik hun en sms. Det var sikkert Hanne, der lige skulle høre et eller andet, eller checke tidspunktet for, hvornår de skulle mødes igen. Hun åbnede telefonen, men uden læsebriller var det svært at læse de små bogstaver. Hun kunne se, at det ikke var Hanne, men derimod banken, der havde sendt hende sms'en. Der stod noget med et beløb på tolv tusind ottehundrede et eller andet, hvad mon det kunne være? Feriepenge måske? Ude på gaden fandt hun sine briller frem, og fik set ordentligt på beskeden. Den var rigtignok fra banken, men beløbet på i alt tolv tusind ottehundrede fem og halvfjers kroner var i overtræk, og hun skulle dække beløbet med det samme. Hun slog det hen, det kunne jo ikke passe. Hun kiggede godt nok aldrig på sin netbank. Alt, der havde med penge og banken at gøre, havde hendes far altid ordnet for hende, og hun vidste, at hendes løn, som godt ikke var så høj, altid gav et pænt overskud hver måned, når de faste udgifter var betalt. Så hvis bare hun ikke levede ekstravagant, kunne hun uden problemer købe mad og lidt tøj og leve ganske udmærket. Nå, det måtte hun hellere lige se på, når hun var på kontoret igen. Under alle omstændigheder måtte det være en fejl.

På vej op ad trappen til kontoret studsede hun over at høre larm længere oppe på én af etagerne, og da hun nåede op til kontorets hoveddør, stod hr. Nielsens to sønner og bankede på døren og råbte ind ad brevsprækken. Musse sad på en stol, der stod på repos'en. Hun havde en hellang elfenbensfarvet minkfrakke på, men hendes eller perfekte hår, som Ingrid altid havde haft mistanke om var en paryk, hvilket hun nu fik vished for ikke var, var uredt og sjusket. Begge sønner havde mørke diplomatfrakker på. De havde deres mors efternavn, Bülow. Nielsen havde de strøget.

"Er der sket noget?" spurgte Ingrid forskrækket.

Den ældste søn, advokaten Adam, vendte sig om.

"Vær så venlig at åbne den her dør," sagde han uvenligt, "og skulle du ikke have været mødt for længst?"

"Jo, men jeg har lige været nede efter lidt mad."

"Ja ja, tag nu bare at få åbnet døren!"

Ingrid fandt nøglerne i sin taske og åbnede den massive dør med rystende hænder.

"Er det sket hr. Nielsen noget?"

Ingen svarede hende. Musse kom på benene, og Ingrid opdagede, at den ene af hendes elegante strømper var løbet lige over vristen. Hun havde bidselsko på med en lille hæl, og hun lugtede svagt af Fernet Branca og gammel tung parfume. Hun stod usikkert på benene og støttede sig til stolen, men da Ingrid tilbød hende sin arm, tjattede hun den væk.

De to sønner gik forrest ind på hr. Nielsens kontor og begyndte at gå skufferne i det gamle maghoniskrivebord igennem. De tømte hver og én ud på skrivebordet og bagefter skovlede de det hele ned i en stor sort sportstaske, de havde med. Så skilte de pc'en ad og begyndte at pakke skærm og harddisk og alle ledningerne ned i en indkøbstaske på hjul, sådan én som Ingrids mor også havde, og som Ingrid havde hørt nogle drenge kalde en 'røvrender'.

Musse sad på hr. Nielsens kontorstol og blev med at stønne, "sikke en redelighed, sikke en redelighed."

"Jeg vil så frygtelig gerne vide, om der er sket hr. Nielsen noget?" forsøgte Ingrid.

"Kan du ikke bare lave noget kaffe til os," sagde den yngste søn, Alexander. Det var ham, der var revisor. Han tog Ingrid om skulderen, skubbede hende ud af kontoret og lukkede døren bag hende.

Hun fyldte vand på kaffemaskinen, tog et filter og fandt dåsen med kaffe frem. For det meste lavede de frysetørret kaffe, Ingrid købte altid den økologiske Fair Trade kaffe, men når der var gæster, satte de kaffemaskinen i gang. Det var lang tid siden, de havde haft kundemøde, og maskinen skulle for længst have været afkalket. Ingrid havde fyldt for meget kaffe i filteret, og det tog det varme spruttende vand evigheder at løbe igennem. Kaffen var sort som tjære nede i glaskanden, så hun skyndte sig at hælde den over på en termokande, som hun stillede på en bakke med sukker og mælk, fire krus og fire teskeer og en lille skål med hårde ingefærkager, Hr. Nielsens og hendes favoritkager, som han købte med fra en lille delikatessebutik ude i nærheden af, hvor han boede.

Bare der ikke var sket ham noget. Han havde set dårlig ud i lang tid, det var bestemt ikke blevet bedre, snarere tværtimod. I det samme, Ingrid løftede bakken, kom advokaten Adam ud i køkkenet.

"Er det kaffen?" spurgte han og tog bakken ud af hænderne på hende. Han gik tilbage til kontoret, og hun fulgte efter ham.

"Vil du ikke være rar at fortælle mig, om der er sket noget med din far?"

Han svarede hende ikke, men fortsatte bare ned ad den lange mørke gang mod faderens kontor.

"Er der sket noget med din far?" gentog hun højt, og hun kunne høre en skinger tone i sin stemme.

Uden for kontorets dør vendte han sig om imod hende, og han så bestemt ikke glad ud, men heller ikke ud som om han var i sorg. Måske var det alligevel ikke så slemt, som hun havde frygtet.

"Ja, han er død, druknet. Fjolset kørte i havnen i den gamle spand ude ved os i går aftes," nærmest råbte han hende ind i ansigtet, inden han gik ind på kontoret og lukkede døren hårdt bag sig.

Ingrid så en masse prikker for øjnene, og hun kunne mærke sine ben fra knæet og ned på en mærkelig måde. Som om nogen havde drænet hende for alt blodet. Hun lænede sig op ad væggen. 'Åh nej, ikke hr. Nielsen ikke den rare mand, ikke ham'.

'Come hell or high water'. Det var i York, de havde lært det udtryk. På en gammel pub, hvor hendes far havde bestilt 'chephards pie', og hun og hendes mor havde fået 'fish and chips'. Faderen havde taget 'a half pint', og kroejeren måtte selv vælge den øl, han syntes, passede bedst til retten. Hun og moderen havde bestilt hvidvin. Det øste ned uden for, mens de sad og spiste, og da det begyndte at tordne og brage havde kroejeren sagt, 'Come hell or high water'. Nu havde hun brug for 'high water'.

Efter meddelelsen om hr. Nielsens død gik hun hjem, hjem til sin mor. Hun følte den samme afmagt, som da hendes far havde sukket en sidste gang, da han tog det sidste åndedrag og forsvandt, mens hun og hendes mor havde siddet ved hans seng og magtesløst set livet forsvinde.

Hun havde taget sin frakke og sin taske og var gået. Hun havde ikke sagt farvel, ikke slukket sin pc, ikke checket kaffemaskinen og faxen og alt det, hun plejede at checke, når en arbejdsdag var slut.

Med åben frakke gik hun ned ad gaden. Det regnede, men hun var ligeglad. Da hun stod og skulle til at sætte nøglen i gadedøren, hjemme hos sin mor, den dør hun havde stået ved tusinder af gange før, lige siden hun var en lille pige, den dør, hun var gået ind ad glad eller trist, bedrøvet eller uden at tænke så meget over alt det, der var, det der havde været, eller det der ville komme. Bare ind ad døren og op i hulen, den trygge hule hos far og mor, kom hun i tanke om banken. Det var hendes fars gamle afdeling, der hvor han var endt som afdelingsleder med et personale på otte. Hun kendte dem alle sammen. Hun havde kendt dem i årevis, de blev i afdelingen, medmindre de blev forfremmet, for som én af damerne, fru Holm havde sagt, 'din far er en rar mand, og han skaber et godt arbejdsklima'. Præcis som hr. Nielsen havde gjort. Nu var det vist eleven Jannik, der var blevet afdelingsleder, og han kaldte sig direktør. Hun kunne huske, da han startede som elev, de måtte være nogenlunde lige gamle. Han havde uren hud og stammede en lille smule. Efter elevtiden var han kommet over i en anden afdeling. 'Jannik vil fremad her i livet', havde hendes far sagt, og det var rigtigt. Efter at Ingrids far var gået på pension, var Jannik vendt tilbage til afdelingen, som stedfortræder for den nye afdelingsleder, og nu var han altså selv blevet leder. Han stammede vist stadigvæk.

Hun havde mest lyst til at løbe op til sin mor, men hun måtte først lige have ordnet det her med banken, og filialen lå ikke så langt fra barndomshjemmet. Hun brød sig ikke om, at noget ikke var, som det skulle være. Også selv om det naturligvis var en fejl fra bankens side.

"Hej, jeg skal tale med Jannik."

Ingrid hilste på de få medarbejdere, hun stadigvæk kendte i banken.

"Han er vist ved at være færdig med et møde," sagde pigen ved skranken.

Hende kendte Ingrid ikke, men hun mente, at hendes mor havde fortalt, at det var en ung kvinde, man forventede sig meget af. Anne, hed hun vist. Ingrid satte sig på en umagelig stol og tog et bankmagasin op. Der var et billede på forsiden af et ungt par, og med grafik var der lavet en børskurve oven over dem, som parret stod og kiggede smilende på. Kursen gik også op ad, så det var jo positivt. Inde i magasinet stod der om investeringer. Hun bladrede bare i magasinet, hun havde ikke sine læsebriller på, og det interesserede hende ikke, hvad der stod. Hun tænkte hele tiden på hr. Nielsen. Efter at have siddet i en halv time og ventet, blev Jannik endelig færdig med sit møde. Han fulgte en meget bleg mand ud til døren. Manden måtte være håndværker, han havde sorte bredsnuede sikkerhedssko på og hvidt arbejdstøj med støv på knæene. Jannik var i mørkt jakkesæt med et lidt spraglet slips i blå nuancer.

Anne sagde noget til Jannik og pegede over mod Ingrid.

"Nå," sagde han, "jamen, kom du indenfor."

Han vendte sig om og gik først ind i mødelokalet. Ingrid fulgte efter. De havde lavet det hele om herinde efter hendes fars død. Nu var lokalet ikke med de gamle klassiske møbler, der egentlig havde været så hyggelige, men i stedet var det hele malet i lysegrå farver, gardiner og alt andet tilbehør var i koboltblå farver. Der hang moderne blå kunst på væggene, og der stod blå glaskunst i en moderne stål- og glasvitrine i hjørnet.

"Ja, det er noget med, at din konto er i overtræk, ikke?"

Ingrid ville gerne have spurgt ham om, hvordan han trivedes i afdelingen, men hun kunne godt huske, at hendes far havde nævnt noget med, at Jannik var en handlingens mand. Efter at han var blevet afdelingens direktør, var der blevet fyret to, som ellers havde været der temmelig længe, den ene umiddelbart før sit 25 års jubilæum.

"Nej, det kan umuligt passe," sagde Ingrid, men hun kom pludselig til at tænke på, at hun havde læst om østeuropæiske bander, der drænede folks konti via nettet. "Med mindre altså, at der er nogen der har stjålet fra min konto."

"Ja, øh," host host, Jannik grinte lidt nervøst, "så skulle det da være dig selv." Han tændte for rummets computer, vendte skærmen mod Ingrid, og scrollede ned over en masse beløb. I farten kunne hun genkende beløbet til Italiensdrømme, og beløbet på den nye jakke, som hun skulle have på til sin fødselsdag. Så var der en masse fra indkøb på mindre beløb og i december var der julegaverne. Der var de to nye tæpper, som måske nok alligevel havde været lidt dyre, så var der trukket til terminen og ejendomsskatten, til el og varme og vand og de forskellige andre beløb, som blev betalt over betalingsservice. Og ganske rigtigt kunne hun se, at beløbet var i overtræk med de omkring tolv tusind kroner samt det, hun netop i dag havde brugt i supermarkedet, da hun købte ind til sin frokost. Hun forsøgte at forstå, hvad der var sket, men tallene flimrede for øjnene af hende. Det kunne da ikke være rigtigt.

"Nårh," sagde hun pludselig lettet, "men det er fordi, min løn ikke er gået ind."

"Ja, og…?" Jannik grinte igen nervøst.

"Jamen, der må være sket en fejl. Prøv at køre op igen. Se, der i oktober, der er min løn gået ind, men den mangler for november og december… Og prøv at køre videre. Ja helt fra november, det er fem måneder. Jeg kunne simpelthen heller ikke forstå det."

Hun var lettet, selvfølgelig havde det været en fejl.

"Ja, og…?" Jannik lænede sig tilbage i stolen og lagde armene over kors.

"Jamen, der er sket en fejl, det var jeg også sikker på."

"Hvor er du ansat. Var det ikke noget med Bülow & co.?"

"Jo, men hr. Nielsen altså ejeren, han er lige død, det er så trist." Da Jannik ikke så ud til at reagere, fortsatte hun, "men jeg er sikker på, at sønnerne, den ene er revisor og den anden er højesteretssagfører..." Hun vidste ikke, hvorfor hun kom til at bruge den gammeldags betegnelse, og slet ikke, når han nu ikke havde møderet for højesteret, men det røg bare ud ad munden på hende.

"Ha," Jannik slog med hovedet, "det firma begærede vi konkurs for nogle dage siden. Vi tabte penge på dem. Dem får du ikke noget ud af."

14

Bisættelsen foregik torsdagen efter. Det var en smuk dag. Det var koldt, men solen skinnede fra en skyfri himmel, og ikke en vind rørte sig.

Da Ingrid, dagen efter at Musse og sønnerne havde været på kontoret, ville på arbejde, var låsene skiftet ud. Hun havde forgæves forsøgt at få fat i begge sønner, men på deres arbejdspladser oplyste venlige sekretærer hende om, at de ikke var til stede på grund af dødsfald i familien. Ingrids forsøg på at spørge, hvor bisættelsen skulle foregå, havde været forgæves. 'Det kan jeg desværre ikke oplyse om', var svaret både på advokatkontoret og revisionskontoret. I hjemmet i Klampenborg var der telefonsvarer på, og ingen ringede tilbage på de beskeder, Ingrid lagde.

Til sidst havde Ingrids mor ringet rundt til flere kirkekontorer i området omkring Klampenborg og udgivet sig for at være hr. Johannes Nielsens kusine fra Stockholm, og hun skulle lige have bekræftet tidspunktet for begravelsen. 'Det er en bisættelse, og det er på torsdag klokken 11', var der til sidst en venlig kordegn, der havde oplyst.

"Så fik vi da i det mindste det på det rene," sagde Ingrids mor, "magen til måde at behandle dig på! Han holdt jo af dig, som var du hans egen datter."

Ja, måske derfor, havde Ingrid tænkt.

Ingrid og hendes mor sad bagerst i kirken. De havde sendt en bårebuket, Ingrid havde bestilt den med røde roser, hvide gerbera og fresiaer og blå iris. Det var en smuk buket, og hun kunne fra sin plads se, at den lå lidt længere oppe ad gangen, og hun kunne dufte fresiaerne. Der var mange i kirken. Musse havde en stor familie og et stort netværk. Hun sad oppe på forreste bænk mellem sine to sønner og deres koner og børn. Hun var klædt i en hellang næsten sort minkpels.

"Hun har været dyr i drift," hviskede Ingrids mor.

Kisten var pyntet i gule farver. Ingrid var ikke sikker på, at gul var hr. Nielsens farve, men blomsterne stod smukt til det gule helsilketørklæde, som Musse havde om halsen. Hendes stålgrå hår sad igen perfekt, ligesom den kraftige make up.

Orglet brusede, og den kvindelige kirkesanger var svær at overdøve. De tilstedeværende mumlede med på salmen om 'livstidsfangens kvæde'. Den var så trist, og den fik altid Ingrid til at græde. Hun vidste, at hun ville komme til at græde, så hun havde taget to pakker klenex med, men det kom bag på hende, at hun allerede kom til at græde under den første salme. Præsten, en stor alvorlig mand med en dyb røst, talte, og så sang de en salme mere, som ingen kunne høre, fordi organisten denne gang ikke ville overdøves af kirkesangeren.

Præsten talte igen, nu om hr. Nielsen, men Ingrid tænkte, at det var, som om han slet ikke vidste, hvem hr. Nielsen var. Han snakkede om, at hr. Nielsen engang havde haft en båd, og i dag var det sønnerne, der nød denne hobby, at hr. Nielsen, opfordret at Musse, var begyndt at spille golf, men at det i dag var Musse, der erfarent svingende køllen og havde stor glæde af samværet på golfbanen og ikke mindst i klubhuset. Han fortalte næsten kun om Musse og sønnerne og de mange børnebørn, og at alle klarede sig så flot og boede i samme område, med undtagelse af et barnebarn, som læste økonomi i USA, og nok blev derovre, for hun var ved at blive giftet ind i en meget kendt familie. Ingrid kunne slet ikke genkende den hr. Nielsen, hun kendte. Den hr. Nielsen hun havde arbejdet sammen med i alle de år. Alle de samtaler om musik og bøger, om malerier og farver, Goethes farvelære, de farver man brugte nu, og hvordan man i sin tid fandt frem til at lave holdbare farver, med planter, med insekter, med jord og mineraler. Alle de kunstnere, som havde lagt vejen forbi for at tale farver og produkter med hr. Nielsen. Dengang, der var masser at lave i firmaet, og de havde været flere ansatte. Efterhånden som de gamle medarbejdere gik på pension, blev der ikke ansat nye. Så var det bare Ingrid og hr. Nielsen og de havde talt om rejser og om drømme om rejser. Hr. Nielsen havde altid drømt om at komme til Ny Guinea, men der var ingen i familien, der ville tage med ham. Hvert år lejede Musse i stedet et hus, gennem én i golfklubben, i Saint Tropez.

De sang en salme mere; I østen stiger solen op, og så kastede præsten jord på kisten, og sønnerne og fire børnebørn bar den ud til en sort rustvogn, som kørte den væk. Og Ingrid græd og græd, og bagefter tænkte hun på, at det var lidt som at begrave sin far for anden gang.

Uden for i det skarpe sollys tog Ingrid sine solbriller på. Der var mange, der havde solbriller på, især kvinderne havde flotte designerbriller på, men det så ikke ud, som de havde grædt. Ikke engang børnebørnene så særlig triste ud. To af dem var i gang med at sms'e.

Der var begravelseskaffe i sognegården, og Ingrid ville gerne med, for hun havde ikke haft chance for at kondolere familien, og hun vidste stadigvæk ikke, om hun kunne komme tilbage på kontoret, nu hvor låsene var skiftet ud, og firmaet åbenbart var lukket. Hun havde haft en del liggende, som hun ville have færdigt inden sin ferie, men nu fik hun svært ved at nå det. Og mon familien vidste, at hun tog på ferie fra på lørdag og var væk i en uge?

Der blev serveret kringle til kaffen. En udmærket kringle, men ellers var arrangementet meget spartansk, ifølge Ingrids mor, og det kunne familien ikke være bekendt.

"Det var ikke som ved Fars bisættelse, hvor vi inviterede på smørebrød og øl og en snaps, til dem der havde lyst og de dejlige petit fours til kaffen," hviskede hun til Ingrid.

"Shhh," hviskede Ingrid tilbage, men hun havde igen tænkt på, at det var hr. Nielsen, der havde lagt ud for det arrangement, og da Ingrid ville betale ham, havde han afslået og sagt, at det var hans lille bidrag, for 'din far var en god mand, og du har været ham en god datter'. Til hans egen bisættelse var der kun råd til en tynd kop kaffe, men dog en udmærket kringle.

Ingrid skulle lige til at rejse sig for at gå over og kondolere, men i det samme var der en ældre herre i sort habit og sparsomt hvidt hår, der slog på den hvide kaffekop, rejste sig og rømmede sig kraftigt.

"Ja," sagde han, "jeg vil gerne lige have lov til at sige et par ord om Johs."

Ingrid vidste godt, at nogle kaldte hr. Nielsen for Johs., men hun syntes, at det lød mærkeligt hårdt, og han havde vist heller aldrig selv brudt sig om navnet.

Den ældre mand fortsatte. "Ja, min kone, Tytte, og jeg har jo kendt Musse og Johs. igennem mange år. Først, ja det må jeg vel godt have lov at nævne Musse, ha ha, det var da vi var ganske unge, der var der jo nok lidt smalhals. Ja, ha ha, måske mest hos jer, men det var jo fordi Johs. læste. Det aftenkursus han tog, HF, næ... hvad siger du...?"

"HD," råbte en kvinde, der sad ved siden af ham, og som sikkert var Tytte.

"Nå ja, HD... ja, ja, det er sikkert godt nok. Senere flyttede vi jo alle sammen fra lejlighederne nede bag tennisbanerne, og så kom børnene. Jo, ja Adam og Alexander. Og vores egne to Elisabeth og Annemarie, som jeg i øvrigt skulle hilse fra. Ja, Elisabeth er jo flyttet til Geneve, hendes mand har fået en stor stilling i banken, og Annemarie, ja, hun har jo sine heste. Og vi har spillet golf og haft en teaterklub, ja kan du huske det Musse, det var da morsomt. I kom også engang ned og besøgte os i Saint Tropez, og I havde 'bilet' den hele vejen derned, og det var nok lidt hårdt for den gamle Mercedes. Ha, ha, ha."

Tytte hev sin mand diskret i ærmet.

"Nå ja, Mercedes'en," sagde han, og rynkede panden og tog sine briller af og på igen. "Ja, men jeg vil såmænd blot sige, tak for alle de gode stunder, Musse, og du ved, at vi altid vil være der for dig."

Så satte han sig ned igen, og der var stilhed i lang tid, mens folk sad og kiggede ned i kaffekopperne.

"Mere kringle?" hørte Ingrid én af svigerdøtrene sige.

Begravelsesgæsterne brød op. Ingrid og hendes mor håbede på at kunne komme til at kondolere, men der havde hele tiden været familie og venner omkring Musse, og de ville ikke trænge sig på.

"Det gør mig så frygteligt ondt," Ingrid trykkede Musses hånd, da en lejlighed endelig bød sig, "jeg holdt så meget af ham." Hun kunne mærke tårerne presse på igen.

Musse kiggede på hende, som om hun ikke vidste, hvad hun talte om.

"Nå ja, du har jo arbejdet for ham så længe. Ja, det var trist," sagde hun så og kiggede på Ingrids mor, audiensen var åbenbart ovre for Ingrid.

Ingrid så sig om efter én af sønnerne og hørte i baggrunden sin mor sige, "ja, nu er vi begge enker, det er svært," og Ingrid tænkte, at hvor moderen gik ind i den rolle med alt, hvad den kunne indebære, næsten som en græsk kvinde, der bærer sort, fra hun er fyldt 40, virkede Musse ikke som én, der havde tænkt sig at bære sorg. Så snart vejret tillod det, ville hun sikkert være klar på golfbanen igen.

Alexander, revisoren, stod med sin kone og børn og var ved at sige farvel til manden, der havde holdt tale. Lige nu snakkede de om Geneve, og hvor tæt man var på alting, alpernes skisportssteder eller for den sags skyld Saint Tropez. Hun ventede til parret var gået.

"Alexander, må jeg ikke lige få lov til at tale med dig?"

Han så ud, som om det var ubelejligt.

"Ja, jeg vil først gerne have lov til at kondolere."

"Tak…og?"

"Ja, undskyld, men det er vedrørende mit arbejde, og jeg har ferie i en uge fra på lørdag. Jeg er bange for, at jeg ikke når at komme til bunds i bunkerne…"

Han rømmede sig. "Vi skal have ryddet op i det morads, der er ingen grund til at forsøge at bevare det. Hverken min bror eller jeg har lyst til at føre det videre, der er ingen fremtid i det."

"Vil det sige, at jeg ikke har noget arbejde."

"Du må vist se dig om efter noget andet, men vi kan da skrive dig en anbefaling. Hvor lang tid er det, du har været ansat?"

"32 år til september," sagde hun hæst, "men der er også lidt problemer med lønnen, det ser ud som om, jeg ikke har fået løn siden november."

"Ja, jeg kan virkelig ikke stå og drøfte din løn her," sagde han og vendte sig om mod en ældre præsten, der ville sige farvel.

Ingrid blev stående lidt på afstand, men da han havde fået sagt farvel, gik hun over til ham igen.

"Ja ja, du skal nok få den løn, du har krav på, det må du tale med min bror om, han er nok mere inde i det. Og det er vel ikke noget at komme med til familien på sådan en dag. Underlig form for kondolence."

Han vendte sig resolut om. Hun lagde en hånd på hans arm, og mærkede at han sitrede.

"Undskyld, men må jeg ikke lige høre, der stod nogle ting på kontoret som er mine, ja inde på mit kontor, nogle grønne planter og sådan."

Han fnøs irriteret. "Dem kan du måske leve uden."

"Jo, men jeg vil gerne rydde mit skrivebord, der ligger jo ting, der er mine." Hun kunne ikke umiddelbart komme på noget, men der lå vist nogle kort og den pæne bonbonniere og lysestagerne, hun havde pyntet med derinde, ville hun gerne have igen.

"Jamen, det må du også tale med min bror om… Okay."

"Jo, der er en anden ting, Hr. Nielsen, din far, gav mig et maleri, nogle dage inden han døde." Nu lyttede han.

"Det er det maleri, han havde hængende på sit kontor. Det af hans mor."

Alexander kiggede uforstående på hende. "Af hans mor?"

"Ja, et lille maleri af en ung kvinde."

"Nå, det er sikkert ikke noget værd, behold du bare det, jeg vidste ikke, at det var hans mor. Hende har vi aldrig talt om i familien. Det var ikke sådan comme il faut," han lo lidt nervøst. "Hun var ikke én, man talte om, ja, behold du bare det."

"Må jeg spørge om, hvad din far døde af? Jeg mener, han så så dårlig ud de sidste dage."

"Gjorde han?" Alexander så ud, som om det ikke interesserede ham. "Han efterlod et brev, han havde åbenbart gået meget stille med, at han havde en aggressiv prostatakræft."

"Men tog han sit liv?" hviskede Ingrid, hun var klar over, at hun ikke burde spørge, men hun måtte vide det.

"Ja, den idiot, og så lige i nærheden af, hvor vi bor. I havnen, hvor børnene sejler flipperjoller og vores både ligger. Og så i den gamle Mercedes, det var sgu' pinligt, da de hev den op af vandet."

Ingrid havde lyst til at skrige, at hvis der var noget, hr. Nielsen ikke var, så var det pinlig. "Han var et godt og fint menneske," sagde hun lavt.

Alexander gik tættere på hende, han havde åbenbart svært ved at høre, hvad hun sagde. "Hvad?"

Hun rømmede sig og gentog, "han var et godt og fint menneske." Hun kiggede ham direkte i øjnene. "Et af de bedste mennesker, jeg nogensinde har mødt."

Alexander nikkede. "Ja, ja, han gjorde vel som sådan ingen skade."

Ingrid kiggede på Alexander, kiggede ham dybt i øjnene i lang tid, så lang tid, at Alexander følte det ubehageligt og kiggede væk. Men Ingrid forsøgte at finde faderen i sønnen. Lidt af faderens træk, men der var ingenting. Det var Musses ansigt, med de raffinerede linjer og den lidt krumme næse, hun så. Intet af hr. Nielsen kunne hun genkende. Og dog. "Vent lidt, Alexander," sagde hun. De var lige gamle, hun kunne vel tillade sig at give ham en ordre, og især nu, hvor hun åbenbart ikke arbejdede for dem mere. "Vent lidt." Hun kiggede på hans ansigt, hans øjne, det var i hans øjne, hun kunne genkende faderen. Kun en lille bitte smule. De lidt tunge bedrøvede øjenlåg, som hr. Nielsen havde haft, og som hans mor havde haft. "Du ligner din farmor," sagde hun så, "det er hende, du ligner. Du ligner din farmor. Hun var et godt og smukt menneske, det ved jeg."

Alexander gloede på hende med åben mund. "Årh, hold kæft, hun var jo ikke andet end en luder," sagde han vredt, puffede Ingrid til side og gik hen til sin familie.

Ingrid sad overfor sin mor på vejen hjem i toget. De sad i tavshed og kiggede ind i vinduet, hvor de kunne se deres egne forvrængede spejlbilleder. Det var mørkt, og snefnug dansede uden for ruden ved hver station, toget holdt. Ingrid havde hovedpine, hun havde ikke fortalt sin mor, at hun ikke længere havde noget arbejde. Hun havde aldrig før prøvet at være arbejdsløs, hun havde jo været ansat i firmaet, lige siden hun startede som studentermedhjælper. Nu skulle hun vel på kurser og lære at skrive ansøgninger og til samtaler. Hun havde alle årene betalt til en arbejdsløshedskasse, engang imellem havde hun spurgt sig selv, hvorfor? Nu var det nok heldigt, at hun havde betalt, for i morgen måtte hun op på et jobcenter og melde sig arbejdsløs. Stå i kø sammen med alle de andre.
I Hellerup forsvandt de sidste minkpelse, og der var kun det billigere overtøj tilbage i toget. På hovedbanegården stod Ingrid og hendes mor af og tog en bus resten af vejen. Moderen fik en siddeplads, og Ingrid stillede sig ved siden af hende og blev puffet omkring af de mange andre passagerer.

"Mor har du ikke lyst til, at vi køber noget mad og spiser oppe hos mig? Jeg skal nok følge dig hjem bagefter."

Ingrid kunne med det samme, hun havde spurgt, se, hvad svaret ville være.

"Åh, Ingrid, det kan jeg virkelig ikke, det kan du nok forstå. Jeg er så træt og min ryg... Ja, jeg har været lige ved at skrige hele dagen."

"Jeg synes bare, at det kunne være rart at sidde og snakke lidt."

"Jamen, jeg har en sammenkogt ret fra i forgårs, hvor Hans og Dorte var på besøg. Den kan vi da spise."

Ingrid havde lyst til at råbe; 'så smid den dog ud eller frys den ned eller giv den til de hjemløse'. Hun ville gerne vise sin mor maleriet, hun havde fået af hr. Nielsen, det havde hun ikke vist hende endnu, og hun tænkte; 'kunne vi ikke bare for én gang skyld, gøre det jeg gerne vil, i stedet for altid at tage hensyn til dig og din ryg, dine sammenkogte retter eller et eller andet andet, du vil eller skal eller ikke vil', men i stedet sagde hun stille: "Okay, men jeg går altså lige efter maden, jeg skal jo hjem og pakke."

"Nå, du tager af sted alligevel?"

"Ja, hvorfor skulle jeg ikke det?"

"Åh, jeg ved ikke. Nej, du kan vel lige så godt tænke på dig selv. Jeg tænkte bare, at hr. Nielsens familie måske synes, at det er rart, at du er der."

"Mor, de har sagt mig op, jeg er blevet fyret." Hun kunne mærke at hun rødmede, da hun sagde det. Hun følte sig så frygtelig flov "Jeg kan ikke engang komme ind på kontoret, for låsene er ændret."

"Shhh!" hvislede hendes mor og kiggede sig forskrækket omkring fra sin plads. Sæt nu nogen, hun kendte, hørte, hvad hendes datter stod og råbte op om. Så hviskede hun: "Hvad siger du? Fyret! Har du så ikke noget arbejde?"

Kvinden på sædet ved siden af Ingrids mor spidsede ører og kiggede vredt på Ingrid.

"Nej, mor," Ingrid bøjede sig ned over sin mor, så hun ikke behøvede at involvere alle i bussen, "firmaet lukker, ja det er faktisk allerede lukket."

Hendes mor så ud, som om hun havde fået smidt noget væmmeligt i hovedet. Ingrid turde slet ikke fortælle sin mor, at hun ikke havde fået løn siden sidst i oktober, og at hendes konto var i overtræk.

"Ingrid, der er aldrig nogen i vores familie, der har prøvet at blive fyret," sagde Ingrids mor så.

"Nej, for far var i banken fra han var mere eller mindre barn, og du har aldrig haft noget arbejde, efter du fik mig."

"Jamen, alligevel, jeg mener… fyret!" Moderen sagde det sidste frygtelige ord mellem sammenbidte tænder.

"Men, sådan er det altså."

"Hvad skal du så leve af?"

"Jeg ved det ikke. Jeg har jo aldrig prøvet at stå i den situation før. Jeg er i en a-kasse, det sagde far, at jeg skulle være, for man vidste jo aldrig. Så jeg skal op på Jobcentret, og jeg skal vel begynde at søge job og på kursus, hvor jeg skal lære, hvordan man søger job."

"Sådan noget pjat," sagde hendes mor indigneret.

De steg af bussen nedenfor moderens lejlighed, og Ingrid låste hoveddøren op. Moderen havde svært ved at gå op ad trappen, og slæbte sig af sted.

"Skal jeg hjælpe dig?"

Der kom ikke noget svar, kun en svag jamren.

"Mor, det er måske på tide at kigge efter en lejlighed i en ejendom med elevator."

"Vil du nu sende mig på plejehjem?"

"Nej, nej selvfølgelig ikke."

Kulden slog hende i møde, da hun åbnede døren ind til lejligheden. Der var ingen varme på.

"Mor, her er jo iskoldt!"

De satte sig i køkkenet, og i trods tændte Ingrid for alle gasblussene og lukkede døren, havde der været en kuglegrill, havde hun også tændt den. Så måtte de blive kulilteforgiftet, hun var ligeglad. Hun savnede sin far nu, mere end nogensinde. Han ville have sat sig ned med hende og have gennemgået mulighederne. Han ville gå på nettet og hjælpe hende med at finde en løsning. Hvad hun skulle have med op til a-kassen eller arbejdsformidlingen eller Jobcentret. Hvad de steder nu hed. Måske kendte han allerede nogen, der havde et godt job til hende fra sit stille netværk i kammermusikforeningen eller menighedsrådet eller bare fra sine ture ved søerne, når han venlig og imødekommende gik ned og fodrede ænderne eller satte sig på en bænk med sin avis og talte med dem, han kendte.

"Hvis Far havde været her, havde det alt sammen været meget nemmere," hørte hun sin mor sige, og hun tænkte, om moderen havde telepatiske evner, eller om det bare var fordi, det var sådan. Hvis faderen havde været der, havde alt været anderledes. Også for Ingrid. Men Ingrid var snart halvtreds år. På onsdag fyldte hun halvtreds. Der var ikke engang en uge til, og det var på tide, at hun begyndte at klare sig selv. Det var bestemt på tide.

De sad og stak til maden, ingen af dem var sultne. Der stod en kande vand på bordet.

"Vi kunne tage en flaske vin," sagde Ingrid, "det er jo sådan set en form for min fødselsdag, vi fejrer."

I det samme hun havde sagt det, følte hun sig som en dum forkælet unge, der prøvede at sætte sin mor i forlegenhed. Men hendes mor greb ikke bolden, hun følte sig ikke ydmyget, ikke forlegen.

"Vi må fejre dig, når du kommer hjem igen. Vi kunne jo invitere nogen. Hvad ville du synes om det? Familien måske, og Hanne og Lars kunne du da invitere."

"Og så skulle vi måske have lagkage og rød sodavand?" fór det ud af hende, og hun følte sig endnu mere som en frygtelig, snottet unge. "Nej du må undskylde, mor, ja det kunne vi selvfølgelig, det er sødt af dig. Vi må se på det, når jeg kommer hjem igen ikke?"

"Ja, vi ser på det," svarede moderen. Det var jo den bemærkning, hun altid var kommet med, når Ingrid som barn så gerne ville et eller andet, og svaret var, 'vi ser på det'. Det var det samme som at sige; 'det kan du godt glemme', men den afvisning var for hård, så 'vi ser på det' var bedre, mere pædagogisk, selv om Ingrid alligevel altid havde vidst, hvad den betød.

"Og når du nu partout vil af sted."

Ingrid rejste sig så pludseligt og voldsomt, at køkkenstolen væltede bag hende med et brag. Moderen gav et lille spjæt fra sig. Med sammenbidte tænder begyndte Ingrid at vaske op. Hvorfor fanden havde de heller aldrig fået en opvaskemaskine? Hvorfor skulle alting altid være på det jævne?

De skiltes ikke som uvenner. Ingrid tog sit overtøj på efter at have vasket op, og med et kort farvel gik hun. Hun spadserede hjem. Det var holdt op med at sne, men det blæste, en kold og væmmelig blæst, der gik gennem marv og ben. Hun slog kraven op om ørerne og stred sig hjemad, bare hun havde haft en hue.

Hun stoppede ved en Seven-Eleven. Der var fuldt af mennesker, som købte alt fra tyggegummi til pølser, der så ud, som om de havde ligget på en lunken varmeplade i en uge. Hun plejede ikke at købe ugeblade, men nu ville hun have et. Det var lige, hvad hun trængte til, at ligge i sin sofa, inden den blev hentet af fogeden, og læse om madopskrifter og mode, og om modne kvinder, som netop havde fundet sig selv. Hun faldt over et livsstilsmagasin, hvor en smuk gråhåret midaldrende kvinde på forsiden bekendtgjorde, at hun også netop havde fundet sig selv. '50 – Mulighederne årti', stod der med sølv changerende bogstaverne. Det er lige mig, tænkte Ingrid, og købte bladet. Selvom det nok var alt for dyrt.

15.

Der var lys oppe hos Gerda, og hun overvejede at banke på og spørge, om ikke de kunne snakke lidt, men hun kunne høre stemmer inde fra Gerdas lejlighed, nogen der lo og én, der spillede på Gerdas klaver. Hun havde nok gæster, og Ingrid ville ikke trænge sig på. Lyset i opgangen gik ud, da hun passerede Gerdas etage, og hun gik de sidste trapper i mørke. Hun kendte vejen, den var lige så forudsigelig, som hun selv var. Hun vidste, hvor hvert trin var, hvor hver en måtte lå. Måtterne med Welcome og måtten, som forestillede et pindsvin, og hendes egen helt ordinære brune ligegyldige måtte, præcis som hun selv var.

Idet hun stod ved sin dør og skulle til at sætte nøglen i låsen, trådte hun op på et eller andet og noget gryntede og bevæge sig. Forskrækket famlede hun sig hen til lyset og trykkede på knappen.

"Gregers, hvad i alverden laver du her?"

Han anstrengte sig for at komme op. Han havde siddet op ad hendes dør, og så vidt hun kunne se på hans pjuskede hår og søvndrukne øjne, havde han siddet og sovet.

"Jeg faldt vist i søvn," snøvlede han.

Hun låste døren op, og han fulgte med ind.

"Damen længere nede lukkede mig ind."

Åh nej, tænkte Ingrid, nu kendte Gerda til ham.

"Hvad vil du?"

Han så farlig ud. Han havde en underlig stor jakke på, træningsbukser og træsko.

"Jeg ville bare se dig, tale med dig. Det går ad helvede til derhjemme."

Han hev en flaske rødvin, en Barolo, op af lommen. Hvad vin angik, havde han altid haft stil.

Hun sagde ingenting, men hjalp ham op og åbnede døren. Hun tog sin frakke af, men beholdt støvlerne på. Hun håbede på den måde at give ham et vink om, at han ikke skulle blive for længe, så hentede hun glas i skabet og en proptrækker.

Han sad i sofaen, da hun kom ind i stuen. Han havde smidt jakken ovre i hendes lænestol. Hun tog den og gik ud og hængte den på en bøjle i entreen.

"Er du sulten?" Hun fortrød i det samme, at hun havde spurgt, for Gregers var altid sulten, og han spiste i forvejen for meget, hvilket især hans runde og bløde mave vidnede om.

Han lyste lidt op. "Ja," sagde han og rejste sig for at gå med hende ud i køkkenet.

Hun satte brød og smør frem, "jeg har vist kun æg?"

"Ja, tak."

"Øh, hvordan?"

"Røræg."

Hun piskede æg sammen, kom smør på en lille pande og vendte hurtigt æggemassen i, så kom hun lidt piskefløde i, havsalt og hvid kværnet peber. Hun hakkede tomater og kom oven på.

"Her." Hun gav ham tallerknen og fulgte efter ham med brød og smør.

"Du har vel ikke noget skinke eller et eller andet i den retning?" spurgte han over skulderen.

"Nej."

"Ketchup?"

Hun fnyste.

De satte sig i sofaen, han åbnede flasken, og hun skænkede op i deres glas, mens han kastede sig over maden.

"Hvad er der sket?" spurgte hun, da han åbenbart ikke havde tænkt sig at åbne ballet.

"Det går bare ikke. Hun er ikke rigtig klog. Vi skændtes, og hun smed en plante i hovedet på mig. Jeg har pakket en taske, det vil sige, det var hende der gjorde det, ellers ville hun tage ind og lave en scene på mit arbejde i morgen, sagde hun, hvis jeg ikke skred. Og jeg orker hende bare ikke mere, hun er vanvittig."

"Men, hvor vil du så bo?"

"Jeg tænkte, om jeg kunne låne din sofa, bare i nat, altså."

Tankerne fløj gennem hovedet på Ingrid. Jo, det måtte han vel gerne, man skulle hjælpe en ven, og hun skulle lige til at sige, 'du kan bo i min lejlighed, mens jeg er på ferie', men i det samme ringede hans telefon. Han lagde pegefingeren op til læberne for at signalere, at hun skulle være stille, og gik ud i entreen og lukkede døren efter sig, førend han svarede.

Hun kunne høre ham tale derude. Han blev ved i lang tid, og imens sad hun musestille, som et barn, der ikke måtte lave ballade, i sin egen sofa i sit eget hjem. Hun havde mest lyst til at gå hen og sætte en cd på og skrue op, samtidig med at hun ville gå ud i entreen og råbe et eller andet, grine højt og smække med dørene. Hvorfor skulle hun være en hemmelighed? Hun ville ikke være en hemmelighed, en skyggeveninde, en skyggeelskerinde, en medsvoren, en skurk. Men hun blev siddende, som hun altid havde gjort, hun blev siddende så velopdragen, som hun var og holdt sin mund.

Gregers kom ind igen, satte sig i sofaen og spiste videre. Han skar tykke skiver af det mørke friske brød og smurte et tykt lag smør på. Han drak vinen i store slurke, og da han var færdig med maden, lænede han sig tilbage i sofaen og sagde; "puha, det var godt at fået noget mad."

"Er alt okay?"

"Nej, det kan man ikke ligefrem sige. Men hun er simpelthen skør, jeg orker hende ikke mere."

Ingrid tænkte på, om man kunne kalde en kvinde, der havde fundet ud af, at hendes mand havde bedraget hende i masser af år, for skør. Hun havde vel på én eller anden måde ret til at reagere, være vred, være skuffet, være stjernetosset. Når ens fortrolige, ens elskede, ens bedste ven, faderen til ens børn, viste sig at have løjet, at have holdt én for nar. Altid. Havde man så ikke ret til at være vred, uden at blive kaldt for skør?

Ingrid nippede til sin vin. Den smagte hende ikke rigtig. Hun havde sådan lyst til bare at gå i seng og sove, sove sig langt væk fra denne rædselsfulde dag. Hun kiggede på maleriet af hr. Nielsens mor, Ingrid Agnete Regine. Kvinden kiggede på hende med sine bedrøvede øjne. Var hun også blevet kaldt for skør? Hun havde født børn, mænds afkom og var endda død af det. Havde hun selv ønsket de børn, selv ønsket de mænd?

"Jeg har fået et maleri."

Gregers virrede rundt med hovedet, hun pegede på billedet.

"Nå da, nydeligt," sagde han så.

Det var et af de sidste ord, der faldt Ingrid ind. 'Nydeligt'.

"Gregers!"

"Ja, hvad?"

Hun havde lyst til at bede ham om at gå. Hun havde lyst til at sige, 'nu skal du gå'. Tag hjem til din familie, I må løse jeres problemer sammen, du og din kone. Jeg orker dig faktisk heller ikke mere. Men i stedet sagde hun, "kaffe," rejste sig og gik ud i køkkenet.

Gregers sad og sov, da hun kom ind med bakken. Han havde drukket det meste af flasken, og han vågnede med et lille spjæt, da hun rørte ved ham.

"Kom her," sagde han og tog hende ind til sig. Hun sad akavet.

"Her, nu får du kaffe."

"Åh, hvad med et lille put?"

"Gregers!"

Han sukkede skuffet, vredt, opgivende, og hun skænkede kaffe. Kaffen var endnu stærkere, end den plejede at være. Hun ønskede sig bare, at han drak den og med udvidede pupiller skyndte sig ud ad døren og hjem til sin familie. Kunne man være så heldig?

"Kom her," sagde han og lagde armen om hendes skulder. Det var stadigvæk en ubekvem stilling at sidde i.

"Gregers lad nu være, der er sket så meget, jeg har lige mistet min arbejdsgiver... og mit arbejde."

"Men, så har du også behov for at nogen er rar ved dig," snøvlede han.

Det var det sidste, hun havde lyst til, at Gregers var 'rar' ved hende.

"Lad mig nu være, Gregers, nu drikker vi kaffen, og så kan du sove på sofaen, eller også må du tage hjem til din familie og få det her klaret."

Hun kunne høre sin egen stemme, og hun var selv overrasket over, hvad den sagde.

"Jamen," begyndte han.

"Nej, Gregers, jeg vil ikke det her mere. Jeg føler mig som en skurk. Jeg vil ikke være medansvarlig i din troløshed. Du må klare det selv, du og din kone, I må klare jeres problemer selv."

Han sad måbende.

"Det er sgu' da helt ærligt en underlig måde at opføre sig på," sagde han så.

"Jeg ved det ikke, synes du?"

Han forsøgte at komme op, men den megen vin, gjorde hans krop tung og dvask. Ingrid var hurtigt på benene og ventede på, at han fik rejst sig. Han væltede den næsten tomme flaske, men Ingrid greb den på mirakuløs vis og stillede den i vindueskarmen.

Hun gav ham hans jakke. "Er du i bil?"

Han svarede ikke.

"Er du i bil?" gentog hun.

"Interesserer det dig overhovedet?" hvæsede han. Hans ånde lugtede af vin.

"Du må ikke køre, du har drukket for meget."

Han holdt håndfladerne afværgende op imod hende.

"Interesserer det overhovedet dig?" gentog han. "Hvad interesserer dig andet end dig selv?"

"Jamen Gregers," gispede hun målløs.

Han marcherede forbi hende ud ad den åbne dør, og greb om gelænderet med begge hænder.

"Det er takken," råbte han over skulderen. "Det er takken, hva'?"

"Du må love mig ikke at køre i bil," sagde hun, og selvom hun dæmpede stemmen, følte hun, at den rungede i hele opgangen. Hun overvejede at løbe ned til Gerda og bede hende og hendes gæster om hjælp. Gregers fortsatte brovtende ned ad trappen.

"Gregers hører du, du har drukket for meget."

"Årh, hold kæft din dumme kælling." Han slog bagud med hånden, som om der sad noget væmmeligt stort på hans venstre skulder.

Ingrid var løbet en etage ned ad trappen, nu løb hun tilbage op i lejligheden og overvejede at ringe til politiet. Hun tog telefonen og gik hen til vinduet. Hans sølvfarvede Toyota holdt nede på gaden, han havde været heldig at få en plads lige ud for hendes opgang. Han var ikke nået ned endnu, men i det samme gik hoveddøren op, og Gregers kom ud. Han støttede sig til bilen, idet han gik rundt om den, for at åbne den. Hvis han nu kørte og kørte nogen ihjel? Skulle hun så også være medskyldig i det? Bilerne foran og bagved Gregers bil havde parkeret så tæt på, at han ville få svært ved at komme ud. Det ville give hende lidt tid. Måske kunne hun nå ned til Gerda, måske behøvede hun ikke at ringe til politiet, det virkede så voldsomt, og det ville skade så mange, hvis der kom en sag ud af det. Men hvis Gregers nu kørte, kunne det få fatale følger. Hun skulle til at trykke 112, men i det samme kiggede hun over på den anden side af vejen, og i lejligheden i huset over for så hun sin genbo, skribenten. Ham, hun altid bare havde vidst var der, men aldrig talt med. Hun vidste ikke en gang, hvad han hed. De kiggede på hinanden, så pegede hun ned på Gregers og rystede på hovedet. Han nikkede, og så forsvandt han.

Gregers havde sat sig ind i bilen og startet motoren med et brøl. Han havde sat bilen i bakgear, og Ingrid vidste, hvad der ville ske. Han ville mase bilen ud fra parkeringspladsen, så bilen foran og bagved ville få skader. Alarmerne ville gå i gang, der ville komme folk løbende til, og politiet ville blive tilkaldt. Men det skete ikke. I stedet så hun sin genbo gå roligt hen til Gregers bil. Åbne døren og bøje sig ind i den. Lidt efter slukkede motoren, og manden stod med nøglerne i hånden. Gregers kom ud af bilen, stille og roligt, og fulgte med manden hen ad gaden. De forsvandt lidt efter om hjørnet. Ingrid stod fuldstændig forstenet, hvad i alverden havde den mand gjort? Gregers var fuldt efter ham som en lille trofast hund.

Ingrid tog en frakke på og løb ned ad trappen. Hun stod i lang tid inden for trappens hoveddør og ventede, indtil hun så sin genbo komme gående tilbage.

"Hvad skete der?" spurgte hun.

Han smilte til hende. "Jeg puttede ham ind i en taxa."

"Men hvordan?"

"Jeg fortalte, at jeg er fra politiet, og hvis han ikke gjorde, som jeg sagde, røg han med på stationen til en blodprøve og en nat i detentionen."

"Er du da det, altså politibetjent?"

Han lo. "På en måde, jeg er en kedelig jurist i Justitsministeriet."

"Men du sidder altid og skriver."

"Jeg skriver fiktion. Det er min hobby."

"Kan man læse dine bøger?"

"Nej, der er ingen, der vil udgive dem. Måske en dag, så skal du få et eksemplar, som tak for din mangeårige inspiration."

"Har jeg inspireret dig?" spurgte hun overrasket.

"Ja, på en måde, når alt har været kaos, har din blotte tilstedeværelse fået tilstandene tilbage til smult vande, til status quo."

"Som i 'intet nyt under solen'?"

Han blev flov. "Lidt i den stil, men der er trygt og godt, og fiktive historier skal jo helst også indeholde noget godt og trygt."

"Tak for hjælpen," sagde hun og greb hans hænder, "og jeg hedder for resten Ingrid."

"Det ved jeg godt, Ingrid Hansen."

De skiltes foran hans dør. Hun fik ikke hans navn. 'Jeg vil kigge på nettet en dag', tænkte hun, 'og se hvad han hedder'.

16.

En sms vækkede hende klokken halv syv. 'Hej Ingrid, hvornår er det, vi skal være i lufthaven i morgen?'

'Hej Hanne, senest kl. 10.30. Lad os mødes på stationen kl. 9...? Knus, Ingrid'.

Ingrid havde lagt sit tøj til ferien frem. Det var nyvasket og nystrøget, og hun havde gjort meget ud af at lægge det pænt sammen, sådan som hendes far altid havde gjort det. Selvom det var lidt for tidligt, havde hun også pakket sin toilettaske. Hun vidste godt, at hun ville få brug for de fleste ting inden rejsen, men så vil hun bruge dem og pakke dem ned igen. Hun var blevet enig med sig selv i, at en let quiltet sporty jakke med bælte og hendes lyse Max Mara frakke ville være nok overtøj til ferien. Man kunne altid tage en lidt tyk bluse under frakken. Hun ville rejse i den quiltede jakke, og pakke Max Mara'en ned i kufferten, så den ikke blev nusset allerede på turen derned. Hun havde været på biblioteket og lånt bøger, og hun valgte en historisk kriminalroman af Candace Robb, 'Apotekerrosen'. Den lød lidt spændende. Hendes far elskede historiske krimier, og denne foregik i Yorkshire. Et område han også havde holdt af på grund af de danske vikingers indflydelse på området ved York eller Jorvik, som det hed dengang. Det var den sidste rejse, de havde taget sammen.

Det var fredag, og alle andre fredage før en ferie ville hun være mødt præcis på arbejdet. Hun ville have frøsnappere med, som hun og hr. Nielsen ville spise sammen med frisklavet kaffe, og hr. Nielsen ville hente en flaske gammel dansk og byde på et glas. 'Bare et enkelt', ville Ingrid sige, 'jeg har jo en masse at nå i dag'. Om eftermiddagen ville hun hente kager til dem fra konditoriet, og når arbejdsdagen var omme, ville hr. Nielsen komme ind på hendes kontor og ønske hende rigtig god ferie. Han ville diskret, han håbede altid, at hun ikke opdagede det, lægge en kuvert med et beløb i Euro eller det lands valuta, som hun skulle til, 'og så må du byde dine forældre på en god middag', ville han sige, 'og I må have en rigtig dejlig ferie, Ingrid'.

Hun sendte altid postkort til ham fra ferien, og når hun kom hjem, ville hun opleve, at han havde læst det og studeret stedet grundigt ud fra billedet på kortet, så han kunne stille relevante spørgsmål. Efter at nettet var kommet, vidste han til tider mere om det sted, hun havde været, end hun selv gjorde. Det ville de tale om, når de igen sad sammen ved frokostbordet på kontoret. Og hun købte altid lidt med hjem fra ferien, chokolade, specialiteter eller måske en flaske.

Nu var han væk, som hendes far var væk, der var ingen feriepenge til en god middag og ingen at skrive til, udover hendes mor, naturligvis.

På spisebordet lå nogle papirer, som hun som arbejdsløs og jobsøgende skulle udfylde. Sagsbehandleren ved skranken på Jobcentret havde været venlig og upersonlig. For hende var det hverdag, at der kom en person op, der havde mistet sit arbejde eller været arbejdsløs i en generation, men for Ingrid var det en ydmygelse og noget fuldstændig uvant.

'Har du været i det samme firma i 32 år', havde sagsbehandleren spurgt og kigget på Ingrid gennem sine smarte lilla briller. Det virkede, som om hun lige havde fået dem og endnu ikke helt havde vænnet sig til dem.

'Ja', havde Ingrid sagt, og følt sig lidt flov. 'Ja, det er måske ikke særlig innovativt, men vi havde det godt, hr. Nielsen og jeg'.

Sagsbehandleren, Dorrit, fandt Ingrid ud af, at hun hed, var kommet med en henkastet ligegyldig attitude.

Papirerne skulle underskrives og sendes ind eller afleveres. Det var lidt problematisk, at Ingrid bad om ferie nu i starten af sin arbejdsløshedsperiode. 'Kan du ikke aflyse den der ferie eller udsætte den' havde Dorrit sagt, og Ingrid havde følt, at jorden forsvandt under hende. 'Min Italienstur!?'

Dorrit var kommet med samme henkastede attitude.

'Den vil jeg meget gerne på'.

Dorrit måtte kunne se på Ingrid, hvor meget turen betød for hende, for hun havde sagt, 'nå, men så er det vigtigt, at du skynder dig at udfylde de her papirer, og jeg kan ikke love dig noget'.

'Nej, nej', havde Ingrid hvisket, hun havde følt, at den løkke, der netop var blevet lagt om halsen på hende, for en kort periode var blevet løsnet en lille bitte smule. Italiensturen måtte ikke gå i vasken, og hun kunne da heller ikke svigte Hanne.

Hr. Nielsens sønner ville nok finde ud af noget med Lønmodtagernes Garantifond, og hun skulle nok finde et andet arbejde. Der måtte da helt sikker være nogen, der kunne bruge en korrespondent, det måtte der da. Men når hun så tænkte lidt videre, var hun godt klar over, at de sprog, hun havde lært, havde hun ikke rigtig brugt i mange år, og hele hendes uddannelse måtte være håbløs forældet. Var der overhovedet nogen mere, der blev uddannet korrespondenter? Hun havde aldrig været på alle de smarte kurser, som blev tilbudt nu. Projektledelse, innovation lab – og mindfulness. Dorrit havde set det som et stort problem.

'Du har faktisk stået stille i en del år, har du ikke'. Havde hun mere konstateret end spurgt. Ingrid havde aldrig tænkt på sig selv på den måde. Men når det kom til stykket, havde Dorrit måske nok ret.

Nu ville hun ikke tænke på problemer med manglende løn eller manglende arbejde, hun ville forsøge at skubbe de triste tanker og spekulationer væk. Hun havde sin lille opsparing, og der måtte lidt friværdi i lejligheden. Der var selvfølgelig også hendes pensionsopsparing. Hun gøs, den håbede hun ikke, at hun skulle røre ved. Men hun måtte kunne realisere noget, hvis det blev rigtig skidt. Nu ville hun forsøge at glæde sig til Italiensturen. Hanne havde helt sikkert heller ikke brug for, at Ingrid sad og hang med næbbet. Hun var nødt til at tage sig sammen. Om ikke andet så for Hannes skyld.

Telefonen ringede. Det var hendes mor.

"Nå, er du ved at være rejseklar?" startede hun, men inden Ingrid kunne nå at svare, slog moderen over i bekymringerne om Ingrids fremtid. Hun havde hørt fra en dame i opgangen, at det var næsten umuligt at finde et nyt job, når man først havde været i det samme job i en årrække. Man er ligesom fastlåst i rutinerne, havde kvinden sagt. Ingrid kendte hende godt, det var fru Asmussen fra tredje sal. 'Hun har boet i huset, fra det blev bygget', havde Ingrids far altid sagt, og huset var fra 1850, så det var et stykke tid. Så meget for at være fastlåst i rutiner, tænkte Ingrid, men sagde det ikke til sin mor. Hun lod moderen tale samtidig med, at hun selv gik rundt lejligheden og vandede blomsterne og tørrede lidt støv af.

Gerda havde lovet at kigge efter lejligheden, mens hun var væk. 'Jeg har afbestilt avisen, så den behøver du ikke bekymre dig om', havde Ingrid sagt. Hun ville ikke fortælle Gerda, at hun havde sagt den helt fra, efter at have været trofast abonnine i 26 år. Nu var der ikke længere råd. 'Og blomsterne vander jeg godt, inden jeg tager af sted, så de skal måske blot have et supplement, jo Hawaiiblomsten, den er lidt tørstig, så den skal nok have et par gange. Men bare ignorer julekaktussen'.

'Ja, ja, mon ikke vi finder ud af det'. Gerda var altid meget nonchalant og tog altid alting meget roligt. Sidst hun havde set efter Ingrids lejlighed, havde hun druknet en gardenia, men erstattet den med en ny, godt nok en oleander, inden Ingrid kom hjem.

'Det skulle du da ikke have gjort Gerda'.

'Pjat!'

Ingrid ville købe en flaske grappa med hjem. Det vidste hun, at Gerda elskede.

Posten kom. Der var regninger og en lokalavis. Tænk nu, hvis jeg ikke længere kan betale mine regninger, tænkte hun, men forsøgte igen at skyde de dystre tanker fra sig. Når jeg kommer hjem, ser jeg på det. Vi ser på det.

Dagen sneglede sig af sted. Hun kiggede på sin liste gang på gang, de fleste punkter var krydset af, mens nogle var streget ud. Der var ikke behov for at købe ny badedragt, den gamle måtte med, og måske var det ikke engang varmt nok til solbadning. Hun kunne også leve uden den dyre ansigtscreme, eller måske finde en billigere i lufthavnen.

Om aftenen var kufferten pakket, det hele stod klart. Ingrid checkede sin liste flere gange, jo alt var, som det skulle være. Hun havde forsøgt at få fat på Hanne, men hun havde slukket sin telefon og svarede ikke på de sms'er, som Ingrid sendte. Ingrid skød det hen med, at Hanne måske ikke orkede at høre fra Lars.

"Jeg ringer nu og ønsker god tur, min skat, jeg er så bekymret for, hvordan det skal gå." Hendes mor var i telefonen lige efter nyhederne. "I morgen har du sikkert alt muligt andet at se til. Har du nu husket det hele?"

Ingrid ville ikke fortælle, at hun mere eller mindre sad klar oven på sin kuffert, parat til at tage af sted. Det virkede så barnligt, som om hun aldrig havde prøvet at rejse før, men når alt kom til alt, så var det vel også mere eller mindre første gang, hun skulle af sted på egen hånd. Selvom Hanne selvfølgelig skulle med.

Hun forsøgte at holde sig vågen til efter klokken elleve. Hvis hun gik i seng for tidligt, ville hun nok falde i søvn, men så vågne ud på natten og få nogle søvnløse timer og måske sove over sig. Det vovede hun ikke. Men hun var vågen flere gange i løbet af natten og lå og vendte og drejede sig. Hun spekulerede på Hanne, på sit manglende arbejde, ville hendes mor kunne klare sig alene? Og stakkels Gregers, som hun ikke havde hørt fra. Ikke engang da han havde hentet bilen dagen efter, han havde besøgt hende. Så mange spekulationer, der blev uoverskuelige om natten. Hvorfor voksede problemerne altid i mørke?

Klokken fem minutter i seks gik clockradioen i gang med 'Champagnegaloppen' for fuld drøn. Ingrid var, i skræk over at komme til at sove for længe, kommet til at skrue radioen alt for højt op. Hun havde en øm fornemmelse i hovedet, ikke egentlig hovedpine og slet ikke migræne, men en urolig ulmende fornemmelse, der kunne føre til hvad som helst. Hun stod op, tog et bad, en kop kaffe og en ristet bolle. Det tøj, hun i tankerne for længst havde bestemt sig til at rejse i, hang på en bøjle. Sorte Brax slacks, en skjortebluse i lyseblå, der matchede hendes øjne, en lille ulden musegrå cardigan og en sporty sort quiltet jakke med bælte. På gulvet neden under tøjet stod hendes gode sorte Bruno Magli ruskindsstøvler med en lille hæl. Hun havde bestem sig for, at rejse afslappet, men raffineret. Smykkerne måtte ikke være prangende, hun nøjedes med sit ur, et Omega guldur, en gave fra hendes forældre, som de havde købt sammen, da de var i Schweiz på hendes fyrre års fødselsdag, og en enkelt ring med en safir og to bitte små diamanter. Hun havde pakket lidt bijouteri i sin håndtaske, ikke noget særlig dyrt, men et par ringe og et sølvarmbånd, som hun godt kunne lide, og som ville passe til den nye dueblå pæne jakke, hun havde købt for nyligt. Håret samlede hun, som sædvanlig, i en stram hestehale i nakken.

Køleskabet og fryseboksen var tømt og afrimet. Det havde hun gjort et par dage før, og nu kunne hun slukke det, så det ikke brugte strøm, mens hun var væk. Mens hun gik rundt i lejligheden og sikrede sig, at alt var slukket, vinduerne lukkede og haspet, ringede dørtelefonen.

”Ja?”

”Ingrid, det er Mor.”

’Åh, nej’, tænkte hun, ’hvad nu?’

Det tog en evighed for moderen at komme op til hendes sal, og Ingrid gik moderen i møde, og mødte hende halvvejs. Moderen smilte tappert, hun var fast besluttet på et eller andet, kunne Ingrid se. Hvad nu?

”Er der noget galt?”

”Nej, nej, min skat, godt at jeg nåede dig, jeg bliver kun et kort øjeblik, jeg vil ikke forstyrre.”

Ingrid hjalp sin mor op ad trappen til tredje sal. I det samme, de trådte ind i entreen, åbnede moderen sin håndtaske, som hun altid klamrede sig til, for man kunne aldrig vide. Hun trak et etui op ad den og rakte det til Ingrid.

”Tillykke min skat, det er fra Far og mig.”

Ingrid kendte det etui. Hun havde været med sin far ude og købe gaven til moderen til forældrene sølvbryllup.

”Mor! Det må du ikke, det var fars gave til dig.”

”Ja, og nu er det vores gave til dig. Åben og lad mig se, hvor smuk du er.”

Ingrid åbnede det sorte læderetui. Navnet på juveleren var præget i guld på det. På det smukke etuis tykke blå silkefor lå en perlekæde med perfekte elfenbenshvide perler og en rund guldlås.

”Det er til dig, tillykke med fødselsdagen. Du må selv lukke låsen, mine fingre driller mig.”

Ingrid gik hen foran spejlet og tog perlekæden på.

”Er du helt sikker mor? Det er alt for galt, den er så smuk.”

”Ja, og nu er den din. Du skal tage den på og gå med den. Hvis ikke du går med den, mister den glansen. Den skal have kropsvarme.”

”Og kærlighed, fór det ud af Ingrid.”

Moderen smilte. "Halvtreds år, tænk engang," sagde hun, "det får én til at føle sig så gammel, at man har en datter på et halvt århundrede."

"Tusind tak, mor, det er alt for galt."

De lo, og Ingrid omfavnede sin mor, der som altid, når Ingrid havde givet hende et knus, stivnede en lille bitte smule.

"Jeg er helt klar," sagde Ingrid, "lad os følges ad."

Efter endnu engang at have checket at alt var, som det skulle være, låste Ingrid døren med lås og sikkerhedslås, og de fulgtes ned og stoppede på Gerdas etage. Gerda var ude, men Ingrid smed et brev ind til hende med nøglerne og et 'tak for hjælpen'.

Uden for gadedøren, sagde moderen, "Jeg siger farvel her, min skat, skynd du dig nu ned til stationen og hils Hanne. Rigtig god ferie, du skal ikke tænke på mig. Jeg skal nok klare mig."

Ingrid så det bekymrede udtryk i sin mors ansigt. Så gav hun hendes endnu et knus og hastede af sted med sin kuffert på hjul og sin taske, der praktisk nok kunne tages på ryggen som en lille rygsæk. Hun var i god tid. Klokken var kvart i ni, og stationen lå lige rundt om hjørnet.

Der var ikke så mange mennesker på perronen. Det var lørdag morgen, og der var ikke myldretidstravlt som på en hverdag. Hanne var ikke kommet endnu. Ingrid stillede sig, så hun let kunne overskue hele perronen og se Hanne, når hun dukkede op. For en sikkerheds skyld sendte hun en sms. 'Så står jeg på stationen lige ved kiosken, vi har god tid'. Det sidste skrev hun for ikke at stresse. Hanne kunne let blive en smule irritabel, hvis hun blev stresset.

"Hej Ingrid!"

Hun vendte sig glad omkring, Hanne måtte være kommet fra den anden trappe. Men det var Gerda, der kom ilende hen ad perronen.

"Jeg ville sige rigtig farvel til dig og god ferie. Jeg mødte din mor, som sagde, at du nok stadigvæk var her."

"Det er vel nok pænt af dig, Gerda."

"Ja, og så har jeg også lige den her lille afskeds- og fødselsdagsgave til dig." Gerda gav hende en kuvert. "Du kan bare åbne den, når du sidder i toget."

"Jamen, jeg har god tid, må jeg ikke åbne den nu."

"Jo, selvfølgelig."

De satte sig på en bænk, og Ingrid åbnede kuverten. Den indeholdt et avisudklip om Como og 50 Euro. 'Køb noget hyggeligt en dag til dig og Hanne, måske en kaffe og en Grappa', havde Gerda skrevet på et gocard.

"Grappa, din favorit." Ingrid smilede.

"Ja, og mandelkager."

"Tusind tak, Gerda, det er alt for galt."

"Vel af det ej, jeg følger jer i tankerne. Lev nu livet Ingrid, mens du har det." Gerda lo og gav hende et knus. "Jeg smutter nu, kom nu ikke for sent."

Klokken var ni, og Hanne var ikke kommet endnu. Det ville tage ca. en halv time at komme til lufthavnen. Ingrid begyndte at blive nervøs. Der var god tid, men alligevel. Et af hendes gentagne mareridt var at komme for sent til et fly. Hun ringede til Hanne, og håbede ikke, at veninde ville blive irritabel. Men det eneste, hun fik, var Hannes telefonsvarer. 'Hej du har ringet til Lars og Hanne, vi kan ikke besvare dit opkald, men læg en besked efter klartonen'. Ingrid afbrød og ringede i stedet for til Hannes fastnetnummer, for sæt nu veninden havde sovet over sig. Det var den samme besked på fastnettelefonens svarer, men her var sønnernes navne også nævnt, selvom de begge var flyttet hjemmefra for længst.

Jeg giver hende 10 minutter mere, så må jeg tage ud og checke os ind, tænkte Ingrid, men hun er nok lige på trapperne. Der gik 10 minutter. Ingrid følte sig mere og mere nervøs, men forsøgte at slå det hen. Hun sendte et par sms'er. 'Hvor er du? Vi har stadigvæk god tid', og 'Jeg står på stationen'. Så ringede hun igen, først på mobilen og siden på fastnettelefonen. Der var stadigvæk svarere på.

Til sidst steg hun på toget. Hanne var måske allerede i lufthavnen. Det kunne jo for resten godt være, at hun allerede var derude. Ingrid følte sig en smule lettet. Jo selvfølgelig, hun var nok allerede derude.

Toget sneglede sig af sted. På hovedbanen skulle Ingrid skifte tog. Hun var glad for, at hendes kuffert ikke var alt for tung. Folk hastede forbi, en mand gav hende et skub og vendte sig efterfølgende om og kiggede vredt på hende. "Undskyld," sagde hun befippet. I Metroen forsøgte hun igen at ringe til Hanne, og endelig langt om længe blev røget taget på telefonen derhjemme. Ingrid stivnede først, men åndede lettet op, da hun hørte Markus, den yngste af Hannes sønners trætte stemme.

"Hallo?"

"Hej Markus, det er Ingrid, er din mor taget af sted?"

Han hostede, "Hva'?"

"Er din mor taget af sted?"

Der var stille, inden Markus svarede. "Øh, ja."

"Nå, puha, det var godt, jeg var ved at blive helt nervøs. Er hun taget direkte i lufthavnen?"

Der var igen en lang pause. "Hva'?"

Er det ham, der læser til ingeniør eller ham med IT? fór det gennem hovedet på Ingrid. Hun kunne høre, at han kløede sig i håret.

"Jamen, hun tog af sted i går," sagde han så.

Der var en lang pause, Ingrid følte det sortne for øjnene. "I går…?"

"Ja, hun tog toget i går."

"Hvad?" Nu var det Ingrid, der ingenting forstod.

"Ja, ud til far, ud til sommerhuset i Bjerge Strand."

Ingrid følte, at al luften blev slået ud af hende. Hun afbrød telefonen og sad og stirrede frem for sig. Det kunne ikke passe. Hanne ville da ikke svigte. Eller ville hun? Ingrid følte tårerne presse på, men hun ville ikke græde. Det kunne Hanne da ikke gøre. Hun var måske bare taget til Bjerge Strand for at hente noget, måske havde Lars hendes pas, og så ville hun komme ud til lufthavnen og møde Ingrid. Hun havde nok bare ikke turde fortælle Ingrid, at hun ikke havde passet. Det måtte være sådan, det hang sammen. Ja, det måtte være sådan, det hang sammen. Ingrid sad og knugede telefonen ind til sig. Da den pludselig ringede og vibrerede, følte hun det, som om den gav hende et elektrisk stød. Hun kiggede på displayet, 'Hanne ringer' stod der.

"Åh gudskelov Hanne," sagde hun, "du gjorde du mig så nervøs."

"Hvad mener du?" Hanne lød fjendsk.

"Ja, jeg har lige talt med Markus, og han…"

"Ja, jeg ved godt, at du har talt med Markus," sagde Hanne vredt, "han ringede til mig og var noget forvirret over din opførsel."

"Men…?"

"Kan du ikke for en gang skyld unde mig lidt lykke. Lars og jeg er sammen igen, er det dig så meget imod?"

Ingrid sad stum. "Men…" forsøgte hun igen.

"Jeg tror faktisk, at du har det bedst, når jeg er nede. Har det ikke altid været sådan. Dengang Lise døde, kom du hele tiden rendende, og nu håbede du på, at Lars og jeg skulle skilles, ikke? Så kunne du være noget så sød, når jeg nu var nede igen."

"Jamen, Hanne..."

"Jeg kender dig nok bare alt for godt," Hannes stemme var ved at blive skinger.

"Men Hanne, vores Italienstur."

"Årh, til helvede med den tur," vrissede Hanne, "tror du ikke, at min familie er vigtigere for mig end din fjollede Italienstur?"

Ingrid kunne høre Lars i baggrunden. "Glem hende," sagde han, "kom nu Hanne."

Telefonen blev afbrudt. Ingrid sad længe og stirrede på den, så kiggede hun ned på sin kuffert, som stod for fødderne af hende. 'Samsonite' stod der på den, det var familiens foretrukne mærke, de havde alle sammen 'Samsonite kufferter' i hendes familie. Hendes far havde med sirlig håndskrift skrevet hendes navn og adresse på kuffertmærket. Og hun kiggede på sin lille Bon Gout rygsæk med billetterne og passet. Visakortet og Euro havde hun som altid i et pengebælte om livet. Hendes hjerte hamrede, og hun havde kvalme. Skulle hun vende om? Skulle hun stige af på næste station og vente på toget hjem igen? Hun kunne mærke tårerne presse på, så det sved i øjnene. Skulle hun give op nu, tage tilbage? Tilbage til hvad? Arbejdsløshed, forstemmelse, hendes mors klagesang. Hvad havde hun egentlig at tage tilbage til? Hun havde sin lejlighed, men hvor længe? Og hun havde selvfølgelig sin mor. Hun havde sine venner. Men hvem var hendes venner egentlig? Hanne? Hun havde jo Gerda, men hvad ville Gerda sige, hvis hun gav op? Hvad var det Gerda havde sagt? 'Uanset hvad, Ingrid, så lov mig, at du tager af sted'. Og nu ville hun give op efter ikke engang en time på egne ben. Nej hun ville ikke give op, hun ville i hvert fald tage i lufthavnen. Måske var der en masse rare mennesker, som skulle til Como med samme selskab, 'Italiensdrømme'. Det skulle måske nok gå alt sammen... alligevel.

Ingrid tog solbriller på, hun ville ikke have, at nogen skulle kunne se hendes røde øjne. Hun kiggede ud ad vinduet og bed tænderne hårdt sammen, og selvom toget ofte kørte igennem mørke tunneller, flyttede hun ikke blikket. Hun ville tage i lufthavnen og så tage den derfra, som man sagde. Hun nynnende en melodi inde i hovedet. Der var ingen, der kunne høre den, kun hun. 'Pigen med hørhåret' af Debussy. Igen og igen nynnede hun den lille melodi.

De nåede lufthavsstationen, og på perronen emmede det allerede af den internationale stemning, som Ingrid og hendes far altid havde holdt af, når de havde stået spændte og forventningsfulde før en rejse. Ingrid og hendes far. Moderen måtte de altid forsøge at muntre op og fortælle, at den her tur simpelthen blev alle tiders. Når de efter en rejse så igen stod i lufthavnens terminal, var det altid med hovederne og kufferterne fulde af gode minder. Og kameraerne fulde af billeder, som de før digitaliseringen skulle have fremkaldt. Og igen spændingen, når billederne var klar, og de kunne sidde og genopfriske minder fra turene. Ingrid og hendes far med fokus på alt det gode fra turen, moderen på det, der var gået galt, eller næsten gået galt.

Nu stod hun der med sin kuffert og sin lille rygsæk knuget ind til sig og følte sig meget alene og meget fortabt. Hun fulgte strømmen af rejseglade mennesker op ad rulletrappen, og befandt sig i afgangsterminalen. Hun kiggede efter et skilt over bagageafleveringsterminalerne med 'Italiensdrømme', men fandt ingen skilte. Hun gik op og ned langs køerne med folk, der stod og ventede på at sende deres kufferter af sted til de mange destinationer. Der var ingen med det ønskede bureaunavn. Til sidst gik hun hen til en skranke, hvor der stod 'Information', og en lyshåret og meget solbrændt kvinde mødte hende med en perlerække af smukke hvide tænder.

"Ja," sagde hun, hvad kan jeg hjælpe dig med?" Kvinden havde en overraskende hæs røst.

"Åh, ja," Ingrid kom i tanke om solbrillerne og tog dem af, hun håbede at hendes øje og næsetip ikke længere var røde. "Ja, jeg skal til Como i Italien, og jeg kan ikke finde rejsebureauet, jeg skal med."

"Hvad hedder bureauet?" spurgte den venlige kvinde, og med samme tonefald kunne hun lige så godt have spurgt, 'og hvad hedder du så min lille ven?'

"Italiensdrømme," hviskede Ingrid.

"Åh," kvinden kiggede på sin skærm. "Ja, altså…," der var en pause. "Har du ikke fået besked?"

"Øh, nej…?"

"Det skulle du ellers have fået, har du ikke checket mails?"

"Jeg har ikke kunnet komme på nettet," sagde Ingrid.

"Jo, altså firmaet 'Italiensdrømme' er gået konkurs, lukket, så jeg er bange for, at du ikke kan komme af sted. Men du kan søge Rejsegarantifondet om erstatning, så du ikke mister alle dine penge. Det kan jeg vise dig, hvordan du gør."

Ingrid stirrede på kvinden. Hun havde perler i ørerne, perler næsten magen til dem, der hang om Ingrids hals. Perlekæden fra Far og Mor. Ingrid tog sin kuffert, vendte sig og gik.

"Skal jeg ikke hjælpe dig?" hørte hun kvinden råbe bag sig, men hun gik bare, nu ville hun hjem, nu var der ikke mere at gøre for hende her. Hvor var nedgangen til stationen? Der var mennesker overalt, larm og forvirring, en masse skilte med en masse information. Det hele summede omkring hende og i hendes hoved.

'Café' stod der på et skilt, hun kunne tage en kop kaffe og overveje sin situation, men hvad var der egentlig at overveje? Hun trillede sin kuffert væk fra menneskemylderet og satte sig på den. Hvad var der egentlig at overveje? Hun tog solbrillerne på igen, og hun kunne mærke tårerne trille. Hun gav dem lov. Hun kunne høre en sms tikke ind på telefonen. Måske var det Hanne, måske ville hun i det mindste komme i lufthavnen og hjælpe Ingrid. Hun fandt telefonen i lommen, men tårerne og hendes manglende læsebriller forhindrede hende i at se, hvad der stod. Hun tørrede øjnene og holdt telefonen ud fra kroppen og forsøgte at læse beskeden. Den var fra Allan. 'Hejsan I hvad siger du til kinøjsermad i aften og en Vanmadammen film? Kan hente dig på station ved 7eren?? A' og en smiley.

Ingrid stirrede på beskeden. Jo, der var selvfølgelig Allan, ham havde hun næsten glemt. Allan og kinesisk frituremad og en dårlig actionfilm på hans 70'er mønstrede sofa i hans lejlighed i Ballerup, der lugtede af stegte løg. Og på mandag kunne hun gå i Jobcentret igen og sige, at hun alligevel ikke tog på ferie, men var klar til ansøgningskurset; 'Ledig på arbejdsmarkedet', og nu kunne Dorit gøre ved hende, hvad hun ville. Ingrid var klar. Come hell or high water.

Hun sad i lang tid og kiggede på telefonen, mens hun forsøgte at få hjertet tilbage i normal rytme og overvejede, hvad hun skulle svare. 'Hej A, ja, tak det lyder hyggeligt, det vil jeg gerne. Kh Ingrid'. Så kiggede hun op, på skiltet med 'Café' og videre hen langs forskellige skilte med navne på flyselskaber. Hendes øjne faldt på et skilt, hvor der stod 'Alitalia'. De havde engang, for mange år siden, rejst med Alitalia til Rom. Det havde været et godt selskab, havde hendes mor sagt, med en god service - og propert.

Hun puttede telefonen i lommen, rejste sig, tog sin kuffert og gik hen til skranken.

"Jeg skal til Como søen," sagde hun til en ung mand med meget mørkt hår, en kridhvid skjorte og et slips i selskabets farver.

"Javel," sagde han, "og hvornår skulle det så være?"

"Nu, lige nu med det samme – inden jeg fortryder."

femten minutter efter stod hun med en returbillet til Milano.

"Check ind nu og flyafgang om en time, så du skal skynde dig," sagde den unge mand med det rød-grønne slips. Han havde booket returrejsen til om en uge og sendt hendes kuffert i forvejen.

Nu var der ingen vej uden om. Ingrid følte, at hun skulle kaste op.

"Op ad rulletrappen og videre gennem diverse checkpoints og så ud til gate 24. Hurtig!" sagde han med et stort smil.

Hun havde betalt med sit Visakort, og tænkt på, hvornår banken ville lukke det. Manden, der hed Antonio og havde dansk mor og en italiensk far, var så flink at følge hende hen til rulletrappen og pege i hvilken retning, hun skulle gå.

"I Milano spørger du efter videre transport til Lago di Como," sagde han, "der går tog og busser, og derfra må du tage en taxi videre til hotellet, hvor du skal bo."

"Albergo Paradiso," hviskede hun, tør i munden, og hun kunne ikke sige så meget udover, "Mange tak, Antonio."

"Kan du klare det?" Han kiggede på hende som en psykiater på sin patient.

"Ja..."

"Held og lykke," råbte han efter hende, da hun langsomt kørte op ad rulletrappen knugende sin rygsæk ind til sig. Han holdt tommelfingrene op ad, og da hun nåede op for enden af trappen, råbte han noget efter hende, som hun ikke kunne høre.

"Hvad siger du?"

"Du møder prinsen på den hvide hest dernede, det gjorde min mor, så bare vent." Han smilte bredt, og hun kunne ikke lade være med at gengælde hans smil.

'Måske vil jeg helst bare nøjes med hesten, nøjedes hun med at tænke.

Ingrid følte, at hun fløj på et lille tæppe. Hendes ben lystrede hende, men hun vidste ikke, hvordan hun fik dem til det. Hun gik med strømmen og drejede af ved Gate 24. De var i gang med last call, og hun var én af de sidste, der steg ombord. Flyet var langt fra fyldt, og Antonio havde sørget for en god plads ved vinduet og ingen ved siden af hende. Hun gled taknemlig ned på sædet, spændte sikkerhedsselen og blev ved med at knuge sin rygsæk ind til sig. Jakken havde hun stadigvæk på.

"Jeg må bede dig om at sætte din taske ned på gulvet og skubbe den ind under sædet foran."

En stewardesse bøjede sig smilende over hende.

"Og vil du ikke have din jakke af? Jeg kan lægge den op i bagagerummet for dig."

Ingrid nikkede, spændte sikkerhedsselen op igen og tog lydigt sin jakke af. I løbet af kort tid kørte flyet ud på startbanen og efter få minutter var de i luften. Ingrid mærkede suget, da flyet accelererede og huskede sin barndoms begejstring for flyvning. Suget i maven, forventningen og glæden. Hun lukkede øjnene og smilede. I et kort sekund følte hun, at hendes far tog hendes hånd, og hun mærkede en længe ventet ro sænke sig over hende. Hun var på vej, hun vidste ikke helt hvorhen, men hun skulle nok klare det. Det skulle hun nok... det håbede hun.

17.

Malpensa-lufthavnen udenfor Milano bar præg af kaos. Bagagebåndet var brudt sammen, og mens teknikerne arbejdede på at få det til at fungere igen, løb mænd i kedeldragter rundt og brugte mere tid på at råbe ad hinanden end på at bære kufferter. En servicemedarbejder forsøgte at sende de rejsende hen mod de områder, hvor de kunne håbe på, at deres kuffert blev afleveret. Der stod en masse mennesker, og stemningen var hidsig. Der kom små vogne kørende med bagage, men så vidt Ingrid kunne se, var der ingen kufferter med, fra flyet fra København. Hun kunne se flere af passagererne, der havde været med samme fly som hun, men alle virkede rejsevante og ingen talte sammen. Nogle havde slået sig ned med deres iPods, andre stod og talte i mobiltelefon. Ingrid ventede og skuede koncentreret efter sin sorte Samsonitekuffert. Hun vidste, at hun når eller snarere hvis, hun fik sin kuffert, ville blive kastet ud i noget fuldstændig uforudsigeligt. Hvordan i alverden fandt hun nogensinde frem til 'Albergo Paradiso' ved Comosøen? Der holdt ingen minibus skiltet med 'Rejsedrømme' udenfor lufthavnsterminalen, og der var ingen venligt smilende guide, som Ulla, til at tage imod hende og følge med hende og alle de andre forventningsfulde gæster til hotellet, og hendes værelse med udsigt mod søen, eget bad og en uges halvpension. Der var ingen, ingen overhovedet, der ventede på hende. Ingrid var så alene i verden, som hun nogensinde før havde været. Hvis hendes mor hørte, hvad hendes datter var i gang med, ville hun lade sig akutindlægge med alle tænkelige dårligdomme.

Hun kom i tanke om Allan og hans venlige invitation. Nu kunne hun ikke andet end at takke nej. Der var lige kommet et nyt vognlæs kufferter, som var smidt i en stor bunke, men ingen af medpassagererne fra Ingrids fly rørte sig, hvilket var en tydelig indikator på, at Ingrids kuffert næppe heller var imellem. Hun måtte bare vente. Hun åbnede sin telefon, der var ingen nye beskeder, måske havde han opgivet hende, men hun svarede, at hun jo var i Italien og derfor desværre ikke kunne komme til Ballerup. Hun havde knapt nok fået sendt beskeden, før der kom et svar fra Allan, 'nederen', skrev han bare. Hun puttede telefonen i sin brystlomme.

Der kom flere kufferter på ladet af små vogne, og chaufføren råbte noget på italiensk, som fik en mand, hun med sikkerhed vidste, havde været med i hendes fly, til at reagere. Han kastede sig ind i en gruppe mennesker, der allerede var i gang med at rode bagagen igennem. Pludselig så hun sin kuffert i hånden på en kvinde, der højlydt gestikulerede med en jævnaldrende mand. Parret talte italiensk og var åbenbart ikke helt enige. Ingrid masede sig igennem menneskemylderet, hvor alle kæmpede mod alle for at få den rigtige kuffert.

"Excuse me," sagde Ingrid, "I think it's my suit case."

Kvinden, en midaldrende bedaget skønhed med en meget tydelig grå midterstribe i det ellers begsorte lakerede hår, gav hende en hårdt slag på skulderen.

"No!" sagde hun bestemt og slog med nakken.

Ingrid kunne tydeligt se kuffertmærket med hendes fars skrift, 'Ingrid Hansen – Denmark' på, og hun pegede på mærket, "See!"

Men kvinden var af en anden opfattelse, "NO me," sagde hun bestemt og snurrede rundt, så Ingrid ikke kunne nå at få fingre i kufferten. Et kort øjeblik overvejede Ingrid, hvad hun skulle gøre. Skulle hun råbe på hjælp – og ville et nødråb overhovedet hjælpe, her i den sydende stemning, hvor alle kæmpede mod hinanden?

Pludselig stod manden, kvinden var sammen med, med en kuffert noget ældre end Ingrids, men på en meget mørk aften kunne man måske godt forveksle de to kufferter.

"Miranda!," råbte han og pegede på kufferten, han stod med. Hun råbte noget tilbage, smed Ingrids kuffert fra sig og gik med hårde skuldre bort fra krigszonen. Ingrid greb lettet sin kuffert, inden andre skulle få den ide, at den var deres, og skyndte sig at trille den langt væk fra kaos og de kæmpende folkemasser.

Der var kø ved informationsskranken, men langt om længe kom Ingrid til. "I am going to Varenna at Lake Como, is there a train I can take?"

Kvinden bag skranken så ud, som om hun aldrig havde hørt ordet Como før. Hun gentog hovedrystende ordet flere gange, "AH, Como," sagde hun så og udtalte c'et mere som et g end et k.

"Si," sagde Ingrid lettet, første hurdle, kvinden kendte ordet Como.

"No, no, no," sagde hun så, og modet sank i livet på Ingrid.

"No train?"

"Si. Si si." Der kom en mand til, som kvinden havde tilkaldt med et "Romeo!" og de talte sammen i længere tid. Køen bag Ingrid begyndte at blive utålmodig, og en yngre fyr, der ellers havde siddet i baglokalet med en espresso og en e-cigaret, måtte stoppe sin pause og gå frem og servicere.

Kvinden og Romeo var ikke tvivl om, hvordan Ingrid bedst kom til Lecco ved Como søen, for der gik togene til, men hvordan hun kom videre derfra til Varenna, havde de ingen anelse om.

"Train, train," sagde kvinden og pegede op på et stort skilt med 'Stazione' og pile, der pegede ned ad et større system af rulletrapper. "You ask there," sagde hun så og udtalte igen navnet Lecco og Lago di Como. "See," hun skrev navnet på byen på en seddel, "go and ask trainman."

Ingrid greb sedlen og kvindens hånd. "Thank you, thank you," gispede hun.

"Goode lucke," sagde kvinden medfølende, som om Ingrid var på vej ud for at finde sine sidste slægtninge efter en større naturkatastrofe.

Ingrid greb fat i håndtaget på kufferten og gik hen mod rulletrapperne. Hun kunne ane, at det regnede uden for. Folk, som kom udefra blev stående i terminalens døråbninger, mens de slog paraplyer ned og rettede på håret, og folk, der skulle udenfor, blev stående og kiggede ud med rynkede næser. På deres beklædning kunne hun også fornemme, at det var koldt, alle var pakket godt ind. Modet sank i livet på hende, hun havde sådan håbet, at hun skulle møde foråret efter de mange kolde måneder derhjemme.

På togstationen gik hun igen hen til 'Informazione' og en lidt studs ældre herre med et fedtet hentehår var venlig at hjælpe hende med at trække en billet. Hun skulle først tage toget til 'Stazione Centrale' og derfra skifte og tage et tog videre til Lecco og derfra til Varenna, hvis der altså gik et tog. Det sortnede for øjnene af Ingrid.

Hun satte sin kuffert på bagagehylderne og fandt en plads tæt på, så hun kunne holde øje med bagagen. Klokken var halv fire, og det var så småt ved at blive mørkt. Det stormede og øsede ned, men inde i toget var der da heldigvis lunt. Hun havde frosset i sit tynde forårstøj, hvor var hun dog dum, at hun ikke havde taget mere tøj med, det var jo trods alt kun marts. Hun var sulten. Det sidste, hun havde spist, var den ristede bolle med smør derhjemme, og det var snart mange timer siden.

Toget satte i gang. Det havde været et helvede på centralstationen, hvor hun langt om længe havde fundet toget til Lecco. Nu kunne hun sidde i toget Lecco, indtil hun skulle skifte til et andet tog og køre nogle få stationer til Varenna. I Varenna måtte hun forsøge at finde Albergo Paradiso. Hun anede ikke, hvor hotellet lå, udover at det lå ved søen. Men hun var på vej, og hun skulle nok nå sit mål. I morgen ville hun sidde i det lille hotels restaurant og spise morgenmad. Måske ville vejret være godt, og hun ville have ferie. Hun ville nyde denne ferie, uanset hvad.

Der kom en kvinde forbi med en vogn med kaffe og te, magasiner og slikposer i spraglede farver og forskellige kager og sandwiches pakket ind i cellofan. Ingrid greb ud efter kvinden, som om hun ville holde hende tilbage med magt. "Coffee and sandwich," sagde hun og fornemmede en glubskhed i sin stemme. Kvinden kiggede forskrækket på hende, men skænkede hende en kop kaffe i et papbæger, "Latte?"

Ingrid nikkede, "si si," sagde hun, og fik et lille bæger med noget langtidsholdbart hvidt noget i og en påtrykt glad ko. Togstewardessen stak hende en lidt tør sandwich med tomat og mozzarella, og aldrig nogen sinde før havde en sandwich og en kop tynd, men skoldhed kaffe med kondenseret mælk smagt hende så godt. Hun proppede maden i sig, og opdagede, at en lille dreng, der sad overfor hende med sin mor, kiggede imponeret på hende.

"Faim," sagde hun til ham på fransk og slog sig let på maven, "J'ai faim."

Kvinden smilte til hende og hviskede noget til drengen. Han nikkede, og sendte Ingrid et stort tandløst grin.

Toilettet, hvor mon det var? Ingrid turde ikke forlade sin plads, sæt nu nogen stjal hendes kuffert. Men hvad skulle hun gøre? Hendes hjerte begyndte at hamre igen. Hun kiggede på kvinden med drengen og pegede hen på sin kuffert. "Please," sagde hun så spørgende på dem. Kvinden nikkede, hun forstod. Ingrid mødte en togkontrollør, og inden hun nåede at spørge, pegede han længere ned ad gangen på en dør og et skilt med WC. Hun skyndte sig derind, og opdagede til sin glæde, at der var overraskende rent. Tilbage i sit sæde, smilte hun til kvinden og drengen og sagde "grazie."

Drengen hviskede noget til moderen og moderen spurgte; "where you from?"

"Denmark." Ingrid smilte akavet.

Kvinden så uforstående ud.

"Danimarca?" prøvede Ingrid.

"Ah," sagde kvinden og smilte, "Stockholm."

Det var nok for svært at forklare, men Ingrid gjorde alligevel et forsøg, "No, no, Copenhagen."

Kvinden tænkte sig om, så sagde hun, "Ah, Frank Arnesen. Si, si, si." Hun sagde noget til drengen, som strålede.

Ingrid kom til at tænke på sin mor. Hun havde jo lovet at ringe, straks de ankom til hotellet. Ifølge den oprindelige plan skulle de have været der for længst. Moderen ville være nervøs nu. Samtidig var Ingrid sikker på, at hvis hun ringede nu, og fortalte hele historien, og at hun alligevel var taget af sted, ville hendes mor blive endnu mere nervøs. Hvad skulle hun gøre? Gerda, selvfølgelig. Hun sendte Gerda en sms. 'Hej Gerda, Alt vel, men planerne med transporten er ændret en smule, vil du ringe til min mor og sige, at alt er vel, og at vi har det godt. Jeg ringer til hende i morgen. Tusind tak' Så skrev hun sin mors telefonnummer og 'et stort knus fra Ingrid i Italien'. Der gik en halv time, så bippede der en sms ind. 'Mor hilser, alt godt her, kærlig hilsen Gerda'. Gudskelov så var det problem da løst.

Det var mørkt udenfor nu, regnen var ikke stilnet af, snarere tværtimod, og på stationerne kunne hun se folk søge læ for en tiltagende blæst. De havde forladt Milano og Milanos forstæder og Ingrid fornemmede på de mørklagte områder, de kørte igennem, at de var ude på landet nu. Kvinden og drengen stod af, og den lille dreng bukkede dybt for Ingrid. Han må tro, at jeg er Frank Arnesens mor, tænkte hun, men drengen kunne naturligvis også bare være velopdragen.

Ingrid blev siddende på sin plads, ifølge den ruteplan, hun havde fået udleveret sammen med sin billet, skulle hun først være i Lecco om en halv time. Hun kunne naturligvis tage en bog frem fra kufferten og sidde og læse, men hun følte sig alt for anspændt. Sæt nu hun kørte forbi den station, hun skulle af på. Der var stadigvæk en del mennesker i toget, og nu var der en midaldrende mand, der havde sat sig overfor hende. Han sad og stirrede på hende, og det brød hun sig ikke om. Hun kiggede ud ad vinduet, men i vinduets spejlbillede kunne hun se ham. Hun vendte på et tidspunkt ansigtet imod ham og stirrede igen, og det fik ham blot til at sukke let, nikke til hende og fortsætte sin stirren. Hans ben blev ved med at støde imod hendes, og hun var glad for, at hun havde taget slacks på. Længe inden toget ankom til Lecco, havde hun rejst sig og stod parat med sin kuffert.

En isnende kold vind slog imod hende, da dørene åbnede sig. Hun stod på perronen og kiggede sig fortabt om efter perronernes numre, og en tavle med de næste toge. Hun skulle over på en anden perron, og det tog, hun skulle med, var ifølge tavlen femten minutter forsinket. Der ville gå mindst en time, inden det ankom.

Ingrid var sulten, men hun turde ikke forsøge at finde et sted at få noget at spise. Sæt nu der skete noget, og hun ikke nåede sit tog. Hun satte sig på en bænk, på den perron, hvor toget til Varenna skulle ankomme. Lyset var sparsomt, og hun turde ikke forsøge at finde en bog i kufferten for lidt adspredelse. Sæt nu toget kom, og hun ikke nåede at få bogen tilbage i kufferten eller hun glemte sine briller.... eller hun tabte dem. Hun var så fordybet i alle sine skræk scenarier, at hun fik et chok, da hendes mobiltelefon pludselig ringede. 'Mor' stod der på displayet. Hun stirrede på telefonen så længe, at den gik over på telefonsvareren. Moderen måtte have afbrudt uden at lægge en besked, for et kort øjeblik efter ringede telefonen igen.

"Mor?" Ingrids stemme var spag, da hun svarede.

"Ja, min skat det er Mor. Jeg var så bekymret. Hvordan har du det? Har I det godt, er vejret godt?"

Ingrids hjerne kørte på højtryk, hun måtte overveje hvert et ord, hun nu sagde.

"Jo," hun rømmede sig, "jo tak, meget fint, nej vejret er ikke det bedste."

Uden for banegården kunne hun ane træernes grene danse i lyset fra en enkelt gadelygte, "men det bliver nok meget bedre i morgen."

"Er hotellet rart?"

"Ja, da det er meget fint mor, det kan du tro," løj hun. Hun havde aldrig løjet overfor sine forældre. Kun én gang, da hun og Hanne havde prøvet at ryge, og hun var blevet dårlig og havde kastet op, ellers aldrig, men nu følte hun, at hun var nødt til det. Hvis hun fortalte sandheden, ville hendes mor mobilisere veninde Jutta og kusine Bitten i Hørsholm, Anders Fogh Rasmussen og selv Musse Bülow, som sikkert havde venner i golfklubben eller i sejlerklubben, som kendte Silvio Berlusconi.

"Her er skønt mor, simpelthen," løj hun og krydsede fingrene for en sikkerheds skyld. "Men det er meget dyrt at ringe mor," sagde hun så.

"Ja," skyndte hendes mor sig at sige, og det var åbenbart kodeordet, for i løbet af kort tid havde hun afbrudt telefonen med et, "rigtig god ferie skat, og tænk ikke på mig."

"Ja, tak mor," hviskede Ingrid, men da var hendes mor allerede væk. Langt væk.

18.

Efter endnu en togrejse, en lang venten i regnen og til sidst en alt for dyr taxatur, hvor de kom tilbage forbi et af de steder, de allerede havde passeret, stod Ingrid klokken kvart over elleve ved Albergo Paradisos svagt oplyste indkørsel. Hun hankede op i sin kuffert og stred sig mod vinden de sidste hundrede meter op til huset. Hun var fremme.

I mørket var det svært for hende at genkende huset fra billederne i rejsebureauets katalog. En stor villa med mørke skodder for vinduerne og en overdækket indgang. Der så dystert ud. På den store egetræsdør hang der et skilt med 'No vacant' skrevet i svungne lidt gammeldags bogstaver.

Idet hun tog i håndtaget, gik døren op, og en mand kom ud. "Oh, Sorry," sagde han, da han så hende i døren. Han gik et skridt til side og holdt døren for hende, men da han så hendes kuffert, greb han den og bar den indenfor og hen til en skranke i husets lille lobby. Han smilte og gik.

Nu er alt godt, tænkte hun. Hun havde ikke engang hastværk med at ringe på den klokke, der var sat frem på skranken. Nu var hun fremme, og nu begyndte hendes ferie.

Manden fra før kom tilbage bærende på en stor sort sportstaske, han smilte til hende og gik op ad en trappe bag receptionen. Han var åbenbart én af gæsterne.

Hun tog sin våde frakke af og satte sig forsigtigt i en lidt umage lænestol i bordeaux velourfløjl, der stod som del af et lille interimistisk hyggearrangement i et hjørne af lobbyen. Der lå forskellige magasiner og aviser på bordet. De fleste så ud til at være sladderblade.

Når hun havde fået sit værelse, ville hun tage et bad i badekarret, og så ville hun sove lige så længe, hun havde lyst til i morgen. Måske kunne hun få en sandwich med op på værelset og en kop te eller et glas rødvin. Med hånden på sin kuffert og med Bon Gouttasken knuget ind til sig, lukkede hun øjnene og mærkede en velsignet ro skylle ind over sig.

"Signora, Signora!!" Der stod en kvinde og rykkede hende ublidt i skulderen, "Signora!"

Ingrid slog forskrækket øjnene op. Kvinden, en lille tætbygget ældre dame med perlemorsfarvede briller og iført en sort dragt og en lyslilla bluse, veg en smule forskrækket tilbage, da Ingrid fortumlet rejste sig op. "Pardon," sagde hun og rettede på sit tøj, "pardon." Stadig en smule konfus fandt hun sin taske og sit pas og billetten fra Italiensdroemme.com frem. Hun viste det til dame, der nu havde taget opstilling bag skranken. 'Signora Pellegrini, manager' stod der på et messingskilt på kvindens revers.

"Una camera con vista," sagde hun så, "Ingrid Hansen, Danimarca."

Signora Pellegrini kiggede længe på papiret. Ingrid smilte usikkert til hende. 'Giv mig nu bare nøglen til værelset, jeg skal nok selv bære min kuffert op, og jeg behøver ingen sandwich', tænkte hun.

"No, oh no, no, no!," råbte den ældre kvinde pludselig, "Italy... Italy Drummmm, ha ha ha," hun gøede en hånlatter ud mod Ingrid. "Kaput finito no money". Kvinden kom ud fra skranken og pegede på døren. "Esci!" råbte hun til Ingrid, "esci! Heraus!"

"Wait wait, Signora." Ingrid rodede i sin taske og fandt sin pung. "Wait, Signora, I pay."

Hun skulle til at vise kvinden sit Visakort, men var sikker på, at det måtte være spærret nu, og i stedet hev hun sit Eurocard ud af pungen. "I pay you."

Kvinden rystede kraftigt på hovedet.

"But why?"

"No vacant. Last room to gentlemen. Guuudde bye Signorina." Hun greb Ingrids kuffert og slæbte den tværs gennem lobbyen. Åbnede døren og råbte: "Vai via!"

Ingrid følte den samme afmagt, hun havde følt, da hun stod ved sin fars sygeleje, da hun vidste, at det var sket, at hun ikke kunne hjælpe, og at faderen havde svigtet og ikke ville hjælpes. Hun tænkte på at græde, men der kom ingen tårer. Hun orkede ikke at skulle ud i den kolde regn igen og nu uden det mål, hun før havde troet, at hun havde.

"Signora, please," sagde hun, "just a small room?"

Kvinden lod sig ikke rokke, hun blev stående i døren med armene over kors.

"Just until tomorrow?"

Kvinden fnøs, så målte hun Ingrid fra top til fod og tilbage igen, og så sagde hun, "you clean?"

"Hvad?"

"You clean?" Kvinden fægtede med armene, som om hun støvsugede, "clean woman."

"Åh, en rengøringsdame! you need a cleaning woman?"

"Si, clean woman and waiter woman."

"Yes, I can clean." Ingrid tænkte, at hun lige nu ville gøre næsten, hvad det skulle være, blot for at få lov til at blive, få en seng at sove i, og i morgen noget ordentlig at spise.

Signora nikkede og så tilfreds ud, "room, no salary, okay."

Ingrid gav hende hånden. Hun havde mest lyst til at kramme den undersætsige lille kvinde. "Thank you, mille grazie.".

"You start tomollow at six!"

En heftig banken vækkede hende. Hvor var hun? Et mylder af forvirrede tanker fløj gennem hendes hoved. Der var bælgmørkt i rummet, hvor hun lå, og der lugtede af rengøringsmidler. Hun havde hovedpine. Hun famlede efter sin mobiltelefon, som var lagt under puden, inden hun faldt i søvn, fandt den og så, at klokken var kvart i seks.

Det bankede igen.

"Hello," lød en skinger stemme uden for døren, "Wake up!" Døren gik op, og kvinden fra aftenen før, Signora Pellegrini, stod i åbningen. "Start work now. Waiter woman!" råbte hun og forsvandt. Hun lod døren stå åben og lyset fra en mat nøgen pære, som hang i loftet på gangen uden for, kastede et svagt lys ind, hvor Ingrid havde sovet.

Ingrid kiggede sig omkring. Rummet var ganske lille og uden vinduer. På en gammel reol stod der rengøringsmidler, og en gammel rengøringstrolley med spande og gulvskrubber var skubbet over i et hjørne. Sengen, Ingrid havde sovet i, var en drømmeseng af ældre dato, og dynen var et spraglet vattæppe og meget langt fra hendes egen edderdunsdyne derhjemme.

Signora Pellegrini kom tilbage, nu med favnen fuld af håndklæder, som hun lagde på sengen foran Ingrid. "Hully hully," sagde hun, "work now, prima colazione, breakfast."

Ingrid kiggede sig om efter sin kuffert. Den stod, hvor hun havde stillet den aftenen før, med hendes Bon Gout taske ved siden af. Hun opdagede en kontakt henne ved døren og steg ud af sengen. Et klik, og en nøgen 60 watts pære lyste rummet op. Hun skubbede døren til og åbnede sin kuffert. Øverst lå den blå jakke til fødselsdagen. Hun havde lagt jakken forsigtigt sammen, med det hvide silkepapir fra butikken imellem, så den ikke ville få folder. Hvad ville være bedst egnet til arbejdet på hotellet? Hun skulle åbenbart servere morgenmad. Sikkert noget sort. Hun fandt de pæne sorte Brax bukser frem og en sort t-shirt med ærmer. Det måtte være passende. Hvad med skoene? Hun havde taget de pæne sorte Peter Kaiser sko med, men Bruno Magli støvlerne var nok bedst at gå i, også selvom de havde den lille hæl.

Men et bad ville hun gerne have allerførst. Hvor mon der lå et badeværelse? Bare det ikke var for snusket. Hun fandt sin mintgrønne badekåbe og de matchende frotteslippers frem fra kufferten. Døren gik op på ny, og signora stak hovedet ind og sagde noget meget hurtigt, som Ingrid ikke forstod, og forsvandt så igen.

"Per favore," råbte Ingrid efter hende.

Hun tronede i åbningen igen, og virkede til trods for sin ringe størrelse, imponerende. "Si?"

Bad, hvad hed bad på italiensk? Bain? Nej, det var fransk. Ingrid forsøgte sig alligevel. "Bain??"

"Che cosa?"

"Aqua?"

Signora Pellegrini råbte skingert ad hende og slog sig på venstre side af brystet, hvor der var sat et lille guldur fast med en sikkerhedsnål.

Det var der åbenbart ikke tid til. Ingrid lukkede døren og begyndte at tage tøj på. Hun ville virkelig give meget for et bad nu. Håret fik hun tæmmet med en børste, spænder og en stram elastik. En vådserviet fra tasken, udgjorde morgenbadet. Den citrusduftende sprittede serviet fik huden til at tørre ind på et splitsekund og stramme omkring samtlige af ansigtets kanter. Men hun var klar, og da klokken var to minutter i seks, stod hun i receptionen.

Det så ud til at tilfredsstille fruen, for hun nikkede venligt. "Si," sagde hun så, "name?"

"Ingrid Hansen."

Det forstod hun ikke. "Che cosa?"

"Ingrid, In-grid," forsøgte hun igen.

Det gik bedre, "ah, si In-Griiit," sagde hun så, "venuti!" Hun gennede Ingrid over mod en dør med et porcelænsskilt med 'WC' malet på med guldbogstaver og efeuranker omkring. "Clean," sagde hun så, og viste med hånden. "Pulizia accurata."

"Mange… Mangiare?" forsøgte Ingrid. Både fordi hun efterhånden følte sig helt svimmel af sult, og fordi hun håbede på, at hendes nye job hovedsagligt indebar, at hun skulle hjælpe med serveringen.

"Si, si, si," råbte Signora, "later, later, you clean first."

Udstyret med den lille trolley med spande og gulvskrubber og diverse citron-, lavendel- og fyrreskovsduftende rengøringsmidler, og iført store sorte gummihandsker og en storblomstret kittel med trekvartlange ærmer, vendte Ingrid tilbage til toiletterne, smøgede ærmerne op på sin cashmere cardigan og gik i gang. De sorte gummihandsker var herrehandsker og flere numre for store, men bedre end ingenting, og de skabte en velkommen afstand til de slidte, tilkalkede og beskidte kummer og vaske, selvom hun hurtigt erfarede, at afstanden ikke var lang nok, langt fra lang nok. Hun efterlod toiletterne duftende af en blanding af kemisk citrusfrisk og kvalmsød skovbund, og Signora var nogenlunde tilfreds.

"In-Grit now breakfast," skingrede den lille kvinde. Hun var igen i sin sorte uniform, men i stedet for den lyslilla skjortebluse, hun havde haft på aftenen før, var hun nu iført en rosa skjortebluse med let kalvekrøs under den sorte dragt. Hendes hår sad som aftenen forinden, som var det skåret i sort granit og placeret oven på hovedet af hende. Ved ørerne vidnede lidt overskydende sorte rester om, at farven ikke var ægte.

Ingrid kunne næsten smage en kop varm espresso med masser af varm mælk i. Hun smilte. "Si," sagde hun glad, for hurtigt efter at erfare, at der endnu ikke var tid til morgenmad.

"No, no, no."

Hun kunne tage den storblomstrede kittel af og hænge den og gummihandskerne på trolleyen, køre vognen med de nu tømte og rengjorte spande hen til dens og hendes værelse og komme tilbage til køkkenet, som ikke var noget egentligt køkken med komfur, en stenovn til koldhævede brød og pizzaer, store knive og stentøjsflasker med olivenolie og krukker med frisk basilikum, som Ingrid ellers var sikker på, at ethvert italiensk køkken indeholdt, men derimod et lille værelse, indrettet som anretterkøkken, med bordplade, nogle skabe, en vask, et køleskab og en stor kaffemaskine. En saloonsvingdør skilte køkkenet fra spisestuen. Signora kostede hende over til køkkenbordet, hvor der stod en stor kasse med nybagt brød og viste Ingrid, hvordan hun skulle fylde små kurve med to små giffelbrød i hver og to små croissantagtige horn. I metalskåle skulle hun lægge små pakker med smør, som hun hentede i det gammeldags køleskab, og små pakker med hindbær-, kirsebær- eller abrikosmarmelade. Alt skulle ind og stå på en stor mørk skænk med kulørte glaslåger i spisesalen, hvor gæsterne om ikke længe ville indfinde sig til morgenmaden.

Der var dækket til tolv personer i spisestuen. Seks små runde borde med hvide duge og med to stole ved hvert bord. Væggene var hvide, på nær to vægge, der fra gulv til loft var udsmykket med kunstnerisk malede motiver fra Venedig. Det ene forestillede en gondol med en rank gondolieri, det andet var af Markuspladsen. I loftet hang en stor metal lysekrone med samme type nøgne tres watts pærer, der gav rummet et skarpt og uvenligt lys, men fra de store vinduer, hvor skodderne nu var slået til side, kunne Ingrid ane, at det udenfor var ved at lysne, og at huset, som der havde stået i brochuren, ganske rigtigt lå ned til søen. Hun listede hen og kiggede ud.

"In-Grit!" Stemmen kom skingert lige bag hende, og hun fór sammen. Det var Signora, der nu ville sætte hende ind i kaffemaskinen. Et stort skrummel af en maskine sendte kaskader af dampende varm og vidunderligt duftende sort kaffe ned i to glaskander. Herfra skulle Ingrid hælde kaffen op i små tykmavede porcelænskander, med kaffe til to. Signora viste Ingrid, at var der kun én gæst eller ville den anden gæst have the, var det kun halvdelen af kanden, der skulle fyldes. Madspild ville Signora ikke høre tale om.

Der lød en puslen inde fra spisestuen, de første gæster var ved at indfinde sig. Morgenmaden blev serveret mellem klokken otte og klokken ti.

"Vieni qui," signora gik scenevant ind og bød velkommen. "Caffé.. té?" sagde hun spørgende til et midaldrende ægtepar, som viste sig at komme fra Schweiz. Begge var elegante og sporty klædt. De ønskede kaffe med masser af varm mælk, sagde de på et, så vidt Ingrid kunne høre, udmærket italiensk. Signora vinkede Ingrid over til skænken og derfra hen til bordet medbringende en kurv med brød og en skål med smør og marmelade. "Vieni," sagde hun, og Ingrid fulgte hende som en velopdragen hundehvalp ud i køkkenet, hvor Signora lærte hende at varme mælk fra en pind på kaffemaskinen, der spyede varm damp ned i en metalkande. Ingrid skulle til at løbe ind igen med den fyldte mælkekande, men Signora råbte hende an, "In-Grit. Stop," og pegede på kaffen, som hun også skulle have med.

Ingrid smilte nervøst, "åh ja," sagde hun, greb kanden og gik tilbage ind til schweizerne. De smilte til hende og sagde, "ah fantastico" og "grazie."

Lidt efter indfandt der sig flere gæster for at spise morgenmad. To ældre svenske damer, et midaldrende par, der talte tysk samt et par fra Støvring, fandt Ingrid senere ud af. De to sidste borde var endnu ikke optaget, men Ingrid syntes også, at hun havde rigeligt at se til med de fire, der allerede var besat. Alle så ud til at have det godt, selvom parret fra Støvring var utilfredse med, at der ikke var yoghurt. De vinkede Ingrid hen og manden, der mindede Ingrid om et pølsehorn, sagde; "Jaurt."

Ingrid forstod det ikke, og hun ville ikke tale dansk, for hun syntes, at det var pinligt, at de skulle finde ud af, at de var landsmænd. Hun orkede ikke at fortælle sin livshistorie.

"Jågurt," sagde de så med tydelig jysk accent, og lidt efter forsøgte de på engelsk, men stadig med en tydelig jysk accent, "jåwurt."

Ingrid hentede Signora, for hun vidste ikke, om man måske kunne få yoghurt som supplement.

"Hende der forstår sikkert heller ikke noget som helst," sagde kvinden, "det er da utroligt, at man ikke engang kan få yoghurt, hvis ikke jeg får det, går min mave simpelt hen i stå med al den pizza og pasta, og jeg ved ikke hvad det er, som vi spiser."

Signora slog ud med armene og sagde en masse meget hurtigt på italiensk. Til sidst opgav parret fra Støvring og tog til takke med det hvide brød og croissanterne. De råbte Ingrid an på dansk og beordrede hende ud efter mere brød, og marmeladen ville de have byttet til to med jordbær i stedet for abrikos og kirsebær. Ingrid nikkede og adlød. De blev siddende i spisestuen, efter de andre par var gået. Kunne de ikke få yoghurt, kunne de i det mindste få noget andet for deres penge.

Da parret fra Støvring langt om længe var færdige, hørte Ingrid dem tale om Gardasøen, og lidt efter checkede de ud i receptionen.

"Du der," råbte kvinden ad Ingrid og pegede på deres kufferter og derefter hen mod døren.

Ingrid forstod og tog fat i en kuffert på et par vakkelvorne hjul og slæbte den hen mod døren. Manden holdt udenfor i en stor Volvo spændt for en enorm campingvogn. "Støvring styrer" stod der på et af utallige mærkater på campingvognen. Han stod op ad bilen og talte i mobiltelefon. Ingrid hørte ham sige noget med, at 'campingpladserne ved Como var en stor skuffelse, men nu tog de til Gardasøen, og det vidste man da, hvad var'. Bagagerummet stod åbent, og Ingrid kunne selv bakse kufferten derop. Hun kunne se manden skæve hen til hende, om hun ridsede hans bil, så hun tog et ordentligt greb i den store taske, men idet hun skulle til at svinge den op i bilen, hørte hun en stemme sige: "Please allow me, Madame."

Hun vendte sig om, og så en lille ældre mand iført en lidt stor ternet jakke, og six pence i en anden tern, på vej hen mod hende. Han smilte og greb fat i kufferten, men hun kunne med det samme se, at den var alt for voldsom for ham, så for ikke at ydmyge ham, skyndte hun sig at tage fat under kufferten, og lidt akavet og ufikst fik de den tunge taske bakset op i bilen.

"Thank you," hviskede hun, men han holdt afværgende hånden op, og kiggede vredt på manden fra Støvring, som stadig med mobilen i hånden, inspicerede, at de ikke havde ridset hans sølvgrå Volvo.

Den ældre mand skulle også ind på pensionatet, men han lod Ingrid gå først og holdt døren for hende.

"Der er du far, jeg var bange for, at du allerede var taget på bjergvandring."

Den yngre mand, som havde holdt døren for Ingrid aftenen før, stod i døren sammen med en stor sort og brun ruhåret hund. Han talte til den ældre mand på et smukt engelsk, men slog over i italiensk, og sagde smilende noget til Ingrid, som hun ikke forstod. Hun nikkede til dem og skyndte sig ind i spisestuen, hvor hun regnede med, at hendes næste opgave var at tage af bordene og vaske op. Signora var der ikke, men hun kunne høre hende stå og tale i telefon ude i receptionen.

Da Ingrid havde været ude med kufferten, havde hun mærket forandringen i vejret. Og varmen, Det måtte have slået om i løbet af natten, og hun havde i et kort sekund set den blå himmel oven over træerne i indkørslen. Hun havde endnu ikke haft tid til at se, hvor det var, hun befandt sig. Koncentreret, som hun havde været, under Signoras hersen. Men uden for var det blevet forår, det var hun sikker på, og hvis nu Signora Pellegrini var optaget i receptionen, kunne hun måske nå at smutte ud og nå at se søen.

Spisestuens glasdør førte ud til en terrasse, og bag terrassens lave murværk kunne hun skimte en veltrimmet græsplæne, der skrånede ned mod søen. Solen var på vej op. Ingrid åbnede den store glasdør, der bandt en smule, og gik ud på terrassen. Også herude var der små borde og stole og cementholdere til parasoller. Store lerkrukker med pelargonier i knop og spæde grønne blade stod parat til at modtage sommerens varme. Ingrid listede derud. Der føltes allerede dejligt lunt. Hun lænede sig frem mod muren og kiggede ud over søen. Hvor var her skønt, og uanset hvad, ville hun huske lige præcis dette øjeblik, om end det blev kort, for hun skulle hurtigt ind igen, inden Signora opdagede, at hun var væk.

”Beautyful!”

Hun vendte sig om, og opdagede den yngste af de to mænd stå bag hende sammen med den store hund. Manden slog over i italiensk, og selvom hun kunne forstå, at det ikke var hans modersmål, ordene kom en smule famlende, så kunne hun høre, at udtalen var ganske smuk og uden den for engelsktalende ellers så karakteristiske accent, hvor tungen ligesom er i vejen.

”I am not Italian,” sagde hun undskyldende, “I am Danish, but I do speak English.”

Den store hund sprang glad hen imod hende, så manden måtte holde den tilbage.

”Oh,” sagde han, ”I’m sorry.” Han fortsatte smilende på et smukt engelsk, ”Jeg håber ikke, at min far gik i vejen.”

Hun rystede på hovedet, ”nej nej, slet ikke, tværtimod han hjalp mig.”

”Nå, det var godt. Bor du ofte her på pensionatet?”

”Det er første gang,” sagde hun, og hun skulle lige til at sige, ’jeg ankom i går’, da en skinger stemme brutalt bragte hende tilbage til virkeligheden: ”IN-GRIT!!”

”Undskyld,” sagde hun nervøst, ”jeg må hellere gå ind igen.”

Manden virkede overrasket over skriget fra spisestuen. ”Undskyld, at jeg opholdt dig, jeg var ikke klar over, at du arbejdede her. Jeg troede bestemt, at du var gæst.”

Hun rystede på hovedet og skyndte sig tilbage til spisestuen.

Signora stod midt på gulvet og pegede omkring sig. ”Li, li, li, li,” sagde hun, hver gang hun pegede på et rodet bord, og Ingrid forstod, at det var kodeordet, der skulle få hende i sving og i gang med at rydde bordene.

Den ældre brite kom ind i spisestuen. Han virkede upåvirket af Signora og gik direkte hen til Ingrid.

”Et bord til to, please” sagde han, ”vi kan forhåbentlig godt nå morgenmaden?”

Klokken var kun halv ti, så der var tid endnu.

Signora greb ham under armen og førte ham hen til det ene af de to borde, som stadig stod urørt. "Coffee or tea?" spurgte hun smiskende.

Den ældre mand skulle have kaffe med mælk, den yngre bad om sort kaffe. Det var tydeligt at se, at de to mænd måtte være far og søn. De havde begge meget smilende og venlige øjne. Faderens fyldige hårpragt var næsten hvid, sønnen havde svagt grånende tindinger i det kastanjebrune hår. Sønnen var høj og rank, faderen væsentlig lavere, men på den en anelse for store tweedjakke kunne man se, at han med årene var faldet en smule sammen. Mens de talte hyggeligt sammen, hjalp sønnen sin far jakken af. Under den ternede jakke havde den ældre mand en olivengrøn pullover med rundskindsrondeller på albuerne og under den, en lys skjorte med brunligt tern. Hans slips var i en tredje tern. Sønnen var i kakifarvede bukser og en strikket ulden lys sweater med snoninger. Han hev sweateren over hovedet, under havde han ligeledes en ternet skjorte, dog ikke i samme tern som faderens. Hunden stod og logrede, da Ingrid kom ind med kaffen og mælken i to kander. Hun stillede kanderne på bordet og gik over til buffeten efter brødet. Der var stadig brød tilbage, og hun kunne fylde kurven igen, hvis de var sultne. Så kom hun i tanke om sin egen sult. Siden den sandwich på toget i går for så frygtelig længe siden, havde hun hverken fået vådt eller tørt. Måske kunne hun snige sig til en kop kaffe ude i det lille anretterkøkken, og hun kunne snuppe en croissant og et brød fra buffeten. Hun kunne næsten smage brødet og kaffen.

På vej tilbage til køkkenet, gik hun så tæt forbi den mørkebrune buffet med udskæringer og kommodeben, at hun så sit snit til at snuppe en croissant. Hun håbede ikke, at de to mænd ved bordet havde set det. Da hun var nået sikkert ud til køkkenet og havde forvisset sig om, at Signora ikke var derude, proppede hun hele croissanten i munden.

I det hun gjorde det, var hun klar over, at det var dumt gjort. Brødet var alt for stort, og da hun forsøgte at tygge det, voksede det i munden på hende. Hun overvejede at spytte det ud, men i det samme stod den yngre mand i svingdøren til køkkenet.

"Undskyld, men der er vel ikke lidt mere smør. Min far elsker smør, han ved, at det ikke er sundt, men han er 85 år, og indtil nu er det gået godt."

Ingrid, der havde vendt sig, så hun stod med ryggen til manden, nikkede energisk, mens hun lige så energisk forsøgte at tygge den forbandede croissant, med så små kæbebevægelser som muligt, at han forhåbentlig ikke opdagede, hvad hun var i gang med. Hun fandt smørret i køleskabet og gav ham to små pakker uden at vende ansigtet om mod ham. Hun hørte ham takke bag sig.

"In-Grit!" Signora stod lige bag ved hende, og Ingrid for sammen af forskrækkelse. Forsigtigt tog hun hånden op til munden og spyttede den store sammentyggede klæbrige croissantklump ud i den.

"Vieni!"

Stadig med smagen af croissanten i munden og med brødklumpen i hånden fulgte Ingrid Signora ud i receptionen og op ad den brede trappe til pensionatets første sal. De mørkferniserede trin var slidte, de bordeaux blomstermønstrede tæppe havde set bedre dage, og flere steder var malingen på gelænderet forsvundet efter mange års brug og manglende vedligeholdelse. Signora åbnede døren til værelse nummer to med en stor nøgle, og marcherede indenfor. Værelset var tomt og viste tydelig tegn på, at nogen havde sovet her og efterladt det hele i et stort rod. Dyner og puder lå hulter til bulter, oven i sengetøjet lå der våde håndklæder, og på et lille bord ved vinduet kunne man på det efterladte engangsservice se, at de tidligere beboere havde holdt picnic derinde. Badeværelset var ikke meget bedre. Signora pegede rundt omkring sig; "ci, ci, ci, ci," sagde hun og kiggede spørgende på Ingrid over sine perlemorsbriller.

"Si si," sagde Ingrid, hun forstod udmærket.

Men Signora løftede hånden, "prima di tutto," sagde hun og drejede Ingrid, der var ca. tyve centimer højere end hun, omkring og puffede hende ud ad døren igen, "clean kitchen first."

De to engelsktalende herrer var færdige med morgenmaden. Den yngste bar tallerkener og kopper ud til Ingrid, der gik i gang med opvasken i en enorm vaskebalje med masser af sulfo i. I køkkenet var gummihandskerne pink.

"Mange tak," sagde han, mens han kiggede sig omkring efter et sted, hvor han kunne placere porcelænet.

"Åh." Ingrid skyndte sig at tage gummihandskerne af og tage servicet fra ham. Hun fandt et ledigt hjørne i det lille køkken. Han takkede igen og forsvandt gennem saloondørene ind i spisestuen. Hun kunne høre ham henvende sig til hunden og faderen derinde, og hun forstod på talen, at de var på vej et eller andet sted hen. Hunden gøede i glæde et par gange, og så var der stille.

Klokken ti var det sidste værelse endnu ikke dukket op til morgenmaden. Signora viftede med hånden for at vise, at Ingrid kunne fjerne servicet. Der var lukket for servering. Ingrid blev færdig med opvasken og stillede skålene og kurvene på plads. Hun stablede porcelænet på buffeten, så det var klar til næste dag. De hvide papirservietter, der var lagt ovenpå bordenes hvide stofduge, tog hun af og udskiftede med nye. Kaffemaskinen skulle rengøres og pinden, som spyede damp ud i høje hvæs og varmede mælken, skulle rengøres grundigt med en skuresvamp. Signora kom ind imellem ud og inspicerede hendes arbejde. Hun var ikke umiddelbar begejstret, men fandt dog åbenbart heller ingen direkte fejl. Hun brugte tilsyneladende bare ikke at rose folk.

Pensionatets syv udlejede værelser, fem dobbeltværelser og to enkeltværelser, tog Ingrid et for et. Signora viste hende rundt og fortalte, hvad der skulle gøres på hvert enkelt. Nogle værelser skulle rengøres helt og gøres klar til nye beboere, andre skulle blot rengøres let, der skulle redes senge og checkes håndklæder.

Det første værelse, Ingrid gik i gang med, var det, hvor beboerne havde holdt picnic. På værelset herskede en total ligegyldighed med, eller måske snarere mangel på respekt overfor de mennesker, som skulle overtage rummet, for slet ikke at tale om den, der skulle ordne det, gøre det rent, få det til at være pænt og appetitligt igen. Ingrid åbnede vinduerne for at få frisk luft ind i stedet for den beklumrede lugt, der var derinde. Værelset vendte ud mod søen, og hun glædede sig i smug over udsigten, der var virkelig smukt. Langs søens bred kunne hun ane de små byer, og bagved tronede bjergene, enkelte af de højeste havde stadig sne på toppen. Der var blomstrende buske og slanke palmer. Himlen var blå, og fra søen, hvor der lå en lille hvid båd og vuggede dovent, kom der en dejlig frisk brise. Men hun kunne ikke fortabe sig i det smukke syn. Der var meget, der skulle nås.

Hun var rigtig glad for gummihandskerne, da hun skurede det gamle badekar med fødder, og med rander af gammel sæbe og skidt. Der var tandpasta i håndvasken, og i toilettet var der slet ikke trukket ud efter brug. Hun fjernede de snavsede lagner og dyne- og pudebetrækkene og smed det hele ned i den linnedsvogn, hun trak rundt med sammen med hendes efterhånden gode ven og bofælle, rengøringstrolleyen. Håndklæderne, som var gennemvåde og beskidte, røg samme vej. Emballage fra diverse pålæg, brødposer og chokoladepapir smed hun i en sort affaldssæk, og to tomme rødvinsflasker røg i en anden affaldspose. Der lå en stak kulørte blade, og da hun ville smide dem ud, opdagede hun, at det var 'Billed Bladet' og 'Søndag'. Det måtte have været parret fra Støvrings værelse. Der lå ingen drikkepenge.

Signora stak ind imellem hovedet indenfor for at konstatere, hvorledes arbejdet skred frem, men udover at nikke og ind imellem påpege, når noget ikke var godt nok, sagde hun ikke noget. Ingrid tog værelse for værelse. Hvert enkelt rum, der var beboet, fortalte om den eller dem, der boede der. Det måtte være det schweiziske par, der boede i nummer fire. Sengen var redt med stramme lagner og dyner, og sengetæppet lagt stramt på, som Ingrids egen mor ville gøre det. Her behøvede hun ikke at lave så meget. Man kunne næsten ikke se, at der boede nogen på værelset, kun to tykke æggeskalsgule frottebadekåber og to par hvide frotteslippers vidnede om, at der havde været mennesker. Tre kufferter var stillet væk i et hjørne, i skabet hang tøjet på snorlige række, og i den lille kommode, Ingrid kunne ikke lade være med at kigge, lå bluser, undertøj og strømper smukt foldet. På badeværelset duftede der svagt af en frisk og slet ikke påtrængende parfume. Ingrid håbede på, at de andre gæster var lige sådan.

Det værelse, hvor der ifølge Signora boede et ungt fransk par, var stadig optaget, så det ville hun vente lidt med. Så efter hun havde taget det tyske pars værelse, det var hurtigt overstået, da det var næsten lige så nydeligt som schweizernes værelse, gik hun tilbage til det franske pars værelse. Nu var der stille derinde. Hun regnede med, at de var gået og låste sig ind med universalnøglen, som hun havde i en lang snor i lommen på kitlen. Der var mørkt derinde, så hun gik hen for at åbne vinduerne og slå skodderne til side. Idet hun lod lyset trænge ind, opdagede hun, at det unge par lå på sengen. Begge nøgne og i dyb søvn. Det så ud, som om der havde været indbrud og hærværk på værelset. Hun var ved at falde over en stor tom taske, der lå midt på gulvet. Dens indhold lå spredt ud over det hele. Ingrid skyndte sig at lukke skodderne og vinduerne igen og listede ud af værelset, men det unge par sov uanfægtet i hinandens arme og opdagede hende ikke. Hun smilte stille og følte sig med et en lille smule gammel.

Der var to værelser tilbage. De to enkeltværelser. Det havde begge bad og toilet, og det ene havde den skønneste udsigt over søen fra et vindue og en lille altan. Det andet værelse vendte ud mod indkørslen. Begge værelser var hyggelige med deres hvide vægge og spartanske indretning. Solide senge i mørkt træ, en kommode, et gammelt skab og i værelset mod søen udgang til den lille altan, hvor der stod to stole og et lille rundt bord. Ingrid satte sig ned på den ene stol og hvilte sig lidt. Hun var træt, men hun var mest af alt sulten og tørstig. Den sult, hun følte, var ikke som den sult, man føler med udsigt til et godt måltid, når kroppen er indstillet på, at lige om lidt kommer der mad. Hun havde en underlige mat fornemmelse i kroppen, og hun vidste, at hvis ikke hun snart fik mad og væske, ville hun blive dårlig. Hun følte sig som en tom skal, og hun følte sig svimmel. 'Det måtte være sådan, tænkte hun, 'at være på vej i dvale, i sultestrejke, eller sådan hjemløse og flygtninge må føle'. Ingen umiddelbar udsigt til et ordentligt måltid, allerheldigst noget føde til at overleve på. Men hun måtte have noget at spise. Signora ville da kunne forstå det. Hun kunne da ikke være helt urimelig, umenneskelig. Eller kunne hun?

De to enkeltværelser kunne kun være de engelske herrers værelser. Begge værelser var pæne og ordentlige. Kufferten i det værelse, der vendte ud mod søen, var pakket ud og tøjet hængt på plads i skabene. I det andet værelse vidnede en stor fyldt sportstaske om, at ejeren endnu ikke havde pakket ud. Sengene var ikke redt, men dynerne lagt pænt sammen, og alt var i den skønneste orden. Ingrid skyndte sig at rede sengene og skifte de våde håndklæder. Alle værelser var ordnet nu, med undtagelse af det franske pars, men det blev nok ikke i dag, og klokken var snart to.

Hun kom trillende med trolleyen og linnedsvognen og mødte Signora nede i receptionen.

"Si In-Grit," sagde Signora og smilede, det var første gang Ingrid havde set hende smile til sig, og det varslede ikke godt, tænkte hun. Signora fulgte efter Ingrid, da hun gik hen til sit rum og stillede trolleyen derind.

"Vieni," sagde hun, og Ingrid adlød. Signora marcherede af sted tilbage mod receptionen. Hun trampede af sted i sine små lukkede sandaler med en lille hæl. 'Nu skal jeg sikkert fernisere gulve eller pudse vinduer', tænkte Ingrid, det var som om arbejdsdagen aldrig ville få en ende. Men i stedet for at kommandere Ingrid hen mod et nyt projekt, åbnede Signora en dør bag receptionen, og viste Ingrid ind i en privat stue. Der stod et tungt mørkt skrivebord, i samme stil som de fleste af pensionatets andre møbler, samt et rundt bord med seks tunge mørke stole omkring. På en skænk langs den ene væg stod en sølvopsats med frugter samt nogle gulnede indrammede fotos. Væggene var også her hvide, og der var tunge mørkbordeaux gardiner for vinduerne.

Der duftede af mad, en vidunderlig duft af noget, der blev stegt, og af urter. Ingrid følte igen sulten, den gode gamle sult. Bordet var dækket med en hvid blondedug. Der lå to dækkeservietter på hver side af bordet, hvor der var placeret store runde hvide tallerkener dækket med tomater i tynde skiver. En lille kurv, som Ingrid kendte fra køkkenet, indeholdt skiver af lyst brød. Der duftede af vinaigrette. 'Mad', tænkte hun, og hun var lige ved at græde. Hun fik lyst til at kramme Signora Pellegrini, og i et kort øjeblik følte hun, at det var den venligste gestus noget menneske, nogen siden havde vist hende, og hun skulle lige til at sætte sig, da døren bag hende gik op, og en fedladen mand med sort hentehår kom ind. Han havde en flaske vin i den ene hånd og en skål med sorte oliven i den anden. Han målte Ingrid, og sagde noget til Signora.

Signora fandt en nøgle frem fra skrivebordet. "Door," sagde hun, og gav den til Ingrid. "You off now, tomollow you start at six! Goode bye."

Hun vendte Ingrid om og gennede hende ud ad døren til receptionen. Ingrid mærkede blodsukkeret falde tre streger.

19.

Der var ingen beskeder på mobiltelefonen. Hun havde ladet telefonen ligge i tasken under drømmesengen, mens hun arbejdede. Hun ville ringe til sin mor, men først måtte hun have noget at spise. Hun kunne nok godt vove sig ind til byen. Det var jo dagslys, og der kunne vel ikke ske noget ved det.

Hvis banken vitterligt havde spærret hendes Visakort, kunne hun måske nå at bruge Eurokortet, inden de også fik det spærret. Hun skiftede til andre sko, et par sportssko hun havde taget med til ture i bjergene, greb sin taske og den korte quiltede jakke og begav sig af sted ind mod den lille by, som Ulla havde sagt lå lige i nærheden, en rar spadseretur ad en sti langs søen. Det kunne der vel heller ikke ske noget ved. Hun måtte have noget mad, og det skulle være nu.

Det var som om, hele verden havde ændret sig siden i går. Norditalien havde i hvert fald. Solen skinnede fra en skyfri himmel, og luften var lun. Hun behøvede slet ikke jakken. Der lå store gamle villaer langs søens bred. De fleste havde skodderne lukket for vinduerne. I haverne blomstrede narcisser og blomstrende buske og træer i gule og hvide farver. På en kæmpe blåregn hang klaserne med spæde knopper mod en afskallet gul væg. Der stod palmer langs stien, og uden for et hus med en stor rusten smedejernslåge var en yngre kvinde, sikkert en barnepige, ved at arrangere et skrigende barn i en kæmpe stor barnevogn. Husene var enorme, men mange så en smule slidte ud. Kalken var skallet af, vinduesrammerne skulle males. Intet vidnede om, at området var overtaget af nyrige, det var snarere gamle familiehuse, hvor der efterhånden var ædt godt og grundigt af formuen.

Den lille by døsede. Butikkerne holdt lukket. Det var søndag. På en trappesten lå en stribet kat og sov i solen. Maskinen afviste ikke kortet, den adlød og spyttede de 200 Euro ud, som hun turde hæve. Skråt overfor hæveautomaten, lå der en cafe, der reklamerede med, at de solgte sandwiches og kaffe ud af huset. Hun gik ind og købte en sandwich med kylling og en kop kaffe med mælk af en affarvet blond kvinde. Allerede inden Ingrid havde fået byttepengene retur, var hun begyndt at spise af det sprøde brød. Det smagte hende godt, der var pesto på kyllingen. Hun gik tilbage ned mod søen og kom til en lille havn. Der lå små både, som den hun havde set om morgenen, og vuggede blidt i deres fortøjninger. Et par måger skreg. Ingrid lukkede øjnene og nød varmen og maden, som nu langsomt begyndte at fylde det store tomme hul i maven.

Mor, hun måtte ringe til sin mor. Der gik ikke længe fra telefonen ringede derhjemme, til hendes mor tog den.

”Hallo,” det var som om hun havde siddet med telefonen i hånden og ventet.

”Hej mor, det er Ingrid.”

”Ingrid har I det godt? Jeg har været så bekymret!”

”Ja tak mor, her er dejligt. Solen skinner, og det er lunt, rigtig forårsagtigt, nej næsten endnu bedre, helt sommeragtigt.”

”Hvilken dag er det i dag?” spurgte hendes mor.

”Søndag, hvorfor det?”

”Nå ja, det var jo lørdag i går, ikke for noget, men det er godt, at I nyder det.”

Ingrid tænkte på, at hun blev nødt til at fortælle sin mor, at Hanne var blevet hjemme, men nej, hun ville vente, vente lidt endnu. Moderen ville bare blive frygtelig nervøs over, at Hanne ikke var der, og at hun var der alene.

”Det regner herhjemme, og det er koldt,” fortsatte moderen, ”det er altid slemt med min ryg, når det er sådan et vejr.”

”Ja, mor sikke noget,” sagde Ingrid, men et kort øjeblik havde hun lyst til at råbe, ’jamen, hvorfor tog du så ikke med? Her er varmt og dejligt’, men hun lod være. Som hun altid havde ladet være. Ladet være med at sige til sin mor, hvad hun virkelig mente. Og under alle omstændigheder ville de aldrig være nået til Como. For efter beskeden i lufthavnen ville de have været vendt om og taget hjem igen. Og det havde så været den udflugt, den oplevelse. Moderen ville sikkert have været lettet. Og hun ville helt sikkert have haft en fryseret, som de kunne have varmet.

”Jeg ringer til dig igen i morgen,” skyndte Ingrid sig at sige.

”Ja, det bliver også dyrt.” Moderen lagde røret på.

Der var ikke så mange butikker i den lille by, men i en smal gade lå der forskellige værksteder. De var lukkede nu, men på et autoværksted var nogle unge fyre i kedeldragter i gang med at ordne en Fiat. Mekanikerne sagde noget til hende, og hun smilte og skyndte sig væk. Der var lidt liv i byen, og den virkede hyggelig. Der er ikke noget at være nervøs for her, tænkte hun. Der lå restauranter og cafeer, og på et torv var der udendørsservering ved en smuk fontæne. Der ville hun sætte sig og tage en kop kaffe. Hun forsøgte at glatte på håret og håbede, at spænderne og elastikken holdt det nogenlunde ind til hovedet. Hun vidste, at hun måtte se frygtelig ud.

”Hello,” hørte hun pludselig en stemme sige, og den ældre brite fra pensionatet rejste sig ved et af bordene og vinkede til hende, ”Please come and join us.”

Han sad sammen med hunden ved et bord med to stole, men da den yngre mand sikkert også sad der, gik han over og hentede en stol fra et ledigt bord og bød hende at sætte sig. Hunden gøede glad og forsøgte at springe op af hende. Den ældre mand havde svært ved at holde den. "No Monty, no."

"Det er helt i orden," sagde hun, "jeg synes, at den er sød." Selvom hun også syntes, at den var stor og savlende, og hun aldrig havde været vant til dyr derhjemme. Det ville hendes mor ikke have, selvom Ingrid og hendes far altid så gerne ville have haft en lille Fox terrier. Sådan én havde hendes far nemlig haft som barn.

I det samme kom den yngre mand ud med en skål med vand til hunden. "Åh," sagde han, "lad mig hjælpe."

Han satte skålen ned og tog fat i hundens snor. "No, Monty," gentog han, men hunden virkede ligeglad. Den havde stillet sig med forpoterne på Ingrids mave og forsøgte at slikke hende i hovedet.

"Det må du meget undskylde," han skyndte sig at hive hunden ned. "Jeg håber ikke, at han grisede dig til."

Hun rystede på hovedet. "Nej nej, det gør ingen ting." Hun vidste, at hendes sorte cashmere cardigan, som hun stadigvæk havde på efter dagens slid, sikkert alligevel så farlig ud.

"Må vi ikke have lov til at byde på en kop kaffe og et lille glas?," spurgte den ældre mand.

"Åh mange tak, men jeg vil ikke trænge mig på," sagde hun.

"Nej nej, det gør du bestemt heller ikke," sagde han.

Den yngre mand sagde ikke noget, og Ingrid var bange for, at han måske netop syntes, at hun trængte sig på.

I det samme kom en tjener ud med en bakke med dampende kaffekopper og glas med en klar væske i. Der var også to stykker chokoladekage, der så rigtig lækre ud.

"Kan det ikke friste?" spurgte den ældre mand, mens den anden allerede var i gang på sit smukke italienske med at bestille til signora.

"Grappa?"

"Ja, mange tak," sagde hun, "meget gerne."

De to mænd rørte ikke deres kaffe og kage.

"Åh begynd endelig, mens kaffen er varm, den bliver hurtigt kold," bad hun dem.

Men de ventede, indtil tjeneren kom tilbage med endnu en servering til hende.

"Vi må jo præsentere os," sagde den ældre mand, "mit navn er Charles Taylor, please call me Charlie, og det er min søn, David."

Den yngre mand smilte, "tak far," sagde han, "og det her er Monty."

Ved at høre sit navn rejste den store hund sig op og gav sin ejer et puf med hovedet.

"Vi kommer fra Yorkshire," fortsatte Charlie, "ja, det område må du kende, David siger, at du er dansk, og så er du jo datter af vikingerne."

Hun skulle lige til at sige, at hun havde været i York med sin forældre, men den ældre mand fortsatte smilende.

"Vi er på denne tur, fordi min afdøde kone, Davids mor, og jeg var her på vores fyrre års bryllupsdag, og i år her i marts ville vi have været gift i 50 år."

"Åh," sagde Ingrid, og hun skulle til at sige noget om, at det gjorde hende ondt, at hans kone var død, men den ældre mand talte ufortrødent videre.

"Ja, min kone døde for to år siden." Han så pludselig trist ud, men han lyste op igen, da han fortsatte, "men David foreslog, at vi tog hertil sammen, og…"

Sønnen lagde blidt en hånd på den gamle mands arm, "men vi har slet ikke hørt dit navn. Var det… In…grit?"

Ingrid rystede på hovedet. "Nej, nej ikke helt." Hun sagde sit navn på dansk velvidende, at de sikkert ville have svært ved at udtale det.

Faderen forsøgte og kunne til sidst sige Ingrid nogenlunde, mens sønnen klarede det fint allerede i første forsøg.

"Min søn har sprogøre," sagde Charlie, "og du taler vel italiensk flydende, når du nu bor her?"

"Nej, slet ikke, jeg har ikke været her så længe."

Hun håbede ikke, at de ville spørge mere til hendes job på pensionatet, og i det hele taget til, hvad hun lavede, og de var velopdragne og spurgte ikke yderligere. Til gengæld sludrede de om området, som både Charlie og David lod til at kende godt.

"Min kone var en glimrende navigatør, så det var hende der sad med kortene, men i dag er der jo GPS."

Charlie fortalte videre, at det var ti år siden, de sidste havde besøgt Como. Hunden Monty var ligeglad, den lå i skyggen fra bordet, våd i skægget efter at have tømt det meste af vandskålen.

Kaffen var god og stærk, chokoladekagen fyldig og sød, og grappaen, som det viste sig, at glassene indeholdt, var stærk og varmede helt ind i sjælen. Ingrid nød at sidde i solen på det lille torv sammen med de to venlige englændere, og et kort øjeblik glemte hun helt, at hun skulle finde noget billigt at spise til aften, og at hun bagefter skulle gå til ro ved siden af rengøringstrolleyen i en duft af kemiske fyrretræer og lavendler. I morgen ville hun med sikkerhed blive vækket med et skrig. Og hvor kunne hun bade henne? I søen?

De fulgtes tilbage til pensionatet. Den gamle far havde insisteret på at betale på cafeen.

"Lad ham endelig få lov," hviskede David, "det er hans omgang, og han nyder det."

Det var ved at blive mørkt, og i de små byer langs søens bred blev der tændt lys. Det så smukt ud med bjergenes mørke silhuetter i baggrunden. Hun opgav tanken om mad. Det måtte vente til i morgen. Hun var faktisk også dødtræt, og chokoladekagen kunne udgøre aftensmaden.

De skiltes i receptionen, og Ingrid trak tiden lidt ud, og lod som om hun lige skulle ordne noget inde i spisestuen. Da englænderne var gået op ad trappen til deres værelser, skyndte hun sig hen til sit rum.

"I would very much like a bath now."

Signora havde netop indskrevet et elegant midaldrende italiensk par, som hun behandlede, som var de gamle venner. De virkede også huskendte og fik udleveret nøglen til camera nummer to. Pensionatets bedste dobbeltværelse, kunne Ingrid forstå, på den måde Signora Pellegrini begejstret omtalte det.

"In-Grit," Signora smilte og pegede på parrets kuffert. "Si...e" sagde hun og nikkede, da Ingrid mimede et, 'skal jeg hjælpe?'

Ingrid forstod. Hun greb den mellemstore af de tre kufferter og slæbte den op ad trapperne. Parret fulgte efter hende. Manden med en skuldertaske, konen med en stor Louis Vuittontaske, som hun holdt fast i venstre hånd for at kunne støtte sig til gelænderet og undgå at snuble i sine elegante cremefarvede højhælede sandaler. Til trods for fodtøjet overhalede de Ingrid på vej op ad trappen og stilede direkte hen imod værelse nummer to. Inden i rummet, som igen virkede en smule beklumret til trods for Ingrids, syntes hun selv, store indsats, marcherede kvinden direkte hen til vinduet og åbnede det. Hun pegede over i hjørnet, hvor hun åbenbart mente, at Ingrid kunne lægge kufferten på et lille bord.

"I would very much like to take a bath now." Ingrid forsøgte igen nede i receptionen.

"But In-Grit, ci, ci." Signora pegede på de to tilbageblevne kufferter, den mindste og den største i det italienske pars samlede sæt, og viftede opad trappen med hånden. Ingrid var åbenbart ikke færdig endnu. Den mindste kuffert gik an, men den store var frygtelig tung. Hvad rejste de mennesker dog rundt med? Hun fik først båret den lille kuffert op, så løb hun ned ad trapperne igen og tog fat i den store. Hun fik med møje og besvær bakset den op ad trappen og ind på værelse to, hvor manden stak hende en Euro i drikkepenge. Hun skyndte sig at sige "grazie" og komme ud ad døren, inde de fandt på andre opgaver til hende.

Nede i receptionen forsøgte hun sig igen vedrørende badet, hun nu mere end nogensinde følte, at hun trængte til. Signora havde fattet, hvad hun ville, det havde hun sikkert gjort allerede første gang, Ingrid forsøgte, så hun viste hende ud på toilettet, som Ingrid havde gjort rent om morgenen.

”No no, please bath,” Ingrid mimede et brusebad.

”Si,” sagde Signora bestemt, for at understrege, at hun havde forstået det, hun var jo ikke idiot. Hun viste, at Ingrid endda kunne låse døren med en krog, så der ikke kom nogen ind til hende, og hvordan hun kunne etagevaske sig. Der var sågar et spejl over vasken, så hun kunne se sig selv, og Signora fandt hende et forvasket håndklæde på størrelse med et gæstehåndklæde, som hun kunne frottere sig med. “But not now, before six tomollow.”

’Det er vi vel flere om at bestemme’, tænkte Ingrid.

”No hot water,” smilte Signora sødt.

‘Nå… ja’. Tusind tanker fløj gennem Ingrids hoved, men hun var træt, og hun orkede ikke mere. I stedet gik hun ned til sit lille værelse, tændte 60 watts pæren i loftet og lagde sig forsigtigt på den vakkelvorne drømmeseng, så den ikke faldt sammen. Klokken var ikke engang otte, men hun kunne vel lige så godt gå i seng nu. Hun døsede hen, og som i en drøm hørte hun sin mobiltelefon modtage en sms. Hun vågnede, da klokken var ti, og stod op helt ør i hovedet. Hun havde ondt bag øjnene og var stiv i nakken efter den akavede måde, hun havde sovet på.

Hun gik hen til ’sit badeværelse’ låste døren og børstede tænder og vaskede ansigtet. Da hun så sig i spejlet, var hun ved at skrige. Håret lå som en fedtet pose om hendes hoved, nogle totter strittede umotiveret i mærkelig retninger. Tilbage på ’sit værelse’ checkede hun mobilen. Sms’en var fra Gregers: ’Kan kigge forbi på onsdag, er du frisk?’ Onsdag ville være hendes fødselsdag, men hvis han havde vidst det, havde han sikkert glemt det. Hun skulle til at sende en sms tilbage til ham, men lod være. Hvad skulle hun også svare?

20.

Selv et etagebad kan være himmelsk. Det lærte Ingrid den morgen klokken halv seks, da hun iført sin mintgrønne badekåbe fra Illums Bolighus og de matchende frottéslippers havde sneget sig ud fra sit rum og hen på toilettet. Der var ingen prop i vasken, men hun fandt ud af at stoppe for vandet med en plasticpose med vådt papir i, så det i det mindste forsinkede vandet i at løbe ud. Der var intet blandingsbatteri, men i stedet to haner én på hver side af vasken, den ene med skoldhedt vand, den anden med iskoldt. Ved at hælde koldt og varmt vand i vasken, kunne hun få det tilpas tempereret. Hun havde kunnet lugte sit hår, det havde hun aldrig prøvet før, da hun vågnede klokken kvart over fem efter en urolig nat. Det lugtede af hår, og det var ækelt. Men med krogen på døren var toilettet og vasken hendes, og hun var glad for, at hun havde været så flittig med rengøringen dagen før, der var stadigvæk forholdsvist pænt derinde, og fyrretræsduften, som der igennem årene sikkert var brugt rigeligt af, fortog sig aldrig.

Hun følte sig meget bedre tilpas, da hun lidt i seks skyndte sig tilbage til sit rum. Hun var ren, så godt det lod sig gøre, og hun havde endda fået tørret sit hår og fået det til at sidde nogenlunde, selvom det havde været svært at vaske først shampooen, så balsamen ud med det bløde og skiftevis for kolde og for varme vand. Klokken præcis seks stod hun klar i receptionen igen i de sorte Braxbukser, men i dag med en lyseblå skjortebluse, som, hun vidste, passede godt til hendes øjne. Hun havde den blomstrede kittel med til senere brug.

Det bankede på hoveddøren, og hun gik ud og åbnede. Udenfor stod et bud fra bageren med brød og croissanter i en papkasse. Han sagde ”Buongiorno,” stak kassen i favnen på hende og gik tilbage til en lille rød varevogn, der havde en tøffende motor gående i tomgang. Brødet duftede godt og mindede hende om hendes sult. Det kunne vel ikke skade, tænkte hun. Hun kunne højst blive fyret før tid, men hvad skulle Signora så gøre? Klare det hele selv? Hun tog chancen og skyndte sig ud i køkkenet, satte kaffemaskinen i gang og smurte en giffel. Der så ud til at være rigeligt med brød, så det blev næppe opdaget, at hun havde taget lidt til sig selv. Eller måske blev det? Hun fik dårlig samvittighed, hun havde aldrig stjålet noget i hele sit liv. Åh jo, lige med undtagelse af dengang hun og Hanne, da de var otte år, efter skole var kravlet op på et plankeværk ind til en stor villa i det rige kvarter, som de kaldte det, for at tage nogle store modne gule blommer. Og ejeren fik fat på dem og skubbede Hanne omkuld, så hun slog hul på knæet, og Ingrid skubbede han ind i en hæk, og truede dem begge med, at han ville tale med deres forældre, og at de ville høre fra politiet. Ingrid og Hanne var så bange i mange år efter, at de aldrig mere gik igennem det rige kvarter.

Måske havde det netop været mandens hensigt, at sådan et par fattiglus skulle holde sig væk, eller måske ville han bare ikke dele sine blommer med nogen. De fleste lå endda allerede på fortovet og tiltrak hvepsene.

Hun varmede mælken og lavede sig en stor kop kaffe. For alle tilfældes skyld gik hun udenfor på terrassen og stillede sig lidt væk fra huset bag nogle buske. Så tog hun en stor bid af brødet med smør og sort kirsebærsyltetøj på. Det smagte himmelsk. Konsistensen mindede hende om de gammeldags gifler, som hendes far havde været så glad for, og som hun, fra da hun var blevet seks år og selv måtte gå til bageren, havde hentet hver søndag morgen, selvom hendes mor havde syntes, at det var fråds. Hun nippede til den varme cafe au lait. Ja, det var himmelsk, intet mindre, og dagen så igen ud til a blive solrig og lun. I et ganske lille øjeblik følte hun en snert af lykke, efter de sidste ugers bekymringer, måneders bekymringer, måske års, ja måske et helt livs bekymringer.

Barndommens bekymring, når familien skulle på en længe ventet udflugt, og moderen aftenen inde ville sige, at hvis vejret i morgen var dårligt, blev de nødt til at aflyse. Skoletidens bekymring om at slå til, være en del af flokken og få de karakterer, som hun vidste, at især hendes mor ville sætte pris på. Studietidens bekymringer om at falde helt ved siden af. De andre piger i klassen på Handelshøjskolen havde søstre og smarte mødre, som de kunne snakke med om alt muligt. De gik op i mode og musik, mens hun hjemme kun hørte om moderens bekymringer om maden. Priserne på ordentlig råvarer, og var de overhovedet til at få fat på?

Da hun flyttede sammen med Erik var hun bekymret for, om det var sådan man skulle være, og om den lejlighed, som især hun indrettede, nu også var god nok, møblerne smarte nok? Da han forlod hende, bekymrede hun sig over, om hvad hun havde gjort forkert, og om hun mon nogensinde blev gift, om hun nogensinde fik børn? En dag var det for sent, det vidste hun godt, men hun blev ved med at bekymre sig, til sidst bekymrede hun sig egentlig mest, fordi hun bekymrede sig, og hun kunne se sin mor i sig selv – og det bekymrede hende rigtig meget. Hun ville ikke være ved det, og når hun var sammen med sin mor, vidste hun godt, at det så ud, som om det var hende, Ingrid, der var den stærke og hende, der skød bekymringerne væk. Men når hun var alene, var det noget andet. Hun vågnede ind imellem med følelsen af, at der lå en stor sten på brystet af hende. Hun vågnede med et gisp og havde altid svært ved at falde i søvn bagefter. Hun havde bekymret sig alle de år, hvor der faktisk ikke havde været noget at bekymre sig om.

Og nu, nu hvor der virkelig var noget at bekymre sig om, der stod hun der i solen og var en lille smule lykkelig. Lige der i solen, opdagede hun, at hun egentlig ikke havde bekymret sig så frygtelig meget de sidste to dage. Hun havde vidst, at hun havde problemer, men hun havde overvundet nogle forhindringer, og hun havde ikke nået at bekymre sig så meget over det, der virkelig var at bekymre sig over. Jeg tager én dag ad gangen, nej en halv dag ad gangen, nej en time ad gangen, tænkte hun. Det er vel sådan, det er. Hendes mors motto med, at 'der ikke er noget, der ikke er så skidt, at det ikke kan blive meget værre', var sikkert sandt, men ikke lige der i den tidlige morgensol med en kop varm kaffe og en giffel med marmelade af sorte kirsebær.

Da Signora lidt efter råbte hendes navn "In-Grit", krammede hun derfor roligt servietten sammen og gik med koppen i hånden ind for at møde sin arbejdsgiver og få udstukket dagens opgaver.

Det schweiziske par var igen de første i spisestuen. De var som dagen før høflige og yderst venlige. De ville ikke høre tale om, at Ingrid skulle lave alt arbejdet, men hentede selv brød og konfiture ved skænken, og når hun kom med kaffe til manden og sort te til konen, takkede de mange gange. De fortalte, at de boede uden for Bern, om hun nogensinde havde været der? Ja, sagde hun, hun havde været i Schweiz flere gange som barn og ung pige. Det havde været hendes fars yndlingsland at rejse til. De gjorde sig umage med at tale højtysk og ikke deres meget svært forståelige schweizertyske. De komplimenterede hende for hendes smukke udtale, og sagde, at man sagtens kunne forveksle hende for at være tysk – men altså kun på sproget.

Det nyligt ankomne italienske par entrerede spisestuen, som om de ejede stedet. De ville ikke sidde ved det bord, som Ingrid viste dem over til, men ved et andet, og de ville ikke sidde overfor hinanden, men derimod vinklet til hinanden. Og så ville de kun have croissanter, og manden ville have en Grappa. Det klarede Signora, som vimsede om bordet og var elskværdigheden selv. Grappaen hentede hun fra privaten. De knipsede og sagde fløjtelyde, når de ville have Ingrids opmærksomhed. Og det ville de ofte.

De to ældre svenske damer var en smule nervøse, for de havde meldt sig til en udflugt med en lokal guide. Turen gik til Bellagio og nogle andre byer, og de ville blive hentet klokken ni. Signora forsikrede dem om, at turen ville blive en succes, for det var hendes bror, der ejede busselskabet. Det beroligede nu ikke damerne, og de spiste ikke så meget, men pakkede i stedet både brød og croissanterne ind i servietter og gemte maden i deres rygsække. Begge kvinder var svært overvægtige, klædt i cowboynederdele til lige under knæet. Den ene havde en stråhat på med et bånd af margeritter, den anden havde trukket en stor kasket godt ned i øjnene med "The Wolfpack" og en ishockeyspiller broderet på. De var begge iført hvide kondisko.

Tyskerne var der ingen problemer med, og det unge franske par kom slet ikke ned til morgenmaden. Ingrid begyndte at spekulere på, om de overhovedet fik mad. Men de klarede sig vel.

Da alle havde forladt spisesalen, og de svenske damer var ved at stige ombord i den temmelig gamle og ramponerede bus, som Signora ellers havde forsikret om havde aircondition, kom far og søn fra Yorkshire ned for at spise. Ingrid blev helt varm om hjertet, da hun så dem og takkede mange gange for den hyggelige eftermiddag, de havde haft sammen.

Den gamle var igen i glimrende humør, og igen iført sin ternede jakke og six pence, som han tog af, da han trådte ind i spisestuen og hilste på Ingrid. Han talte glad om, at de i dag skulle på udflugt til en nærliggende by, hvor han mente at huske, at der lå et meget spændende kloster. Om Ingrid eventuelt havde lyst til at tage med? Ingrid syntes, at hun så sønnen rynke brynene, og hun skyndte sig at sige, nej mange tak, hun var jo på arbejde. Da de var færdige med morgenmaden, og den gamle stod ude i receptionen og underholdt Signora, undskyldte David, han håbede ikke, at hans far virkede for påtrængende. Nej, nej bestemt ikke, sagde Ingrid, det var virkelig pænt af ham at spørge, og havde hun ikke skullet arbejde, ville hun bestemt meget gerne tage med dem.

"Det er sådan en tur ned ad memory lane," sagde David, "han savner min mor så frygteligt meget."

Det kunne Ingrid kun alt for godt forstå.

Da Ingrid stod på første sal, hvor hun var ved at gøre tyskernes værelse i orden, så hun englænderne køre af sted i en smuk gammel grøn Jaguar. Den ville hendes far have syntes om, kom hun uvægerligt til at tænke. Sønnen kørte den højrestyrede engelske bil, og hunden Monty sad på passagersædet. For folk på kontinentet så det ud, som om det var hunden, der sad bag rattet. Faderen sad på bagsædet, gennem ruden kunne Ingrid ane den gamle mands six pence.

Det var mandag og hendes anden dag som ansat på 'Albergo Paradiso'. Hun var hurtigt ved at finde arbejdsrytmen, og da hun var færdig med at gøre værelserne i orden, minus franskmændenes som stadigvæk opholdt sig derinde, tænkte hun, at hun vel så havde fri. Klokken var tolv, og hun ville skynde sig ind og udforske den lille by lidt mere. Den virkede så rar og indbydende. Hun kunne købe en sandwich igen, og senere måske tage en kop kaffe på den cafe, hvor hun havde siddet med englænderne, der havde været så rart. Men Signora Pellegrini havde en overraskelse til hende. Der skulle vaskes sengetøj og tørres og lægges sammen og stables. Det hele foregik i pensionatets vaskerum i kælderen nede ad en mørk, stejl trappe, hvor der duftede af vaskepulver og blødgøringsmiddel med fersken. Ingrid fyldte den store vaskemaskine og satte den i gang, efter de instrukser hun havde fået. Så tog hun det rene sengebetræk ud af tørretumbleren, lagde det pænt sammen og stablede det i et stort skab.

Præcis klokken to var hun færdig, og uden at sige noget til Signora, skyndte hun sig op på sit værelse og skiftede tøj. Vejret var fint, hun kunne sagtens have nederdel på med tynde strømper og lette sko. Hun havde lyst til at gøre lidt ud af sig selv. Lægge en let make up og tage perlekæden på, som hun ellers havde haft gemt i et lille næsten hemmeligt rum i sin Bon Gout taske. Hun tog en kort Betty Barclay trøje på, greb sin taske og skyndte sig af sted inden Signora fik øje på hende.

21

Inde i byen fandt hun en lille park, der skrånede ned mod søen. I bedene blomstrede der allerede margeritter og store mørkerøde valmuer, og i krukkerne stod pelargonier og petuniaer med enkelte nyudsprungne blomster i lyserøde og lilla farver. Hun fandt en bænk under et mægtigt magnoliatræ. De store elfenbensfarvede blomster var ved at springe ud. Hun havde købt en sandwich med mozzarella og tomat og en cappuccino, og hun havde taget ekstra mange servietter, i tilfælde af, at tomaten, som tomater plejer, skulle løbe og lave pletter på hendes nederdel.

Hvor var der skønt, og hvor var det trods alt godt, at hun var taget af sted. Hun havde jo klaret det så langt. 'Så langt så godt', tænkte hun, og når hun kom hjem, måtte hun tage de problemer, der var. Hun måtte sælge lejligheden, for som enlig og især nu uden job, ville kreditforeningen sikkert ikke lægge boliglånet om. Heller ikke til trods for, at hun næppe ville kunne finde noget billigere sted at bo. Hun havde haft en pæn friværdi, men hun måtte nok, som tiderne var og fordi hun skulle sælge så hurtigt, sælge med tab. Nå, hun ville ikke tænke på det nu, nu ville hun nyde nuet. Det havde hun aldrig været så god til, det vidste hun godt, men nu ville hun prøve og se, om hun kunne lære det. Og sandwichen var god, og kaffen stærk og varm. I overmorgen var det hendes fødselsdag, måske kunne hun invitere de venlige englændere på en kop kaffe og en Grappa på den hyggelige café. Hun havde jo også fået de halvtreds Euro af Gerda til at købe lidt rart for. Det ville hun bestemt gøre, hun ville forkæle sig selv, og så ville hun finde en lille gave til sin mor og måske én til Hanne tillige med Grappaen til Gerda. I det samme ringede hendes telefon. Hun fandt den i tasken, den lå som altid i den lille lomme, der netop var lavet til mobiltelefoner.

Det var Gregers nummer, hun havde heller ikke fået svaret på den sms fra ham.

"Det er Ingrid."

Der var stille.

"Hallo, det er Ingrid."

Så lød en kvindestemme i røret, og Ingrid første tanke var, damen havde fået forkert nummer.

"Er du klar over, at du har sendt over hundrede sms'er til en gift mand!!?"

Tusind tanker røg gennem Ingrids hoved. "Undskyld, Hva' behar'?"

"Du hørte mig jo godt," kvinden hævede stemmen.

"Jeg er ikke helt klar over, hvad det drejer sig om," forsøgte Ingrid igen.

"Årh, hold op! Det drejer sig om min mand, Gregers, som du går og sender sms'er til."

På den måde, kvinden sagde det, lød det som om Ingrid var psykisk ustabil.

"Jamen, sådan er det slet ikke," forsøgte Ingrid, men hun var godt klar over, at det faktisk var sådan det var. I hvert fald ud fra Gregers kones synspunkt. At Ingrid blot havde svaret Gregers, når han skrev til hende, var sagen uvedkommende. I hans kones verden var det Ingrid, der spammede Gregers til med sms'er.

"Nu skal jeg sige dig én ting," kvindens stemme var skinger, "hvis du så meget som én gang mere sender sms'er til min mand, skal jeg sørge for, at du får et polititilhold. Løb efter en mand, som ikke er lykkelig gift, og hold dig langt væk fra os, du er jo syg!"

Kvinden afbrød forbindelsen.

Ingrid pakkede resten af sandwichen sammen, hun var pludselig ikke sulten mere. Hun følte en svag kvalme og havde det, som om nogen havde givet hende et hårdt slag i maven. Hun følte sig ikke skyldig i noget. Eller gjorde hun? I kvindens verden var hun, Ingrid, en skurk. SKURKEN. Men det var jo slet ikke sådan, det var. Hun ønskede ikke at ødelægge noget. Hun var slet ikke interesseret i, at det skulle være hende og Gregers en dag. Men han havde jo været så ulykkelig. Hun havde bare villet lytte til ham, være en ven. Det ene havde ført til det andet. Hun ville bare trøste ham. Vidste hans kone intet som helst? Hvordan kunne hun tro, at alt var, som det skulle være? At alt var godt, at Gregers var lykkelig gift? Hun var jo selv flyttet med børnene, det havde Gregers da fortalt. Eller var hun overhovedet flyttet, havde de været enige om at gå hver til sit? Var det bare noget, han havde fortalt? For netop at få den trøst, som Ingrid gav ham?

Hun fandt en skraldespand og smed papkruset og papiret derned. Skulle hun gå tilbage til pensionatet eller fortsætte? Hvis hun gik tilbage, ville Signora sikkert finde på nye opgaver til hende, og hun kunne ikke bare sidde i kosteskabet og forsøge at læse, det var rigeligt, at hun skulle sove derinde.

Hun gik videre igennem de smalle gader, kiggede på vinduer uden rigtigt at se på indholdet i butikkerne, der havde åbnet igen efter middagspausen. Hun kunne høre, at der kom en sms til hende nede i tasken, så hun stoppede op for at læse. Bare der ikke var sket noget med hendes mor? Hun havde slet ikke tænkt så meget på sin mor, og det nagede hende. Måske var moderen faldet, hun havde været lidt svimmel, og hvad med hendes ryg? Det var en sms fra Gregers telefon.

Hun åbnede den. 'Kommer du i aften? Kh Ingrid.' Hun forstod ingenting. Så opdagede hun, at den var fra december forrige år. Det var en gammel besked, hun kunne huske, at hun havde svaret sådan, fordi han nogle dage forinden havde skrevet, at han ville komme hjem til hende den pågældende dag, men efterfølgende havde hun ikke hørt fra ham. Hendes svar var taget ud af de sms'er, de havde sendt til hinanden.

Der kom en sms mere, også sendt fra Gregers telefon. 'Jeg venter på dig, Kh Ingrid'. Sms'en var også fra hende og også sendt flere måneder forinden. I det samme ringede hendes telefon, nummeret på displayet var Gregers. Hun vidste ikke, hvad hun skulle gøre. Sæt nu, det var hans kone igen. Men hun trykkede på besvar og sagde næsten uhørligt: "Det' Ingrid."

Så hørte hun Gregers stemme. "Gregers Lund," så var der stille.

"Åh gudskelov," sagde hun lettet, "din kone har ringet til mig, og hun sender mig sms-beskeder."

"Jeg er ikke på kontoret, men læg en besked efter klartonen... biiip."

Ingrid stirrede rystet på telefonen. Det var hans telefonsvarer, hvordan i alverden kunne det gå til? Hun slukkede telefonen. Det måtte være hans kone, der havde ringet til Ingrid og samtidig afspillet ægtefællens telefonsvarer. Ingrid overvejede at løbe ned til søen og smide sin telefon i vandet. Men hvis hun gjorde det, ville hendes mor ikke kunne komme i kontakt med hende. Hvis hun nu bare lod telefonen ligge i tasken og i hvert fald ikke svarede, hvis det var Gregers nummer. Det ville hun gøre, og så ville hun sætte sig hen på cafeen og købe en kop kaffe og en grappa – en stor grappa.

Tjeneren på cafeen bød hende velkommen, som om hun var en kær gammel kunde. Han førte hende hen til det bedste bord med den bedste udsigt til pladsen og trak stolen ud for hende.

"En espresso og en grappa, per favore," sagde hun.

Der var ikke meget liv på det lille torv. To gamle mænd sad på en bænk under et stort platantræ. De sagde ikke så meget til hinanden, men hver gang nogen gik forbi dem, stoppede de forbipasserende op og sludrede lidt med de to gamle. Ved et af bordene på cafeen opdagede Ingrid det schweiziske par. De havde vandrestøvler og out door tøj på. De sad og kiggede på deres Iphones, det så ud som om de var ved at planlægge en rute, de ville vandre. Tomme tallerkener og glas vidnede om, at de havde siddet og spist, og efter at tjeneren havde serveret Ingrid hendes kaffe med en lille mandelkage og grappa, tog han deres service med ud. De vinkede til Ingrid, da de så hende, og hun var glad for, at de kunne kende hende i civil.

Hendes telefon ringede igen. Hun blev flov over den høje ringetone, og over ikke at have slukket telefonen, da hun kom ind på cafeen, så hun skyndte sig at svare.

"Det er Ingrid," hviskede hun.

Der var stille, ingen der svarede i den anden ende.

"Det er Ingrid," gentog hun, men der var stadig ingen, der svarede. Hun slukkede og skyndte sig at sætte telefonen på lydløs og lagde den ved siden af sig. Lidt efter brummede den. Hun kendte ikke nummeret. Godt, at det ikke var Gregers telefon.

"Det er Ingrid."

Der var stille.

"Hallo, er det mor?" forsøgte hun, men personen i den anden ende var tavs.

Det fortsatte sådan hele eftermiddagen. Telefonen ringede, og det var flere forskellige numre, blandt andet også Gregers, men der var ingen, der svarede i den anden ende. Hun turde ikke andet end at besvare opkaldene, for sæt nu det vitterligt var hendes mor, og der måske var sket moderen noget. Men hver gang, hun svarede, var der ingen. Hun begyndte at skrive numrene ned. Det var de samme tre numre, og så Gregers', der gik igen. Til sidst åbnede hun bare telefonen, og lod den ligge på bordet eller i sin lomme på jakken. Efter et stykke tid, afbrød personen i den anden ende forbindelsen, for lidt efter at ringe op igen.

Telefonisten var med rundt i byen. Vedkommende, som Ingrid regnede med, nok var Gregers kone, kunne høre lydene fra den lille by. Folk, der talte sammen, biler der dyttede, genklangen fra de smalle gader. Som en radiodokumentar fra en lille italiensk by. Til sidst kom Ingrid i tanke om, at det var hende, der betalte for samtalen hjemmefra og til Italien, og så slukkede hun helt for telefonen. Moderen ville hun ringe til senere på dagen.

På markedet købte hun tomater og oliven og to små spinattærter. Hun fandt en billig flaske rødvin og købte den og en liter vand. Der var nogle lækre runde marcipankager, men hvis hun sparede nu, kunne hun flotte sig lidt på sin fødselsdag. Hun ville gerne finde en hyggelig restaurant, ikke for eksklusiv, men heller ikke for billig. Hun kunne spørge Signora, hun havde sikkert noget familie, der drev et pizzeria.

Da hun kom tilbage til pensionatet, mødte hun de to svenske damer, der var ved at stige ud af en taxa. De var helt røde i hovederne.

"Har I haft en god tur?" spurgte hun glad.

De kiggede vredt på hende. "Nej, så absolut ikke," svarede de, "og hvis du vil være så venlig at sige til din chef, at vi vil have vores penge tilbage. Bussen gik i stå, og vi måtte alle sammen ud og skubbe. Så ventede vi tre timer på en anden bus, og den var så gammel og affældig, at vi ikke turde køre med den, men måtte tage en dyr taxa."

"Ja, og taxaturen har kostet os hundrede og fem Euro," understregede damen med kasketten.

"Ja og en spildt dag," supplerede den anden, "vi regner med at få pengene refunderet af jer."

De marcherede forbi Ingrid ind gennem døren til pensionatet. "Jeg skal se, hvad jeg kan gøre," sagde hun efter dem.

Inde i vestibulen så hun til sin lettelse, at de havde mødt Signora, der tog imod dem med sit mest sukkersøde smil. Men hendes smil stivnede som en grimasse, da hun fandt ud af, at de to damer bestemt ikke var tilfredse med turen søen rundt, som hun havde sendt dem på. Ingrid nikkede, da hun skyndte sig forbi.

"Mille Euro," hørte hun den svenske dame med stråhatten sige, mens hun slog med flad hånd ovenpå skranken, og Ingrid tænkte, at den måtte Signora selv klare. Hun havde sikkert prøvet det før.

At spise tomater og oliven og små spinattærter og drikke en ikke dyr, men udmærket italiensk landvin til i Italien, er meget autentisk. Men når det hele foregår i et kosteskab omgivet af rengøringsmidler, der forsøger at overgå hinanden med syntetiske dufte af fyrrenål, citrus, lavendel og pebermynte, er det social realisme. Ingrid sad på sin drømmeseng med en kagetallerken fra morgenmaden balancerende på knæene. Hun havde først lagt et viskestykke for ikke at grise sig til og ovenpå det stillet tallerkenen. Rødvinsglasset, som var en tekop, stod på en omvendt gulvspand. Pæren i loftet brummede svagt på sådan en elektrisk måde. Hun kunne ind imellem høre fodtrin ude på gangen, og det fik hende uvilkårligt til at kramme hårdere om koppen eller gribe om tallerkenen. Hvis døren, som ikke kunne låses, gik op, ville hun hurtigt kunne gemme servicet under vattæppet. Men der var ingen, der forvildede sig ind til hende. Hun kiggede på uret. Klokken var kun halv ni. Hun kunne gå en tur, når hun var færdig med at spise, men hun var så træt, og tanken om at skulle så tidligt op næste morgen, fik ikke en aftenpromenade til at lyde videre besnærende.

Da hun var færdig med maden, kom hun i tanke om, at hun slet ikke havde smagt på, hvad det var hun spiste. Hun havde bare spist. Automatisk puttede ting i munden, tygget, sunket, drukket og igen puttet noget nyt i munden. Og nu var hun færdig. Tak for mad. Idet hun satte tallerkenen fra sig, ringede hendes telefon. Hun var lige ved at vælte spanden.

"Hallo, det er Ingrid." Hun lød hæs, hun brugte ikke sin stemme så meget for tiden, så hun rømmede sig og sagde højere, "det er Ingrid."

Der var stille. Var det igen den tavse telefonrytter, der havde ringet til hende?

"Hallo det er Ingrid."

Det her begyndte at gå hende på. Hvad ville det skøre menneske. Pludselig kunne hun høre Gregers stemme svagt i baggrunden.

"Jamen, for helvede da," han lød vred, men det på sådan en lidt latterlig måde. Ingrid forestillede sig ham i det tøj, han havde haft på, sidst hun så ham. Posede træningsbukser og træsko. Dengang hendes genbo havde bremset ham og sendt ham hjem i en taxa. Hun kunne høre skridt, og så en kvinde, der nærmest opgivende sagde: "Nå, Okay."

Så blev forbindelsen afbrudt.

Tirsdag. Sidste dag i fyrrene. I morgen eller i nat klokken et minut over tolv ville hun være halvtreds. 'Mulighedernes årti'. Eller hvad? Hendes årti ville starte som fremmedarbejder, for derefter at gå over i arbejdsløshed og måske boligløs. Hun kunne selvfølgelig altid bede sin mor om, at få sit gamle børneværelse tilbage.

Lige fra klistermærkerne i bankbogen, fra børneopsparingen, lige så længe hun kunne huske, havde hun levet efter familiedevisen, at det var 'godt at have lidt på kistebunden'. Hendes fars bankbaggund og snusfornuft – og hendes mors evige bekymringer. Hendes egne næsten endnu mere evige bekymringer. Og nu gik hun ind i det årti, hvor alle andre havde børnene godt i gang og godt afsat, børnebørn i vente, stor friværdi, sommerhus, pensionsopsparing, og hvor tankerne kun kredsede om, hvorvidt de ville spille golf, skrive en børnebog, rejse rundt i Mongoliet eller selv brygge øl, når de om præcis x antal år, måneder, uger og dage og timer gik på efterløn eller pension.

Hun var vågnet med en led trykken bag det venstre øje. Migræne. Hun orkede det ikke, men hvis hendes sidste dag i fyrrene skulle være med migræne, ville hun bare hurtigst muligt ind i halvtredserne, i overgangsalderen, og så håbe på, at den aldrig mere vendte tilbage. Som det år, hvor hendes far døde, og hun nytårsaften gik i seng kl. 22, efter at have spist sammen med moderen. Hun ville bare ud af det onde år og ind i et nyt, som skulle være bedre, som SKULLE være bedre. Og hun var gået fra moderen, selvom moderen måske især denne aften havde brug for, at hun var der. Men hvorfor kunne moderen aldrig selv sørge for, at det ikke altid var så synd for hende? Så forbandet synd for hende? Hvorfor kunne hun ikke trøste sig sammen med Jytta eller med sine andre veninder? Med nogen fra opgangen? Hun havde boet der hele sit voksne liv, og alligevel kom hun ikke sammen med nogen af ejendommens andre beboere. Selvom de fleste var på hendes egen alder.

Ingrid forsøgte at massere tindingerne. Forsigtigt pressede hun pegefinger og langemand mod tindingerne og bevægede dem i små cirkler. Hun havde haft migræne, siden hun var 12 år. I perioder sjældent, i andre perioder hyppigt. Nogle gange en gang om måneden, så en pause på et par måneder, og så pludseligt kunne migrænen vende tilbage med fornyet styrke og slå hende omkuld én til to gange om ugen. Hvor hun kun kunne holde ud at ligge i sin seng med nedrullede gardiner og en Margretheskål klar under sengebordet. Migrænen havde været hendes trofaste følgesvend i 38 år, hendes onde følgesvend. Og nu var den der igen, og lå og ulmede bag det venstre øje. For det meste hjalp det, hvis hun kastede op, men der gik altid mindst en dag og en nat før den lettede. Eller en nat og en dag. Hvor alt var sort, hvor hver en tanke var en lidelse. Hvor alt var problemer, hvor intet var lyst, alt var sort.

Hun satte sig op i drømmesengen. Den gav sig og knagede faretruende. Det kunne ikke være hendes 50 kg., som var årsag til, at sengen truede med at bryde sammen. Nok snarere, at den var gammel og mør. Nå, hun måtte tage sig sammen. Hun skulle på arbejde. Ud på toilettet og vaske sig, så vidt det nu var muligt. Børste tænder, rede håret og tæmme det. Komme en let make up på, og så ellers i gang og smile pænt. Hun var Ingrid Hansen fra Danmark, men hun kunne lige så godt være Nahid fra Iran eller Ludmilla fra Bulgarien. Hun var nul og nix, boede i et kosteskab, var ikke engang dårligt lønnet, men ulønnet, ikke engang billig, men gratis - og sådan var det. Hun havde banken og Gregers skøre kone på halsen.

Hun rejste sig og klædte sig på. Klokken var allerede lidt i seks, hun kunne ikke nå den store etagevask, og lige nu havde hun mest af alt lyst til at springe i søen. I Comosøens 'krabbe' bølger, som der havde stået i kataloget fra Italiensdrømme.

Morgenmaden blev overstået. Charlie og David skulle på bådtur til nogle nærliggende byer og køre med en lille bjergbane op til højt punkt, fortalte Charlie glædesstrålende. Han var igen i tre slags tern. Jakken var i let uld med små tern i blåt, lidt gyldent og bordeaux og sort, skjorten var med lidt større tern i grønne, brune, sort og gyldne nuancer og hans sixpence var i en gråblå Harris Tweed. Han sad og stak hunden bidder af gifler og croissanter under bordet, selvom David pænt sagde, at det måtte han helst ikke. Hvornår vender billedet, og man bliver forældre for sine forældre? tænkte Ingrid, skænkede mere kaffe og fyldte deres brødbakke op igen.

"Tror du ikke, at du kunne få lidt tid til at tage med os," forsøgte Charlie, og David så igen ud, som om det slet ikke passede ham.

"Nej, desværre," skyndte Ingrid sig at sige, "jeg må jo arbejde."

Da de skulle af sted, og David var gået i forvejen med hunden, tog Charlie hende blidt i armen, og sagde, "jeg er sikker på, at det også ville glæde min søn."

Ingrid smilte, det troede hun nu ikke, men hun svarede, at det kunne have været hyggeligt, men hun havde en del at nå endnu.

Da alle gæsterne var draget af sted, de to svenske damer på bådtur for at se noget af det, de ikke fik set på deres busudflugt, vaskede Ingrid op. Hovedpinen havde udviklet sig til et dunkende bånd tværs over panden. Det føltes som om nogen havde slået hende hårdt med en spade. Sådan var det altid, og netop det billede, syntes hun, passede så godt. Hun gik ind på sit rum og tog et par

Panodil, vel vidende at pillerne kun ville dulme smerterne kortvarigt, for at vende tilbage senere med fornyet kraft.

Hun startede med at gøre det italienske pars værelse i stand. Der var ikke gået basketballspillere tabt i dem. Stort set alt, der kunne ramme ved siden af, var ramt ved siden af. Om det var papir og skrald, der var tiltænkt papirkurven eller menneskelige udladninger, der var tiltænkt toilettet. Der flød, og der var ulækkert. Den manglende respekt, parret havde udvist, da de lod hende slæbe deres kufferter op til værelset, havde de også udvist, ved den måde de behandlede værelset, og hende på. Hun skyndte sig at åbne vinduet ud til balkonen. Der var stævnet en lille færge ud inde fra byen. Det kunne være, at englænderne var ombord. Hun fulgte båden med øjnene, og pludselig så hun Charlie og David stå på udsigtsdækket. Hunden var hoppet op og stod med forpoterne på rælingen og kiggede med. Hun vinkede til dem, og de vinkede igen, den gamle vinkede med sin kasket. Han mindede hende så meget om hendes egen far. Begge var de gode til at få mest muligt ud af alt det gode. Glæder, der kom i små glimt. Hendes far, han var også altid god til at leve i nuet, til at være til stede. Det var vel det, der havde gjort hans liv udholdeligt. Han var god til at nyde glimtene. Uden for banken, uden for hjemmet.

Årh, den forbandede hovedpine! Den var gået over i kvalme, og båndet over panden strammede uudholdeligt. Hun var svimmel, og det eneste hun ønskede var, bare at kunne lægge sig ned og få lidt fred. Men her på værelset, som skulle gøre rent, kunne hun ikke hvile, der var også for ulækkert, og nede på sit eget rum var lugten af rengøringsmidler så stærk, at hun ikke kunne holde ud at være der. Hun satte sig forsigtigt ned på trinnet ud til balkonen. Luften var en smule kølig, hun hvilede sit hoved mod dørkarmen. Lige nu var der ikke så meget at glæde sig over. Alle problemerne kom rullende ind over hende. Hvorfor gik alting galt? Var det selvforskyldt, eller var det bare de tre, fire, fem, seks, syv ulykker, der aldrig kom alene?

Hun lukkede øjnene, og mærkede tårerne presse på. Det fik hovedet til at dunke endnu mere og det sved i øjnene. Hun kunne ikke sidde her og tude. Det ville alligevel ikke nytte noget, ikke løse nogen problemer. Som at græde sig i søvn, og vågne med hævede, røde øjne næste morgen.

Hun gik i gang med at hive det snavsede sengetøj af. Alt skulle skiftes. Så ordnede hun toilettet og badet. De fik da noget for pengene, tænkte hun, og skrubbede og skurede badekarret. Hun forsøgte at gå i trance, ikke være til stede på det uhumske badeværelse, men være alle mulige andre steder, sammen med englænderne i Bellagio, på den hyggelige cafe i byen, men hver gang hun bare tænkte på at tænke, gjorde det ondt.

Langt om længe var hun færdig, og hun kørte sin trolleyvogn ud på gangen og videre til næste værelse. Det var franskmændenes, og det var tomt. De havde forladt det for første gang, og nu så det ud til, at de havde forladt det for evigt. De havde igen ikke været nede til morgenmaden. Signora Pellegrini kom pludselig marcherende ind på værelset og begyndte at hyle op. Ingrid lukkede øjnene, det var som om nogen stod med en motorsav inde bag hendes øjne. Signora var tosset, hun hentede sin mand, og de for rundt og råbte op. For franskmændene var godt nok rejst, men de var også rejst fra regningen.

Ingrid smilte stille, gjorde værelset i orden og kastede op i toilettet. En eksplosion af stjerner bredte sig for øjnene af hende. Hvis bare alt det onde i hendes hoved kunne komme ud, hvis bare den forbandede migræne ville gå væk.

Men den gik ikke væk. Ingrid stred sig igennem arbejdet. Da klokken var fem, og efter at Signora havde ladet hende feje foran pensionatet og pudse spisestuens vinduer, vaklede hun ind på sit rum og lagde sig på drømmesengen. Hun havde fyldt en tom vinflaske med vand fra hanen. Vandet var lunkent og smagte af klor. Der var indtalt tre beskeder på hendes telefon. Én fra banken om, at hendes konto stadig var i overtræk, og skulle dækkes omgående, og at de havde lukket hendes Visakort. En fra Skat om, at hun havde glemt et møde, men de havde da ikke aftalt noget møde? Og en fra hendes mor. Moderen lød helt glad, og Ingrid blev helt taknemlig. 'Jutta har inviteret mig med til deres datters sommerhus i Ebeltoft. Der skulle være så dejligt. Vi skal med en bus om lidt, men jeg ringer til dig i morgen. Hej hej'.

Hvordan kunne hendes mor klare at tage med bus til Ebeltoft, men ikke med fly til Como? Hvorfor tog hun med Jytta, og ikke med Ingrid? Nej, hun ville ikke tænke på det. Hun ville ikke lade sig skuffe, endnu engang.

Der var ti ubesvarede opkald fra samme nummer. Gregers nummer. Ingrid lagde sig på drømmesengen, krummede sig sammen og kastede op i spanden, som hun tidligere havde brugt som bord. Nu var den vendt om, og var en spand. Hun faldt i en dyb urolig søvn, og ænsede ikke, at klokken blev både 11 og midnat, og hun reelt var gået ind i sit nye årti. Mulighedernes årti. Klokken halv tre gik hun ud og tømte spanden på toilettet, og mærkede en lille forandring i migrænen. Smerterne, der var startet bag venstre øje, og havde flyttet sig hen som et bånd over panden, var nu ved at fortage sig og havde rykket sig hen bag det højre øje. Det plejede at være et tegn på, at hovedpinen var på vej væk. Hun kiggede sig i det gamle skårede spejl på toilettet, og var ved at skrige, da hun så sig selv. Så listede hun tilbage til sit lille beklumrede indelukke, slukkede lyset og lagde sig forsigtigt på drømmesengen. "Tillykke Ingrid," sagde hun stille, "Tillykke med fødselsdagen." Hun savnede sin far. Hun savnede ham så frygteligt meget.

23.

Klokken halv seks vækkede alarmen på hendes mobiltelefon hende. Hun lå i mørket, ør i hovedet og med en krop som en skal, drænet for liv og energi. Hun var ikke sulten, hun var ikke glad, men heller ikke decideret ked af det. Hun var tom, helt tom. Hendes nakke værkede, og hendes mund og svælg føltes som Negevørkenen.

Hun måtte have døset hen igen, for en voldsom banken på døren vækkede hende, og lidt efter stak Signora Pellegrini hovedet ind og tændte pæren i loftet. Ingrid satte sig chokeret op, og forsøgte i det skarpe lys at fokusere på Signora, der var i sin sorte dragt, i dag med en skriggul skjorte under, og som altid med de sorte hår upåklageligt sat, så ikke et eneste hår sad skævt. Signoras ansigtsudtryk, der så ud, som om hun havde slugt en lort, vidnede om, at luften i Ingrids lille rum, til trods for de kemiske skov- og blomsterdufte, ikke var god. Ingrid trak blufærdigt sit vattæppe op til hagen.

Signora viftede med højre hånd hen imod hende.

"Andiamo, andiamo!" kvidrede hun, som om Ingrid var en genstridig høne, der skulle tilbage på sine æg. Så sagde hun noget meget hurtigt og rystede til sidst opgivende på hovedet. "You clean bus now."

"What!?" Ingrid forstod ingenting.

"Kom så, kom så, kom så." Signora havde ikke tid til hyggesnak, hun vendte sig og gik, uden at lukke døren efter sig.

Hvad i alverden ville hun? Skulle Ingrid gøre rent i en bus? Hun skulle jo lave kaffe og servere morgenmad for gæsterne. Svimmel og svag tumlede hun usikkert ud på gulvet, lukkede døren og forsøgte at finde sine sorte Braxbukser. Hun havde ikke orket at lægge de seneste dages tøj på plads i kufferten igen. Det hele lå i en bunke på gulvet. Hun kiggede i kufferten, om hun kunne se en passende bluse, en pæn én. Det var jo trods alt hendes fødselsdag.

Signora kom farende ind på værelset igen. "Hully, hully hully," råbte hun.

Der var hverken tid til at finde en pæn bluse frem, etagevask eller til at sætte hår og lægge make up. Iført et stramt tørklæde om håret, godt nok et Burberry silketørklæde, og den lyse Max Mara trench coat over det sorte tøj, blev Ingrid gennet gennem vestibulen og hoveddøren ud til en lille ventende og hostende Piaggio Ape, en trehjulet kabinescooter med lad. Den havde set bedre dage.

'Det her er hvid slavehandel', for det gennem Ingrids hoved, men da chaufføren var den eneste til i så fald at bortføre hende, faldt hun lidt til ro. Han var halvanden meter høj, med meget lidt, men langt hår på hovedet og et tyndt sort overskæg. Han havde få tænder i overmunden, erfarede hun, da han sagde noget til hende om, at hun skulle sidde på ladet.

"Vent lidt," forsøgte hun med fagter at fortælle ham, "min mobiltelefon, jeg har glemt min mobiltelefon."

Men de havde travlt, og der var ikke tid til at løbe tilbage til værelset og hente telefonen. Inden hun var nået at kravle helt op på ladet, havde han sat scooteren i gang, og med et hop og et grrrrrrrrr fra motorens to cylindre, forlod de pensionatets indkørsel med kaskade af småsten og grus piskende ud til siderne.

Ingrid klamrede sig til alt, hvad hun kunne klamre sig til på det snavsede lad. I svingene måtte hun passe ekstra godt på, for chaufføren tog dem på to hjul, og hun var i fare for at blive kastet af. De havde ikke kørt så længe, højst nogle kilometer, men de var kommet udenfor byen, da chaufføren svingede ind foran en gammel garagebygning, hvor Ingrid i mørket kunne skimte nogle ramponerede biler og to busser i orangerøde farver. Et blinkende lysstofrør var tændt over garagebygningens port. Chaufføren gjorde tegn til, at hun skulle klatre ned fra ladet. Udover ham var der ikke et øje på pladsen. Han forsvandt ind ad en lille dør ved siden af porten, og Ingrid stillede sig væk fra det blinkende lys. Hendes øjne og hoved var ved at eksplodere, og væk fra lyset, håbede hun på, at hun ikke kunne ses.

Chaufføren kom ud med en spand med nogle forskellige flasker i og pegede hen mod den yngste af busserne. Han stak Ingrid spanden og gik igen, for lidt efter at komme tilbage slæbende på en tyve liters vanddunk, som han stillede for hendes fødder. Så gik han over, trykkede på et eller andet under grillen på køleren, og aktiverede en døråbner, som fik fordøren til at gå op med schwuuuush. Ingrid forstod. Ingrid forstod kun alt for godt. Hun skulle, som hun nu huskede Signora havde fortalt hende, 'clean busses'. Det var sikkert venligt ment. Arbejdet måtte ikke blive trivielt, Ingrid skulle rotere, ja, det var, hvad det var, jobrotation. 3F ville have været begejstrede. Chaufføren pegede på Ingrid og derpå op i bussen, og Ingrid hankede op i spanden og i den tunge dunk, og slæbte sig over til bussen. Med møje og besvær fik hun halet først spanden, så dunken indenbords. Hun var så optaget af at bakse dunken op ad bussens fire trappetrin, at hun først sent registrerede den hånd, hun næsten var sikker på, hun havde mærket lagt på sin bagdel. Men da hun vendte sig om, for at se, om det virkelig var, som hun troede, at det var, så hun chaufføren gå ind i garagebygningen. Lidt efter blev der tændt lys i bygningen, og fra nogle udendørs skrattende højtalerne brølede Umberto Tozzi "Ti amo" ud over pladsen. Musik til arbejdet.

Da det var blevet helt lyst, og klokken var omkring 10, dukkede to andre mænd op ved garagen. Den ene i kedeldragt, den anden i noget, der lignede et akryljakkesæt, og som Ingrid senere fandt ud af, var chaufføren på den bus, hun lige havde gjort rent. Eller muget ud i. Det var snarere det, der var sket. Det så ikke ud, som om bussen havde set en fugtig klud, siden den havde forladt fabrikken, sikkert engang i halvfjerdserne.

Men nu var hun færdig, og nu ville hun tilbage. Hun havde bestemt sig for, at hun ville invitere englænderne ud og spise frokost. Hun ville fejre sin fødselsdag, og hun ville være glad. Hun havde sikkert også fået adskillige sms'er og opringninger, lykønskninger på dagen. Og hovedet var ved at lette, det kunne måske godt gå hen og blive en dejlig dag.

Hun greb sin Bon Gout taske og gik over i garagen for at bede chaufføren om at køre sig tilbage. De tre mænd sad inde på et meget lille kontor med plakater af barmfagre pin up piger på væggene. De drak af hvert sin skårede kop, noget der duftede som kaffe. Stærk kaffe. Ingrid kunne egentlig godt drikke en kop, eller en kop te, helst ikke noget for stærkt efter de seneste 48 timers faste. Men der var ingen, der bød hende.

"Albania?"

"What?"

"Albania?" Det var chaufføren, der førte ordet henvendt mod Ingrid

"Rumania?" Manden i jakkesættet målte hende fra top til tå, mens han spurgte.

Hvad? Hun forstod ingenting.

"You from Rumania?" prøvede han igen, han kunne åbenbart tale engelsk.

"No no, Danimarca," sagde hun.

"What Danimarca?" Det var jakkesættet, der brillerede med flere engelske ord.

"Frank Arnesen," sagde hun så. "You… take… me… back… now…!" Mens hun sagde ordene kiggede hun direkte på sin chauffør og pegede i den retning, hun regnede med, at Varenna lå.

"No, no, no," sagde han og rejste sig. Så skubbede han hende ud ad døren og gennede hende tværs over pladsen over mod den anden bus, den ældste af dem.

"You clean bus," befalede han.

"No!"

"Si!"

”No!”

”Yes!”

”Aldrig i livet!” råbte hun ad ham, og vendte sig for at gå.

Han greb hende hårdt i armen, og hun opdagede, at de to andre mænd var kommet ud fra værkstedets kontor og stod i døren til garageanlægget.

”Amore,” hviskede han smiskende, mens han med sin frie hånd, den venstre, forsøgte at gramse hende på hendes bagdel. Heldigvis tog den lyse Max Mara fra, og tanken om, at hans olierede hånd for altid vil kunne ses på det lyse stof, røg igennem hendes hoved.

”Amore,” forsøgte han igen.

Hun vendte sig om, bøjede sig en smule, så hun stod ansigt til ansigt med ham og brølede ”NO” ind i hovedet på ham.

Det slog ham ikke ud. ”Si!” sagde han bestemt, ”Pensione Paradiso,” han slog nonchalant ud med hånden, ”All inclusive.”

Hun hentede den i en vinkel af 180 grader og smækkede ham sådan én på kassen, så han røg i knæ og gik tre skridt baglæns. Inden han havde fundet ud af, hvad der var sket, snurrede hun rundt og marcherede gennem porten ud på vejen. Et splitsekund overvejede hun, om hun skulle gå til højre eller venstre, hun valgte vejen til højre og trampede vredt af sted. Da hun havde gået et godt stykke og jævnligt havde kigget sig over skulderen, for at sikre sig, at han ikke kom i sin Piaggio og hentede hende tilbage, faldt hun lidt til ro. Og da hun stod ved et skilt, der viste Varenna 10 km. i den retning, hun lige var kommet fra, så hun til sin rædsel og glæde en moderne bus komme kørende med et stort skilt med Varenna på fronten. Hun viftede med arme og ben, chaufføren stoppede, smilte til hende og lod hende køre gratis med tilbage til et stoppested tæt på pensionatet.

”Bulgaria?”, spurgte han forsigtigt, da hun stod af.

Hun vendte sig om, smilte sødt og sagde; ”si, si.”

Med Bon Gout'en fast i sine arme, gik hun tilbage til pensionatet, og Signora, hun kunne bare komme an!

Der var ingen gæster tilbage på Albergo Paradiso. Alle var taget af sted på ture, og nogle havde vel også forladt stedet. Ferien var slut. Hun følte det pludseligt, som om hun havde fået et kraftigt slag i maven. Englænderne, hvad med dem, var de rejst? Hun kunne slet ikke overskue, hvis de var rejst, og at hun var ladt alene tilbage. Nøglerne til deres værelser hang i receptionen, men det kunne betyde hvad som helst. Hun skyndte sig op ad trappen til værelserne på første sal, bankede på døren ind til den gamle fars værelse. Der var ingen, der svarede, så hun låste sig ind med sin universalnøgle. Gudskelov. Værelset var stadigvæk beboet. De var der endnu.

Hun løb tilbage til sit værelse og hentede sin telefon. Der var et opkald fra moderen. 'Tillykke med fødselsdagen, Ingrid. Altså, jeg forstår ikke rigtigt, hvad der foregår. Jeg mødte Hannes mor i går, og hun fortæller, at Hanne og Lars er taget i sommerhuset. Jeg troede, at Hanne var sammen med dig i Venedig, eller hvor det nu er, du er. Hannes mor fortalte også, at I åbenbart aldrig rigtig har været veninder, og at du bar dig tarveligt ad, dengang Lise døde. Nå, det forstod jeg ikke meget af. Men her er skønt i Ebeltoft, jeg ringer senere.'

Ingrid satte sig ned på drømmesengen. Havde hun og Hanne aldrig været veninder? Havde Hanne sagt det til sin mor, som så havde sagt det videre til Ingrids mor? At de aldrig havde været veninder? Ingrid kunne lige så godt have fået at vide, at hendes forældre aldrig havde været hendes forældre, at de var blevet forbyttet ved hendes fødsel. Hanne og hendes venskab havde Ingrid altid tænkt på, som noget af det nærmeste man kom en søster. For sådan én havde hun altid så gerne villet have. Og Lises død, skulle hun have været tarvelig overfor Hanne, da Lise døde? Åh, hun havde jo netop forsøgt at trøste Hanne, så godt hun kunne. Men Hanne ville ikke trøstes, ikke tale om Lise, hverken før eller efter hendes død. Ingrid forstod ingen ting. Men måske var der slet ikke noget at forstå.

Der var en sms fra Hanne. 'Tillykke Ingrid, jeg håber at du får en dejlig dag'. Hvordan tænkte Hanne mon, at Ingrids dag ville blive? Der var en sms fra banken om, at hun pr. omgående skulle dække overtrækket på 19.872,34 kr. Sms'en var sådan én, man ikke kunne besvare, man kunne bare modtage den og parere ordre. Ville de have hende til at begå røveri? Tre opkald fra et ukendt nummer, og et fra Gregers om, at han måske skulle spille badminton i morgen og kunne komme forbi. Gerda havde indsunget en fødselsdagssang, og der lå en besked fra Hr. Nielsens kone Musse, som ville have maleriet tilbage, da hendes mand åbenbart i et øjebliks vanvid havde givet det bort. Men det tilhørte familien, det kunne hun nok forstå, og hun kunne tilbagelevere det på en adresse, som Ingrid kunne genkende som adressen på revisorsønnens kontor. Musse lød tydeligt beruset. Det var de fødselsdagshilsener, der var.

Signora havde efterladt spisestuen til hende, nøjagtigt som gæsterne havde efterladt den. På nær et enkelt bord, englændernes, var der ikke ryddet af bordene. Der havde været serveret kaffe og te, kunne man se, men de tomme brødbakker og de manglende mælkekander vidnede om, at der ikke var blevet serveret morgenmad med den samme runde hånd, som Ingrid hidtil havde gjort. Alt var spist til sidste krumme. Brødet, der ikke var kommet på bordene, var angiveligt endt i privaten.

Ingrid ryddede af og vaskede op. Hun vidste, at værelserne ventede, dem havde Signora med garanti heller ikke taget. Hun tog sin trolley og baksede den op ad trappen til værelserne på første sal. Hun bankede på døren til Charlies værelse, og da der ikke blev svaret låste hun sig ind med sin universalnøgle. Værelset var nydeligt ryddet. Tøjet hang pænt på bøjlerne i skabet, og kufferten var lagt ind under sengen. Badeværelset havde været benyttet, men de våde håndklæder var hængt til tørre. Ingrid redte sengen og skiftede til nye tørre håndklæder. Det ville Signora ikke synes om, men Ingrid var lige glad. Den gamle mand skulle havde det godt. I Davids værelse herskede der ikke helt den samme orden, men værelset var dog trods alt pænt og rent og bar end ikke spor af, at der også boede en stor hund. Hun kunne dufte mandens after shave, den duftede frisk og maskulint.

Hans rejsetaske stod på gulvet, og der hang tøj hen over en stol ved vinduet. På sengebordet lå der en bog af Umberto Eco. Det var vel et meget forståeligt valg, tænkte hun. Hundens eksklusive seng var placeret under vinduet.

De andre værelser fik hun overstået hurtigt. Det tyske par var rejst, så der skulle skiftes sengetøj og håndklæder og gøres grundigt rent. Men den tyske properhed smittede af på parrets måde at behandle værelset på. Det var sikkert kvinden, der havde ordnet rummet inden afrejsen. Sengetøjet var taget af og lagt sammen uden en fold – det så helt nystrøget ud. Håndklæderne var hængt til tørre og badeværelset så ud, som det var blevet poleret grundigt for nyligt. Ingrid behøvede ikke at gøre så meget. Da hun var færdig med værelserne og lagde de sidste små stykker syntetisk lilla sæbe med lavendelduft og flasker med shampo, balsam og skumbad tilrette på hylden ved vasken, var klokken tre, og hun fik en ide. Signora ville næppe dukke op før ved fem-tiden. På badeværelset, der hørte til tyskernes værelse, var der badekar. Hun åbnede for vandet, og tømte den lille plastikflaske med skumbad ned i. Så løb hun nedenunder og hentede sin badekåbe, sine frotteslippers og sin toilettaske. Der var stadig lidt rødvin tilbage fra hendes middag på værelset forleden, så hun greb flasken og hentede et glas i køkkenet.

Vandet var nået godt op i karret, da hun kom tilbage. Der duftede af lavendel på hele gangen. Hun låste døren og satte en stol i klemme, så Signora, hvis hun skulle finde på at komme anstigende, trods sin nøgle, ikke ville kunne komme ind på værelset. Vandet var varmt, ikke for varmt, men lige tilpas. Ingrid tog sit tøj af. Det lugtede af sved, syntes hun. Puha, det havde hun aldrig prøvet før, at lugte af sved. Mon det var overgangsalderen, eller havde hun bare for første gang i sit liv prøvet hårdt fysisk arbejde?

Vandet i det mægtige badekar gik hende op til halsen. Kunne hun ikke få løn, kunne hun i det mindste trække på de få goder, der kunne trækkes på. Varmt vand en masse. Hun nippede til rødvinen. På tom mave var det en lidt sur oplevelse, men hun var ligeglad. Hun var halvtreds år, og hun kunne tillade sig, næsten hvad det skulle være. Også at drikke sur rødvin og få bordeauxfarvede tænder. Automatisk lød hun tungen løbe hen over tænderne. Der var nok også grænser for, hvor sær hun havde lyst til at være, trods alderen.

Hendes mobiltelefon modtog en sms. Kunne man få stød og dø af, at aflæse sms'er fra en mobiltelefon i et badekar. Nej, vel næppe… og dog. Hun holdt forsigtigt hånden frem og rørte ved telefonen med spidsen af sin pegefinger. Der kom ingen blå lyn. Det var nok bare i film, folk altid døde i badekar af, at der blev smidt en lampe ned til dem.

Sms'en var fra Allan. 'Var lige forbi dig med en dusk, for at sige T-løk, men du var der ikk. Nederen. Nå men i hvert fald T-løk, hilsen A.' Det var da sødt af ham, tænkte hun. Mon han havde stillet 'dusken' ved døren. Hun kunne sms'e Gerda, så kunne Gerda få glæde af den. Der kom en ny sms: 'Tog dusken med hjem til mor, hilsen A.' Nå, ja, så behøvede hun ikke at spekulere på det. Hun lagde forsigtigt telefonen fra sig, lænede sig tilbage i karret, holdt sig for næsen, lukkede øjnene og gled helt ned under vandet.

En time efter gik Ingrid tilbage på sit værelse. Udover duften af lavendel vidnede intet om, at hun havde benyttet badeværelset på værelse fem. Hun var ren og indsmurt i creme. Hun havde ordnet ben og negle, og hendes hår havde hun givet en eksklusiv balsambehandling. Hun følte sig som en genfødt Venus, og det var en god fornemmelse. Genfødt som Ingrid Hansen, nu 50 år og gæstearbejder

Hvis hun skyndte sig, kunne hun nå væk, ind til byen, inden Signora dukker op. Hun plejede at stå i receptionen præcis klokken fem, og de der måtte ankomme før, kunne ringe på en klokke til privaten. Hvis ikke Signora var der, ville hendes trætte mand eller hendes overvægtige 30årige søn, Giovanni, komme ud og kigge surt på de nyankomne. Spurgte man mand og søn om noget, ville de begge hæve skuldrene, slå ud med armene og sige noget i retning af, at man kunne spørge Signora Pellegrini senere.

Ingrid fandt den nye jakke frem. Hun havde ladet den ligge i kufferten i sin pose og sit silkepapir, og den var ikke blevet krøllet. Med en hvid enkel Ralf Lauren T-shirt inde under, ville det se rigtig pænt ud, og prikken over i'et var helt sikkert perlekæden, hendes mors fødselsdagsgave til hende.

Hun fandt et par lyse og enkle Armani bukser frem og de lyse sko med en lille hæl. Håret, som hun havde tørret og glattet satte hun op med en hårkam og spænder. Nu havde det fjollede hår bare at arte sig. På toilettet lagde hun en let makeup, og når hun stillede sig op på toiletbrættet, kunne hun se brudstykker af sig selv i spejlet. Benene, hvor skoene og bukserne gik fint sammen. Kroppen, hvor jakken og blusen gik godt i spænd med bukserne, og til sidst halsen og ansigtet, hvor den lette make up og det tæmmede hår, fik hende til at se helt frisk ud. Ikke helt som en halvtredsårig, syntes hun.

Selv om den lyse Max Mara frakke var en smule nusset, måtte hun tage den på. Det var for koldt ikke at have overtøj på. Det sorte håndaftryk på bagdelen, kunne hun måske dække med tasken, og når det blev mørkt, var der forhåbentlig ingen, der lagde mærke til det.

Klokken kvart i fem forlod Ingrid pensionatet. Der var ikke skyggen af Signora Pellegrini, endsige hendes kommandoråb, men der holdt desværre heller ingen grøn gammel Jaguar på parkeringspladsen, hun ville ellers gerne have inviteret englænderne på en drink. Hun behøvede jo ikke at fortælle dem, at det var hendes fødselsdag. Det ville måske sætte dem i forlegenhed.

Da hun var på vej ud ad indkørslen, hørte hun en bil, og lidt nede ad gaden så hun pensionatets sorte Fiat komme kørende. Hun sprang om bag en busk og dukkede sig, så hun var dækket af grenene. Signora måtte for alt i verden ikke se hende nu. Hun ville bare sætte hende til at grave urtehave, udskifte tegl på det ramponerede gamle tag eller rense skorstenene.

Bilen standsede foran døren, og Signora og Signor Pellegrini steg ud af fordørene og den dvaske Giovanni ad den venstre bagdør. Signor åbnede bagagerummet, men i stedet for at tage noget op derfra og bære det ind, gik de alle sammen ind ad pensionats fordør. Inden for kunne Ingrid høre signoras: 'IN-GRIT'. Da der ikke blevet svaret, og ingen Ingrid kom løbende ud for at bære, hvad der nu måtte ligge i bagagerummet, ind, hørte hun sit navn gentaget adskillige gange.

Så hurtigt hun kunne for hælene på de beige sko, løb Ingrid ind mod byen. Hun stoppede først forpustet op, da hun nåede sandwichbaren. En yngre mand kiggede op bag disken.

"Boungiorno," sagde han med et stort smil.

Ingrid gengældte hans smil.

24

Det om Hanne, det mor havde fortalt om, at hun Ingrid og Hanne aldrig havde været veninder, havde hun slået hen, men nu dukkede det op igen. Det måtte naturligvis være en misforståelse. De havde altid været veninder, lige siden første klasse. De havde siddet ved siden af hinanden gennem skoleårene og på gymnasiet. Det var de siamesiske tvillinger, det var der ingen tvivl om. Og når de havde det allersjovest, når de var allertættest, når de kunne grine sammen, så de fik helt ondt i maverne eller tale om alt muligt, havde Ingrid tænkt, at det virkelig måtte være sådan at have en søster. Hun havde også godt kunnet lide Lise, men hende ville Hanne aldrig have med. 'Hun er så irriterende', plejede Hanne at sige. Det syntes Ingrid nu ikke, og især da Lise selv blev en stor pige, var hun sjov og fornuftig. Og Lise fik gode karakterer i skolen og var meget populær. Måske var det det, Hanne ikke brød sig om. Det, Hannes mor nu havde fortalt, måtte være en misforståelse. Hanne ville da aldrig sige sådan noget. Ingrid drak resten af sin cappuccino og spiste den sidste hårde mandelkage, som den venlige mand havde givet hende med. Hun havde sat sig i den lille park overfor sandwichbaren, men nu, hvor solen var ved at forsvinde, var det blevet en smule køligt. Inden solen var helt væk kunne hun nok nå at ringe til Hanne. Det måtte hun simpelthen gøre, hun kunne ikke holde ud, at gå og spekulere på sådan noget, der helt sikkert var forkert, en misforståelse. Det ville være dyrt at ringe hjem, men det næstsidste opkald, inden de sikkert lukkede hendes telefon, når nu banken afviste alle betalinger, skulle være til Hanne, og det sidste til mor.

"Det' Hanne."

"Hej Hanne, det er Ingrid," hun holdt en lille pause, hun ville give Hanne mulighed for lige at sige tillykke, for Hanne måtte da huske at det var hendes fødselsdag, det måtte hun da.

"Nå hej," Hanne lød lidt skuffet.

"Jeg ville bare lige høre, hvordan det går."

"Jo, tak udmærket, men kan du ikke ringe på et andet tidspunkt. Jeg venter på, at Lars skal ringe."

"Jamen, er I ikke sammen i sommerhuset?"

"Jo jo, men han er lige kørt. Han skulle noget. Ring senere ikk'," hun afbrød forbindelsen.

Ingrid blev siddende og gloede på telefonen i lang tid. Afbrudt, stod der på displayet. Nå, hun ville ringe lidt senere, så passede det nok bedre. Nu ville hun se sig om efter en rar restaurant, hvor hun kunne spise senere. Klokken var ikke så mange endnu, hun var sulten, men hun ville vente til ved syvtiden. Det sikkert bedre, så ville der være folk i restauranterne. Hun havde glemt sin bog på pensionatet. Det var en skam, for når hun skulle sidde alene på restauranten, var det rarest med en bog. Det ville ikke virke så ensomt, hvis hun havde noget at læse i.

Hun gik omkring i byen. Der var nogle hyggelige butikker, og hun kiggede lidt på tøj og lidt på sko. Hun skulle ikke købe noget, men der var meget pænt forårstøj. Hun prøvede også et par brune sko. De var virkelig elegante, og hvis hun nogensinde fik råd, ville hun gerne have sådan et par. Damen i butikken var selv meget elegant, og hun var også flink, og spurgte Ingrid hvor hun kom fra. "Danimarca," svarede Ingrid, men damen så ud, som om hun ikke lige var klar over, hvad det var.

I en kiosk købte Ingrid en bog, 'The Honorary Consul', af Graham Greene. Hun havde læst den før for mange år siden, men det var den eneste af kioskens engelsksprogede bøger, som hun havde lyst til at læse. Der var heller ikke så mange, og de fleste af dem havde damer med yppige former på forsiden. 'The Honorary Consul' ville hun have med på restaurant, og det var vel egentlig ikke så dårligt at tilbringe sin halvtreds års fødselsdag med Graham Greene? Hun kom til at smile. Nej, det var det vel i bund og grund ikke.

Hun var sulten nu, rigtig sulten. Hun havde passeret et par restauranter, der så meget hyggelige ud, men ingen af dem havde været den helt rigtige. Nogle havde været lidt for turistagtige, og én havde set meget dyr ud. Men til sidst orkede hun ikke at kigge mere. Hun havde vist også været de fleste af byens restauranter igennem, den næste skulle det være. Klokken var halv syv nu, mon ikke der ville være fyldt, hun skulle jo også passe på, at hun kunne få en plads.

'Trattoria Milano', stod der på et svagt oplyst skilt over en stor mørk dør. Gennem det grønne glas i den lille rude i døren kunne Ingrid se lys. Her skulle det være. Her ville hun fejre sin fødselsdag. Hun åbnede døren og trådte nogle trin ned. Rummet var dunkelt oplyst og mennesketomt, og hun overvejede at gå igen. I det samme kom en mand til syne. Han var i skjorteærmer og så ud, som han var i gang med noget. Han havde et viskestykke fastsat i bukselinningen.

"Buonasera," sagde han venligt.

Nu var der ingen vej tilbage, hun kunne ikke være bekendt bare at stikke af. Hun nikkede, smilte forlegent og pegede på sig selv "table for one?"

"Si si," sagde han og viste hende hen til et lille bord ovre ved døren til herretoilettet.

Hun ville hellere have haft et andet bord, men han havde allerede trukket stolen ud for hende, og viste, at han ville tage hendes frakke. Hun rystede på hovedet, men satte sig pligtskyldigt med sin taske i favnen og kiggede sig omkring. Måske var det her ikke nogen god ide. Sæt nu der slet ikke kom andre mennesker. Måske skulle hun rejse sig og undskylde og skynde sig tilbage til pensionatet. Tusind tanker røg gennem hendes hoved, og den der mavefornemmelse af, at alt er ved at forlade hende, vendte tilbage. Manden kiggede spørgende, så gik han over til bardisken bagerst i lokalet og tog et menukort. Det var et håndskrevet fotokopieret A-4 ark. Han smilte til hende, og han virkede rigtig venlig. Hun nikkede og kiggede på papiret, hun så ord som gnocchi og insalata, carne, pechi og vino uden egentlig at registrere, hvad hun så. Hendes mund var tør, og hun havde kvalme.

Der kom en dame ind i lokalet, også hun så rigtig venlig ud. Hun var i en mørk nederdel med en kort blomstret jakke i blå violette nuancer. Hendes hår var mørkt og kort med bløde lokker. Hun og Ingrid måtte være nogenlunde jævnaldrende. Kvinden sagde noget til manden, så gik hun over til et andet bord i restauranten, dette var i nærheden af baren, og kaldte Ingrid der over. Ingrid lystrede.

"Much better," sagde kvinden og viste Ingrid til rette. Hun hjalp hende frakken af, viste at hun hængte den på en knagerække tæt på døren, tog Ingrids taske ud af favnen på hende og stillede den ned ved siden af bordet.

"È meglio," sagde hun så bestemt, og til manden råbte hun "acqua" og "pane." Manden forsvandt, men lidt efter kom han tilbage med en lille rund lerkande med koldt vand og en flettet kurv med lunt velduftende brød i.

Kvinden lagde menuen på bordet og begyndte at oversætte. Der var ikke så mange retter, men det der var, lød godt, syntes Ingrid, og en menu på tre retter var egentlig ikke så dyr. Hun besluttede sig for hvide asparges, fisk i citronsovs og til dessert friske jordbær med mascaponecreme.

Hvad hun ville drikke til? spurgte kvinden.

"Rosé," sagde Ingrid, en lille karaffel, viste hun med hænderne. Hun vidste ikke helt hvorfor, men pludselig fik hun lyst til rosévin til den forårsagtige menu.

Vinen kom prompte, og kvinden skænkede op. Hun nikkede til Ingrid og lod hende forstå, at hun skulle smage. Ingrid smagte og smilte.

"Va bene," sagde kvinden, det var mere en konstatering end et spørgsmål.

Ingrid nikkede igen, vinen smagte rigtig godt, ikke for sød, men frisk, tør og frugtagtig, den ville passe godt til fisken.

Værtsparret lod hende være i fred. Manden stod bag baren og ordnede vin, polerede glas og fyldte vandi de små tykmavede kander, og kvinden gik frem og tilbage gennem en svingdør som delte restauranten og køkkenet. Ingrid kunne høre, at der blev rumsteret med gryder og pander derude og ind imellem, når kvinden kom ind derudfra, fulgte en vidunderlig duft af hvidløg, vin og urter hende. Lokalet var ikke så stort, der stod højst 15 små borde, hvoraf fire var sat sammen til et langt bord. Alle var dækket med hvide duge og sirligt anbragt bestik og vinglas. Midt på bordene stod høje slanke vaser med hver tre lyserøde roser i. Det var pænt og enkelt. Ingrid spiste lidt brød. Det smagte godt, det havde en sprød skorpe, og krummen var med en god fylde. Der var stykker af sorte oliven i. Hun spiste endnu et stykke, og i løbet af kort tid var bakken tom. Kvinden så det hurtigt, og kom tilbage med en fyldt kurv og en lille skål olivenolie, som hun kunne dyppe brødet i. Ingrid åbnede sin bog og læste. Der var en dedikation til en kvinde ved navn Victoria Ocampo i og et citat af Thomas Hardy. Kapitel 1. 'Doctor Eduardo Plarr stood in the small port of the...'

Svingdøren gik op, og kvinden kom ind med en tallerken med et hvidt klæde på. På klædet lå seks tykke hvide asparges. De var drysset med fint hakket persille, og der lå en gaffel og en ske ved siden af, og i en lille skål var der en gullig sovs. Kvinden tog professionelt gaffel og ske i én hånd og lagde fire asparges over på Ingrids tallerken. Så tog hun sovsen og lagde et par skefulde pænt ved siden af aspargesene.

"Buon appetito," sagde hun så.

Ingrid skyndte sig at lægge bogen væk.

Det søde og let bitre fra aspargesene passede perfekt til den lyse cremede syrlige sovs. Det var smagen af forår. Hun spiste først hovederne. De smagte fint, men det var som om, hun havde mistet appetitten. Hun nippede til vinen. Restauranten var stadigvæk mennesketom. Hun var nok kommet for tidligt. Klokken var ikke engang halv otte endnu.

Ingrid spiste den ene asparges, men hun havde svært ved at få en bid mere ned. Kvinden kiggede til hende i ny og næ.

"Va bene?" spurgte hun, og Ingrid nikkede.

Med nød og næppe fik hun spist tre asparges, men til sidst kunne hun ikke mere. Hun lagde bestikket klokken 10 - fire, for at signalere, at hun var færdig.

Kvinden hentede tallerkenen og skænkende lidt mere vin op i glasset. Hun smilte til Ingrid.

"Holiday?"

"Yes," svarede Ingrid, men kom i det samme til at tænke på, at hvis nu kvinden så hende arbejde på Albergo Paradiso. Men det var for svært at forklare.

"Ah, very nice."

"Ja," sagde Ingrid stille.

Kvinden kom ind med en stor hvid tallerken, hvor på der lå et tykt stykke dampet pighvar. Fisken var garneret med små runde hvide kartofler, grønne marinerede bønner og en halv citron.

"Careful," sagde kvinden, "hot," hun pegede på tallerkenen, "very hot."

Det duftede godt. Ingrid klemte citronen ud over fisken, når saften ramte den varme tallerken sydede det. Hun skar et lille stykke af fisken med sin gaffel. Kødet var hvidt og fast, og fisken var dampende varm og smagte fortrinligt. Hun lod bogen ligge og koncentrerede sig om maden. Det ville være uforskammet bare at sidde og spise og læse og slet ikke koncentrere sig om nogen af delene. Uforskammet både overfor kokken, parret i restauranten og Graham Greene.

Døren til restauranten gik op, og Ingrid kiggede håbefuldt op. Måske kom der andre gæster? Men det var en ung mand, som vekslede nogle få ord med manden bag baren og derefter gik ud i køkkenet. Hans hvide bukser og sorte T-shirt vidnede om, at han sikkert arbejdede derude, måske som opvasker. Ingrid spiste videre. Det havde nu været rart med én at tale med, tænkte hun. Bare én eller anden. Det var ikke sådan, hun havde forestillet sig sin fødselsdagsmiddag skulle være. Slet ikke. Gid hendes mor havde været her eller Hanne… eller Far. Hun kunne mærke tårerne presse på. Ja, gid Far var her. De havde grint så godt sammen, over de samme ting, moret sig over de samme mennesker, de havde mødt. Hvorfor skulle han også dø? Hun tog en tår vin, og opdagede at den lille karaffel næsten var tom. Hun måtte hellere gå over til vand nu, hun skulle ikke sidde her og blive småfuld og melankolsk. Hun tog en lille kartoffel og skar den ud i endnu mindre bidder. Tog en bønne. Det hele var så delikat, men hver bid vendte sig i hende og blev bare større og større i munden på hende. Hun havde slet ikke lyst til den dejlige mad. Hun stak lidt til fisken, tog en mikroskopisk bid, og lagde igen kniv og gaffel klokken ti - fire på tværs af tallerkenen. Som hun altid havde gjort, og som hun havde lært som ganske lille pige. Lille velopdragne Ingrid.

"Va bene?" Kvinden stod ved bordet og kiggede spørgende på hende.

"Si, si," sagde hun og holdt sig på maven, "very good, but full."

Kvinden smilte. Ingrid følte sig forlegen, bare de nu ikke troede, at hun ikke brød sig om maden. Men hun kunne simpelthen ikke få en bid mere ned. Og hvad med jordbærrene, hun havde bestilt? Hvordan skulle hun dog få spist dem? Hun havde den der frygtelig fornemmelse i maven, den hun havde haft som barn, hver gang hun følte sig forladt. En underlig angst, der startede i maven, som om hele hendes krop med et sug blev tømt for liv. Tomheden fortsatte op i brystet og siden til hovedet. Varme og kulde strømmede gennem hende, og det eneste, hun ville, var at flygte. Hun ville væk, hun kunne ikke sidde der alene på sin store dag. Det var jo slet ikke sådan, hun havde drømt om, at dagen skulle være. Hendes dag. Hun havde kvalme, mon ikke hun kunne få fat på kvinden og sige, at hun ikke skulle have desserten, men bare gerne ville betale. Men hvor var hun henne? Ingrid ville rejse sig, men hun følte sig svimmel. Hvor var kvinden henne, så hun kunne betale?

I det samme gik svingdøren op, og kvinden kom ind igen. Hun satte smilende en dyb tallerken med friske røde jordbær foran Ingrid. Bærrene var smukt skåret kvarte og drysset med sukker. Der stod en lille buttet glaskande med mascaponecreme ved siden af tallerkenen.

”Strawberrys from Sicilia,” sagde kvinden og gentog langsomt ”Si..ci..lia,” for at Ingrid skulle forstå det. Hun sendte Ingrid et stort smil, men da hun så Ingrids tydelige panik, fortog smilet sig, og hun kiggede i stedet bekymret på hende. ”Are you allright?”

Ingrid tog en tår vand og trak vejret dybt, ”Yes,” sagde hun så, ”I am all right. Just tired.”

”Ah,” kvinden forstod, ”but it’s your holiday and you are tired?”

Ingrid smilte. Hun kunne godt se, at det lød skørt. Som et forsøg på at forklare, hvorfor hun var træt i sin ferie fór det ud af hende; ”It’s my birthday today,” og hun viste med sin højre hånd fem fingre, ”fifty”.

Kvinden nikkede, smilte og forsvandt ud i køkkenet igen.

Åh, nej, sikke et fjols hun var. Hvorfor havde hun fortalt kvinden om sin fødselsdag, hvad skulle det gøre godt for?

Hun tog et jordbær op på skeen. Fiskede et af de smukke røde og velduftende bær op, og undgik cremen. Hun puttede det i munden, tyggede få gange og sank det. Nej, hun havde ikke lyst til desserten.

Kvinden kom tilbage igen, hun gik hen til manden og sagde noget til ham. Han svarede og kiggede over på Ingrid. Åh, nej de talte om hende. Sikkert at hun ikke havde spist maden. Hun greb sin taske, åbnede den og famlede efter pungen. Hun fandt den og tog Eurocardet frem. Hun måtte betale med det, og så håbe, at parret fik deres penge. For sæt nu de ikke gjorde, sæt nu betalingen blev afvist. De var så flinke. Ingrid følte sig som en plattenslager.

”Try this,” kvinden stod ved siden af hende med et lille glas, der var fyldt med en lysegrøn væske. ”Basilico,” sagde hun, da hun så Ingrids forskrækkede ansigt.

Ingrid tog glasset og snuste forsigtigt til indholdet.

”Try,” gentog kvinden, ”it’s good.”

Ingrid tog en lille tår. Det var en likør, der smagte stærkt af basilikum. En basilikumlikør.

”My husband make this, famous here,” kvinden smilte og pegede over på sin mand. ”Good for stomack, drink.”

Ingrid turde ikke andet end at lægge nakken tilbage og drikke likøren. Hun kunne mærke varmen gennem svælget ned i maven. Hun nikkende anerkendende. "Very good."

Kvinden lagde en hånd på Ingrids skulder. "Happy birthday."

Ingrid kunne mærke tårerne presse på. Åh, nej, lige nu kunne hun slet ikke klare, at nogen var venlig imod hende. De måtte hellere bare råbe ad hende, behandle hende nedgørende, være urimelige. Men ikke venlige, det kunne hun slet ikke klare. Som et forsvar, et skjold eller en kniv holdt hun sit kort frem mod kvinden.

"I would like to pay, please," sagde hun, hun kunne høre, at det lød som en bøn.

" No more dessert?"

"No, thank you."

Mens Ingrid betalte, kom der fire gæster ind i restauranten. Det måtte være stamgæster, for værtsparret talte hjerteligt til dem, og de blev bænket ved det store bord. Kvinden hentede Ingrids frakke og hjalp hende den på, så fulgte hun Ingrid de få trin op til døren, men lige da Ingrid åbnede døren, sagde hun, "wait," og skyndte sig ud i køkkenet igen. Hun kom tilbage med en lille buket lyserøde roser, "happy birthday," sagde hun og gav Ingrids arm et klem.

Ingrid skyndte sig ud, og på gaden uden for, trak hun vejret dybt ind et par gange. Det støvregnede, og klokken var lidt over otte.

Hvad skulle hun nu? Gå tilbage til sit rum på pensionatet eller sætte sig ind på en cafe? Gid hun var hjemme, gid hun var hjemme i sin egen lejlighed. Hvorfor i alverden havde hun også fået den åndssvage ide at tage til Comosøen?

25

Gaderne var øde og tyste. Bag husenes ruder kunne hun se lys og mennesker. På cafeerne og i de små restauranter, som efterhånden var blevet fyldt, sad der folk og spiste og talte sammen og hyggede sig. Hun stoppede op og betragtede dem. Det så rart ud. Den friske kølige luft gjorde hende godt, og fik hende til at føle sig lidt bedre tilpas.

Hun var nået hen til torvet med cafeen, hvor hun havde siddet med englænderne. Gad vide om de sad derinde nu? Der var lys, hun kunne jo lige prøve at stikke hovedet inden for og se, om de skulle være der. Hun tog i døren, åbnede og gik ind. I det samme kom tjeneren imod hende. Han løftede begge håndflader imod hende og sagde med en kraftig italiensk accent, "sorry, finito, closing."

Hun veg forskræmt tilbage og skyndte sig ud igen. "Sorry," mumlede hun.

Nu var der vel ingen vej uden om. Hun måtte tilbage til pensionatet. Der var ingen grund til at gå rundt på må og få ude i den tiltagende regn.

Men Hanne, hun havde jo ikke fået ringet tilbage til Hanne. Hun stillede sig i ly for regnen inde i en port, og i mørket fandt hun sin telefon og tastede Hannes nummer.

Hanne tog telefonen med det samme, som om hun havde siddet klar og ventet på opkaldet.

"Hallo?"

"Hej Hanne, det er Ingrid."

"Åh…"

"Hvordan går det?"

Der var stille.

"Er I i sommerhuset, er der rart?"

"Ja..."

"Har I det godt, hvordan er vejret?"

"Det ved jeg ikke, det regner vist."

"Nå, det gør det nu også her, lige nu, men ellers har det været lidt blandet."

Hanne var stille.

"Er der noget galt?"

Hanne sukkede. "Ja, Lars er kørt. Jeg er her alene."

"Men kommer han ikke tilbage? Det gør han da vel?" Ingrid forsøgte at lyde glad og optimistisk.

"Årh det ved jeg ikke, og helt ærligt," Hanne lød en smule irritabel, "kan du ikke lade være med altid at snage."

"Jamen, jeg ville jo bare høre, hvordan du har det."

"Ja, men kan du ikke bare lade mig være i fred. Lad mig nu for helvede bare være i fred!" Hanne afbrød forbindelsen.

Nej, det måtte ikke slutte sådan her. Hanne havde det skidt, det var rigtig synd for hende. Det kunne man jo tydeligt høre. Stakkels Hanne, hvor måtte hun dog have det skidt. Lars og børnene havde altid betydet alt for hende. Ingrid ringede op igen. Hannes telefon ringede et par gange, så blev den slukket, og da Ingrid forsøgte igen, gik den direkte på telefonsvarer. Ingrid stirrede på sin telefon. Pludselig brummede den, og hun blev så forskrækket, at hun var ved at tabe den. Det var en sms. Et nummer hun ikke kendte. 'Ny telefon, kommer forbi i morgen aften ved 10-tiden, Gregers.'

Ingrid lagde telefonen tilbage i den lille lomme i Bon Gout'en. Den var nu smart den lomme.

Det var blevet køligt, og hun begyndte at fryse i det fugtige vejr. Hun måtte hellere se at komme tilbage til pensionatet. Max Mara'en og den nye jakke havde nok alligevel ikke været nok tøj. Hun kunne ikke helt genkende stedet i den sparsomme belysning, men byen var jo ikke så stor, så hvis bare hun fandt ned til søen, burde det være let at finde tilbage. En rotte pilede pludselig over gaden lige foran hende. Hun gav et lille skrig fra sig. Nu ville hun tilbage, og det kunne ikke gå hurtigt nok. Da hun krydsede gaden for at komme over under lamperne, overså hun en knækket flise og snublede. Hun nåede lige at tage fra sig med hænderne og lå udstrakt på den ujævne vej med de lyserøde roser omkring sig. Åh nej! Det sved i håndfladerne, og det blødte fra nogle heldigvis ikke så store hudafskrabninger, men hun havde slået knæene, og der var gået hul på de lyse Armani bukser. Frakken var våd og snavset. Hun skyndte sig at rejse sig op igen. Der var heldigvis ingen, der havde set hende. Hendes mor ville have spurgt til tænderne, 'slog du tænderne?', og hun mærkede efter med tungen. Nej, der var ikke sket noget, og hun havde vist heller ikke brækket noget.

Men nu var det nok, syntes Ingrid, nu var det ved at være for meget. Hvorfor? Hvorfor? Hvorfor skulle hun have alt det besvær? Hvad i alverden havde hun gjort? Det eneste hun havde drømt om, var at fejre sin fødselsdag fredeligt og hyggeligt ved Comosøen. Og bagefter tage hjem til Danmark, til sin mor, sin lejlighed og sit job hos hr. Nielsen. Men intet var som før, jo måske lige på nær moderen.

Regnen, smerterne i hænderne og de ødelagte bukser. Hvornår fik hun nogensinde råd til at købe Armani bukser igen? Hun begyndte at græde, og lod tårerne få frit spil, mens hun samlede de få lyserøde roser op, som ikke var knækket ved faldet.

Med tasken trykket hårdt ind mod brystet humpede hun tilbage i den retning, hun mente, at søen lå. Hun stødte ind i nogle unge mennesker, der kom ud fra en cafe. De sprang til side for hende og lod hende passere. Hun kom forbi den restaurant, hvor hun netop havde spist. Der hørtes glade stemmer derindefra. Restauranten var sikkert fuld nu. Nu vidste hun nogenlunde, hvor hun var. Søen lå lidt længere nede ad den smalle gade, og så skulle hun bare følge den tilbage til pensionatet. Der var ikke meget lys langs søen, åh hun brød sig ikke om at skulle gå tilbage den vej i mørket, men hun var nødt til det. Hun havde ikke råd til en taxa. Med tårerne trillende ned ad kinderne, humpede hun af sted, angst for igen at falde.

Pludselig mærkede hun en hånd på sin skulder, og hun vendte sig rædselsslagen om.

”Men Ingrid dog!” David trådte et skridt tilbage, da han så hendes forgrædte ansigt, mens han forsøgte at holde hunden Monty tilbage, så den ikke sprang op ad hende.

”Jeg syntes jo nok, at det var dig. Er der sket dig noget?”

Hvad skulle hun svare? At hun var ked af det, at det var hendes fødselsdag, og at hun faktisk følte sig rigtig, rigtig ked af det.

”Jeg snublede bare,” sagde hun og snøftede.

”Åh nej da, lad mig se.”

Hun viste ham sine håndflader, hvor hudafskrabningerne kun svagt kunne anes i den dunkle belysning.

”Og mine bukser,” sagde hun, bare for at det skulle se mere sandsynligt ud, at det var faldet, der havde fået hende til at græde.

”Kom,” sagde han og tog hende om skulderen, ”vi har fundet sådan en hyggelig restaurant, Charlie sidder der allerede. Kom med hen og få lidt at spise, det vil glæde min far rigtig meget…” Han holdt en kort pause, ”ja, det ville glæde os. Vi ventede på dig henne på hotellet, for at invitere dig med ud. Kom nu, så kan du få renset sårene, tørret øjnene og få lidt mad.”

”Men… jeg har lige spist,” snøftede hun.

”Men så lidt vin eller… en likør måske. Kom nu med. Det vil virkelig glæde Charlie.”

Og dig, tænkte hun kort, ville det også glæde dig?

Han førte hende tilbage til den samme restaurant, hvor hun lige havde spist.

”Jeg tror, at der er fuldt derinde,” sagde hun hæst.

"Ja, vi fik det sidste bord, men der er helt sikkert plads til en stol mere. Og Monty må også gerne være der."

Det summede af liv i restauranten. Det store bord var besat, og ved de små borde rundt omkring sad par i gang med mad og vin.

Da Charlie så dem, sprang han op og sagde glad; "Ingrid, hvor er det godt at se dig!" Han hjalp hende af med frakken og holdt sin stol ud for hende. Så var han hurtigt ovre ved et andet bord og spørge om lov til at tage en ledig stol. "Hvad vil du have, du har forhåbentligt ikke spist?"

Da den kvindelige tjener så, at der var én mere ved bordet, kom hun over med ekstra service, og da hun så Ingrids forgrædte ansigt, smilte hun blot og nikkede. Hun nævnte intet om, at de allerede kendte hinanden.

Charlie lod ikke til at bemærke, at Ingrid havde grædt, eller også var han bare så velopdragen, at han undlod at spørge. Hun sagde, at hun ikke var så sulten, men da de bad hende om at spise bare en lille smule, om ikke andet så for at holde dem med selskab, bestilte hun en tomatsalat med mozzarella og pesto, og et glas rødvin ville hun ikke sige nej til.

"Jeg må hellere lige pudre min næse," skyndte hun sig at sige og forsvandt ud på toilettet. Hun var taknemlig for at se, at hendes mascara ikke var løbet. Lidt læbestift og pudder, og så så hun nogenlunde ud. Hudafskrabningerne på hænderne sved en smule, da hun vaskede dem med vand og sæbe. Hun løsnede håret, redte det og samlede det på ny med kammen og spænderne, nev sig lidt i kinderne for at give dem farve og gik tilbage ind i restauranten. På bordet havde nogen sat hendes lille buket roser i en karaffel vand, og buketten stod side om side med bordets vase med nøjagtigt de samme blomster i.

Charlie var i højt humør. De havde været på en herlig tur og blandt andet fundet en restaurant, hvor han og Davids mor i sin tid havde spist og haft sådan en romantisk aften.

"Denne gang var det så som så med romantikken," smilte David, "men maden var god."

"Ja, og udsigten var stadig smuk," supplerede faderen.

De to mænd havde bestilt asparges, og deres tallerkener kom samtidig med Ingrids salat. Det hele så godt ud. De løftede glassene, hilste, drak og begyndte at spise. Det var som om appetitten var kommet igen, og maden smagte meget bedre nu. Den gamle Charlie koncentrerede sig om at spise. Han skar små bidder ud, puttede dem i munden og tyggede grundigt. Der sad en smule sovs på hans hage, og helt ubemærket, viste sønnen sin far, at han lige skulle tørre sig om munden. Det var en utrolig kærlig og hengiven måde at sørge for, at faderen ikke blamerede sig på, tænkte Ingrid, uden at vise, at hun havde set det lille spil mellem far og søn.

Forretterne var spist, og ville hun dog ikke også have en hovedret? spurgte Charlie.

Hun takkede nej, salaten havde været så fyldig.

Men så måske en dessert senere?

Jo, tak, når de nåede dertil.

Far og søn havde bestilt pighvar, og hun morede sig stille over, at det var den samme menu, som hun havde fået.

Der var en god stemning i restauranten. Gæsterne ved det store bord havde spist og sad nu med kaffe og glas med grappa eller likør foran sig, og snakken gik lystigt. Den gode stemning fra det store bord smittede af på de andre borde, og gæsterne konverserede bordene imellem, som om de kendte hinanden.

"Der er friske jordbær fra Sicilien til dessert," sagde Charlie glædesstrålende, da deres tallerkener fra hovedretten blev fjernet. Kunne det ikke friste dig, Ingrid?"

"Jo, tak," Ingrid smilte lidt genert, "det lyder dejligt." Hun følte, at hun snød en lille smule, når hun ikke fortalte, at hun allerede havde været på restauranten én gang, og netop spist friske jordbær. Sådan havde hun altid haft det, at fortie noget var lige så slemt som at lyve. Og det var det sidste, hun ville, overfor den elskelige gamle mand. Lyve for ham, snyde ham.

Manden i baren gik til hånde. Det var åbenbart en stille aftale, han og hans kone, havde, når der blev for travlt hjalp han til. Det så ikke altid lige elegant ud, ofte gik han ud i køkkenet med én ting ad gangen, nogle gange gik han tomhændet, hvorimod konen forstod at stable tallerkener op ad armen, og man så hende aldrig tomhændet. Hun havde altid lige nogle glas med, brødbakker, snavset service. Hun var effektiv, mens manden stod bag sin bar, hyggesnakkede med gæsterne, lavede stærke små espressoer på en spruttende maskine og prøvesmagte vinene. Der var ingen sure miner mellem de to. De så ud som om, de havde haft den arbejdsdeling altid.

Da de tre tallerkener med jordbær blev båret ind, råbte kvinden noget til manden i baren.

"Han har glemt skeerne," hviskede David, og de så, hvordan manden skyndte sig at finde skeer frem og kom ned til deres bord med dem.

"Mi scusi," han skyndte sig at lægge skeerne på bordet, men da han så Ingrid, udbrød han overrasket, "Ah birthday girl, you forget book, I bring!"

Charlie og David kiggede på hende.

"Birthday girl?" gentog Charlie, "I say!"

Ingrid slog undskyldende ud med hånden, for at sige, 'Åh det er ingenting'.

"Men her sidder vi og ævler løs om vores tur, og så er det din fødselsdag."

"Jamen jeg vil meget hellere høre om jeres tur." Hun håbede, at de ville skifte emne.

Heldigvis var der nu kommet endnu mere gang i det store bord, nogle af gæsterne havde fundet instrumenter frem, og det lod til, at der var planlagt en mindre koncert. En mand spillede på accordion, én spillede på guitar og en dame slog på en tamburin, og flere fra bordet stemte i med sang, mens flere af restaurantens andre gæster begyndte at danse.

"Må jeg have lov," Charlie havde rejst sig og inklinerede for Ingrid.

Hun tænkte på sine beskidte sko og de hullede bukser, men Charlie så så glad ud, og hun kunne da ikke sige nej. "Mange tak," hun håbede at kunne følge den gamle mand og dansens takt.

Han dansede glimrende, og forstod at føre hende. Der var flere, der dansede på det sparsomme dansegulv, og de der ikke dansede, sang og klappede med på den muntre takt. Hunden Monty, som ellers havde ligget stille under bordet, rejste sig, og Ingrid så ud ad øjenkrogene at den stirrede efter sin ejer, der var gået op til baren.

Da dansen var ovre og Charlie havde ført hende belevent tilbage til hendes plads, opdagede hun, at der stod en flaske tør spumante og tre glas på bordet.

David åbnede flasken, skænkede og skålede; "Happy Birthday," sagde han og sendte hende et stort smil.

"Happy birthday," gentog Charlie.

Og Ingrids øjne løb fulde af tårer. Hun tørrede dem bort med et smil, "Tak," sagde hun, "mange tusind tak."

Da klokken var halv et fulgtes de tilbage til pensionatet. Ingrid gik arm i arm med Charlie. David gik lidt foran med hunden. Gaderne var stille og stien langs søen var kun oplyst af månen.

"Hvor er her dog smukt," sagde hun.

Den gamle mand ved hendes side nikkede, "ja," sagde han, "her kunne man dø lykkelig."

"God nat og tusind tak for en dejlig aften."

Ingrid håbede, at de to englændere ville tro, at hendes værelse, hvilket det jo vitterligt også gjorde, eller måske endda hendes egen lille lejlighed, lå i pensionatets stueetage, eller endnu bedre på en etage, man nåede til ad en anden trappe, sådan en hemmelig trappe, man altid så på store godser. Der, hvor der altid var flere trapper, nogle til herskabet og nogle til de ansatte.

De skiltes ved den brede trappe op til pensionatets værelser. Den gamle mand var træt, det var tydeligt at se. Han støttede sig til gelænderet og tog trinede et ad gangen. David gik bagefter med hunden, som om han ville sikre sig, at den gamle ikke opgav midtvejs eller faldt bagover.

Ingrid ventede, til de var helt oppe, inden hun listede hen ad gangen til sit rum. Hun forventede hele tiden at høre Signoras skingre 'INGRIIIIITT'. Signora parat med nye spændende opgaver til hende.

Hun ventede så længe, at spareanordningen, der fik lyset til a slukke efter kort tid om aftenen og natten, blev aktiveret, så hun måtte famle sig resten ad vejen hen til rummet. Lugten af kemiske fyrrenåle og klor slog imod hende, da hun åbnede døren og fandt kontakten til pæren i loftet. Hun satte sig forsigtigt på drømmesengen, for at den ikke skulle brase sammen. Hendes fødder værkede efter dansen i skoene med de lidt høje hæle, og hun bøjede sig for at tage skoene af, da det i det samme bankede på døren. Hun stivnede. Det var en svag banken, det kunne ikke være Signora. Hun plejede at slå på døren med tre hidsige og høje bank. Hvem kunne det være? Det måtte ikke være englænderne, det måtte det bare ikke. De måtte ikke se hende sådan her.

Hun åbnede døren på klem, lige knapt nok til at kunne kigge ud. Det var David, der stod udenfor. Hunden stod ved siden af ham og logrede glad, da den så hende stikke næsen ud.

"Du glemte denne her," sagde han og holdt Graham Greene bogen hen imod hende.

"Åh, tak," hun rakte hånden frem, gennem den kun knapt åbne dør og ville tage bogen. Snuppe den og håbe på, at han hurtigt ville gå igen.

"Jeg havde det sådan på fornemmelsen," sagde han.

"Undskyld?"

"Bor du derinde?" Han skubbede døren op, ikke hårdt, men alligevel bestemt, så rummet med spandetrolley, koste og svabere, og reolen med alle de farvestrålende flasker og dunke med rengøringsmidler åbenbarede sig i al sin herlighed. Hun blev flov og kiggede ned, og han fornemmede straks, at han havde ydmyget hende.

"Du må undskylde," sagde han, "men jeg så dig smutte herind forleden. Det kan de ikke byde dig, det er jo fuldstændig grotesk, og for landets og EUs skyld, vil jeg da håbe, at det er ulovligt."

"Du må ikke sige det til nogen," hviskede hun forskrækket, "jeg er nødt til at blive her til på lørdag, jeg kan ikke komme hjem før."

Han kiggede på hende, og hun mærkede, hvordan hans mørke øjne på samme tid gjorde hende rolig og urolig. Så smilte han, "nej, men du kommer med op og sover hos os. Pak en taske og kom med."

Hun ville have afslået, takket nej, med et 'det er venligt af dig, men det kan jeg da ikke', men hun var så træt, og tanken om at slutte den dejlige aften i det hul, og vågne i morgen med ondt i hovedet efter natten i klordampene, fik hende til at lystre ordren. Stille begyndte hun at pakke sin natkjole, sin kimono, slippers og toilettasken ned i en plasticpose. Han blev stående i døren og ventede, som for at sikre sig, at hun kom med.

"Done," sagde hun og løftede posen op imod ham.

"Good," sagde han "og kom så." Han slukkede lyset og lukkede døren ind til rummet efter dem, så gik han med hunden bag hende, som denne gang for at sikre sig, at hun ikke smuttede fra ham.

"Værelse nummer syv."

'Det ved jeg godt,' tænkte hun, 'jeg har gjort det rent hver dag, siden du flyttede ind. Jeg ved, hvordan du holder orden, hvor Monty sover, hvilken bog du læser, mærket på din after shave, og at din tandbørste er blå'.

Hun frygtede, at nogen skulle høre dem, nogen skulle se dem. At Signora skulle komme farende og kræve, at hun vendte tilbage til rengøringsrummet eller koste hende ned i køkkenet, men pensionatet var helt tyst.

Han havde ikke låst døren til værelset, og inden for så der hyggeligt ud med kun sengelamperne tændt. Det var det værelse, hun skulle have haft, mens hendes mor, eller Hanne, skulle have haft Charlies værelse med den lille balkon.

"Du sover i sengen," beordrede han.

"Nej, det kan jeg da ikke."

"Jo," sagde han bare. Han flyttede det lille bord og de to stole ved vinduet, så der blev plads til, at han kunne ligge der. Så tog han sengetæppet og et par af de ekstra puder, som lå på sengen, og lavede sig en interimistisk rede.

"Jeg er gammel spejder, jeg kan sove hvor det skal være," sagde han med et smil.

Monty, som nu var sluppet fri af snoren, sprang glad op i sengen og kiggede logrende på hende, som for at sige, 'det her er altså min seng'.

"Monty!" David kaldte hunden til sig, men den blev bare stående og logrede. Han tog fat i dens halsbånd og ledte den over til dens store bekvemme og bløde seng, væsentlig bedre end Davids eget leje for natten.

"Tag du bare badeværelset først," sagde han.

Igen lystrede hun på ordren og gik ud på badeværelset og lukkede forsigtigt døren bag sig. Hun var stille som en mus, turde ikke tænde for den elektriske tandbørste, men brugte den som en almindelig tandbørste og erfarede med det samme, hvor svært det var, at børste tænderne ordentligt. Til sidst tændte hun for den, og skyndte sig at blive færdig. Hun følte, at larmen var øredøvende.

"Færdig."

Han sad i én af stolene og læste. Han havde læsebriller på, og det fik ham til at se distingveret ud. Hvad mon han egentlig lavede, det havde hun ikke spurgt ham om, og han havde ikke selv fortalt det. Det var for det meste faderen, der havde talt. Sønnen vidste hun ikke så meget om. Han kunne egentlig både være håndværker, han virkede fysisk stærk, men ville han så sidde og læse Umberto Eco? Jo, måske. Eller han kunne være akademiker?

Mens David var ude på badeværelset, skyndte hun at klæde sig af og tage sin natkjole på. Hun lagde tøjet pænt sammen på en taburet ved siden af sengen, hængte fødselsdagsjakken på en bøjle på skabet, og stillede skoene, som var skønne at få af, under sengen og smuttede under dynen i den magelige seng. Åh en rigtig seng, og slet ikke nogen dum seng, tænkte hun. Signora måtte have flottet sig og købt gode madrasser. Eller også var det bare forskellen fra hendes egen drømmeseng, der var så påfaldende. Sengen var i hvert fald meget bekvem og pænt bred, en halvandenmandsseng var det mindst. Og det var godt, for Monty havde skyndt sig at indtage den igen, da David var forsvundet ud på badeværelset.

David havde en grå T-shirt og hvide boksershorts på i hånden holdt han to små flasker vand, da han kom tilbage fra badeværelset.

"Her," sagde han og stillede den ene flaske på sengebordet, "hvis du bliver tørstig i løbet af natten. Luften kan godt være en smule tør, jeg tror, at det er gulvtæpperne, de virker lidt syntetiske."

"Tak," hun følte sig allerede tør i munden, men måske var det bare fordi, hun havde fået drukket en smule for meget af den gode vin.

"Skal du op på noget tidspunkt?" Han sad med sin mobiltelefon.

"Jeg har stillet min egen telefon, og ja, jeg skal op klokken halv seks, om fire timer, du ved morgenmaden. Jeg skal forsøge ikke at vække jer."

Han smilte, mens han igen hev den store hund ned fra sengen. "Monty er nok sværere at vække end mig."

"Jeg er helt flov over at have fået din seng," sagde hun.

"Det skal du ikke være, det her går fint, og jeg kan faktisk sove de mærkeligste steder, så det skal du slet ikke spekulere på."

Han sad og lænede sig op ad værelsets gamle og kolde radiator.

Men spekulere på det, gjorde hun selvfølgelig, mens hun lagde sit trætte hoved på puden.

"God nat," sagde han, "sov godt og tillykke igen."

Hun slukkede lyset på natbordet, og der var mørkt i det lille rum. "God nat, hviskede hun, og tak for en dejlig aften."

"Selv tak, det var godt, at vi mødte dig. Charlie blev så glad." Han tav, og hun tænkte, at han nok allerede var faldet i søvn. "Og det blev jeg også," sagde han så.

Hun havde lagt sin telefon ved siden af puden, så hun kunne nå at slukke for den, i det samme den begyndte at bippe. Hun trykkede ind imellem på en lille knap for oven, så lyset på displayet blev tændt, og hun kunne se, at klokken blev både to, halv tre, tre og halv fire. Hun kunne ikke falde i søvn, men lå spændt som en flitsbue i den ellers magelige seng. Var det vinen eller maden, eller var det slet og ret Davids tilstedeværelse, der, selv om hun var sikker på, at han sov, var årsag til uroen, hun følte? Hun havde lyttet efter hans åndedræt, men han sov helt stille, til gengæld måtte hunden have drømt, for pludselig begyndte den at spjætte med benene, som om den løb i søvne og brumme dybt. Hun hørte David sige noget beroligende til den, og snart faldt den til i søvn igen.

Men hun kunne ikke sove. I dag måtte det være torsdag, og i overmorgen, lørdag, skulle hun hjem igen. Og hjem til hvad? Hun havde ikke noget job, hun havde ingen penge, selvfølgelig kunne hun opgive sin pensionsopsparing, men en del havde hun allerede brugt på at få et nyt køkken. Det var lige efter hendes fars død, og hun vidste, at han aldrig ville have bifaldet, at hun brugte noget af sin opsparing, fyrede penge af og betalte en uhørt høj pris for at få et nyt designerkøkken. Men hun havde tænkt, at det vel var en god investering i lejligheden, og det havde det måske også været dengang, men ikke længere, ikke med krisen, som havde barberet en stor luns af værdien af hendes lejlighed. Og hvad kunne hun gøre uden job? Hun var ikke i en a-kasse, hun havde jo været så sikker på sit job hos hr. Nielsen, og med egen bolig, som hun ikke kunne sælge og ikke få penge for, kunne hun ikke engang få kontanthjælp. Hun kunne selvfølgelig lade lejligheden gå på tvangsauktion og flytte hjem til sin mor igen. 'Ingrid Hansen, 50 år, og bor hos mor'. Hendes værelse, fra da hun boede hjemme, stod som da hun boede der med Carl Larsson billederne, bogkasserne med hendes bøger fra Handelshøjskolen, skrivebordet og den umagelige kontorstol, skibsbriksen med det brune jernbanefløjl og den gamle globus oven på karlekammerskabet, som hun havde fået afsyret, så alle de smukke almuemotiver var forsvundet. Men det var moden… dengang.

Hjem og bo hos mor. Nej! Tusind triste tanker stod i kø, og hun fik et chok, da hendes telefon pludselig begyndte at pippe. Hun måtte trods alt være faldet i søvn, for hun havde heller ikke opdaget, at Monty havde fået møvet sig op i hendes seng igen. Hun havde bare føjet sig og krøllet sig sammen, og mens hunden lå på ryggen med alle fire poter i vejret og snorkede, lå hun i fosterstilling oppe på puden.

David var væk, måske have han alligevel fundet sengen for umagelig, måske var han løbet en tur, eller måske havde han lagt sig ned på hendes værelse i drømmesengen, som sikkert have knaget og braget under ham for til sidst at være brast sammen. Hun nåede ikke at tænke mere, for i det samme gik døren op, og han kom ind med en bakke med kaffe, mælk i en kande og en brødbakke fuld af croissanter.

”Good morning,” sagde han frisk.

Ingrid satte sig forskrækket op i sengen og holdt dynen helt op til næsen. Hun vidste, også uden et spejl, at hendes hår stod til alle sider. Han smilte til hende.

”Har du været nede i køkkenet?” spurgte hun forskrækket.

”Ja,” han sagde det med den største selvfølgelighed. ”Den kaffemaskine er lidt speciel, men jeg tror, at det lykkedes.”

Der lå mindst otte croissanter i brødbakken, otte pakker smør, fire små bægre med kirsebærsyltetøj og fire med abrikos.

”Det er de bedste,” sagde han, da han så angsten malet i hendes ansigt.

”Signora bliver ikke glad,” hun kunne høre sig egen angstfulde og hæse stemme.

”Hvis der er ballade med Signora, pudser vi Arbejdstilsynet eller EU-kommissionen eller Den Internationale Domstol i Haag på hende. De må vel også gælde her. Skal du have mælk i kaffen? Du skal først være på arbejde om en halv time. Der er tid nok.”

”Hvis nu Signora ser, at jeg er rømmet?”

”Ja, og har omgang med gæsterne, men det gør hun ikke, og du skal ikke være bange for croissanterne. Bageren kom med brødet, da jeg var i gang med kaffen, og jeg købte ekstra af ham. Du bliver ikke beskyldt for at stjæle.”

Hun sendte ham et taknemmeligt smil.

”Hvor længe har du arbejdet her?”

”Ikke engang en uge, det er en lang historie, jeg vil gerne fortælle dig den, men den kræver nok lidt mere tid. Det er en god kaffe. Du kunne blive ansat her, jeg rejser på lørdag.”

”Så stopper du karrieren?”

”Ja, så er min tid inden for hotel- og restaurationsbranchen vist forbi for denne gang.”

Hun nåede at tage et lynhurtigt bad, og i sin kimono og med tøjet fra fødselsdagen knuget ind til sig, listede hun ned ad trappen og i sikkerhed på sit værelse. Signora kunne ikke have opdaget, at hun havde sovet "ude" i nat.

26.

Torsdag var englændernes sidste hele dag ved Como. De skulle på en udflugt til en lille by på den anden side af et bjerg, og Charlie kom glad og spurgte, om ikke Ingrid havde lyst til at tage med? Jo, det havde hun, men hun kunne jo ikke bare stikke af sted. Da hun vinkede farvel til dem, tænkte hun på, hvad hun egentlig ville tabe ved at rømme fra pladsen? En nats logi i et kosteskab og morgenmad, hun stjal sig til, det var vel egentlig bare det, men hvor kunne hun være i stedet, den sidste dag inden hjemrejsen? Hun kunne naturligvis forsøge at blaffe til Milano og sætte sig i afgangsterminalen og vente på, at det blev lørdag, og så håbe på, at Alitalia ikke også var gået ned i mellemtiden, og hendes billet dømt ugyldig. Da hun så den grønne Jaguar køre ud ad indkørslen, ærgrede hun sig.

"Ingriiiit!" Signora kom trampende i sine små højhælede sandaler med tykke nylon strømper i. Hendes hår sad som altid som en sort skål på hovedet af hende. Ingrid gik i gang med at tage af bordene og vaske op efter morgenmaden. Der havde ikke manglet nogen croissanter, men Signora havde bemærket, at der hovedsagligt kun var bægre af jordbær og hindbærsyltetøj tilbage. Hun havde et falkeblik, Signora, og intet gik hendes høgenæse forbi.

"Tempo, tempo, tempo." Signora kom igennem køkkenet og registrerede, at Ingrid var for langsom om opvasken.

"Tag den selv, "hvislede Ingrid med et sødt smil.

"Si, si, si," sagde Signora bare og gik i gang med taktfast at slå krummer fra brødbakkerne ud i skraldespanden.

Det var en strålende dag. Solen skinnede, og det var rigtig lunt. En gammel mand gik med en larmende rusten græsslåmaskine på pensionatets plæne og kæmpede bravt, hver gang turen gik op ad den skrånende grund. Signora marcherede ud til ham og stod længe og råbte og pegede rundt i haven. Den gamle mand lod maskinen køre og tog et stort hvid lommetørklæde op af lommen på sine posede bukser og tørrede sig over panden, mens Signora blev ved med at råbe og pege. Da hun lidt efter marcherede tilbage til huset, gik han over og satte sig på en bænk under et blomstrende kirsebærtræ. Maskinen lod han stå i osende tomgang. Hvis han havde slukket den, ville hans chef straks have fattet mistanke om hans skulken.

Signora var i gang ude i receptionen med at indskrive et midaldrende par. De forsøgte sig forfjamsket med det bedste italienske, de havde lært, men signora gav dem ikke mange chancer for at færdiggøre sætninger.

”Si, si, si, you sign here,” hun bremsede manden midt i en ablativ.

Så længe Signora var i gang med at kapre kunder, og kunder var ensbetydende med penge i kassen, var der ingen reel fare på færde for pensionatets medarbejdere. Ingrid lavede en kop espresso, anbragte kaffen på en lille bakke sammen med et glas koldt vand og en croissant, som signora ikke havde opdaget var tilbage fra morgenmaden, og skyndte sig ud til den gamle mand. Hun satte bakken ved siden af ham på bænken. ”Shhh,” hun tog en pegefinger op til læberne og smilte.

Han sendte hende et stort bredt og tandløst grin. ”Grazie signora,” sagde han og greb med sine snavsede krogede hænder hendes hvide slanke hånd. Hun trykkede hans hænder og styrtede ind i køkkenet igen til resten af opvasken.

Da hun langt om længe var færdig med dagens gøremål, og Signora havde nået at putte lidt bonusopgaver ind, som at pudse messingskiltene på dørene, feje uden for pensionatet og luge bedene i indkørslen, var det stadig lunt, ja næsten varmt. Under arbejdet i haven havde Ingrid ikke haft solcreme eller anden beskyttelse på, så hun kunne mærke at hendes hud i panden strammede en smule, og da hun kiggede sig i spejlet var panden og næseryggen en lille smule rød, og skuldrene og armenes overside var krebserøde. Hun ville komme til at se farlig ud, landarbejderskoldet, og hun skyndte sig at smøre sig med After sun creme. Det fik hende til at smile, da hun kiggede på den lille krukke Elisabeth Arden creme, som hun havde købt i dyre domme inden rejsen og fantaseret om, at hun ville bruge, når hun havde siddet med en bog i en liggestol og nydt en Campari med en isklump og en doven strimmel appelsinskal i. Hun greb sin nussede frakke og sin taske og skyndte sig af sted, inden Signora dukkede op efter sin siesta. Hun ville finde en fredelig plet og bare sidde.

Der duftede af nyslået græs uden for. Billeder fra barndommen blev pludselig så tydelige. Familien i det lejede sommerhus ved Høve strand. Hendes far, der i store kakifarvede shorts og kortærmet skjorte glad skubbede en højbenet plæneklipper med rugbrødsmotor foran sig. Hendes mor i en rød blomstret bomuldskjole, der sad på verandaen og bælgede ærter. Om eftermiddagen ville de gå ned til stranden og bade. Og Ingrid ville kigge på de andre børn på stranden og ønske, at hun havde søskende at lege med.

Duften i sommerhuset. En rar duft af en smule ælde og rengøring med brun sæbe. Den søde duft fra klitrosernes knopper, som hun med nål og tråd lavede kæder af. De gule evighedsblomster, hun havde plukket, og som blev hængt til tørre fra et søm i loftet. Sandet på gulvet, som hendes mor bare ville le ad, og ind imellem feje sammen i små bunker og på et metalfejeblad bære udenfor. De friskfangede rødspætter, som var købt hos den lokale fiskehandler og blev spist med nye kartofler og smørpersille. Friske jordbær med knasesukker og tyk gullig piskefløde. Aftenerne med dam og ludo i petroleumslampens skær. Hendes mors glade latter, ikke den sarkastiske, som var så typisk for hende, men en glad sprudlende latter, lidt som vin med bobler i. Trætheden, når Ingrid lagde sit hoved på puden og faderen kyssede hende på panden. 'God nat min skat, vi ses igen i morgen'.

Ingrid slentrede ind mod byen. Der var mange ude. Folk, der som hun, bare slentrede i det gode vejr. Unge mødre med barnevogne, ældre mennesker, en mand med en stor sort og brun hund. Ingrid fik øje på ham på lang afstand, og hun mærkede et stik af skuffelse, da hun erfarede, at manden var en anden og hunden en anden.

Hun satte sig på en bænk og kiggede ud over vandet. Hun var træt, ikke mentalt, men hendes krop var træt. Det havde hun vist kun prøvet en enkelt gang før. Dengang hun og Erik var faret vild på en efterårstur til Sverige. De gik rundt i en skov i seks timer. Da de endelig fandt en vej, var det mørkt, og de var ti kilometer fra den hytte, de havde lånt. En venlig ældre svensk mand havde kørt dem tilbage til hytten i en gammel Volvo Amazon, efter at hans kone havde serveret kaffe og søde kanelboller for dem. De havde været trætte og kolde og en smule bange. Og havde skændtes, så det bragede, sikkert af angst for at skulle tilbringe natten i skoven. Da de var tilbage i hytten og havde fået gang i brændeovnen, drukket en flaske rødvin og havde fået varmen, var de begyndt at grine. Og de havde grint og grint og elsket i stuens urolige lys fra alle de levende lys, som de havde tændt. Hjemme i Danmark og bare to uger efter, forlod Erik hende. Deres forhold havde slet ikke magtet udfordringer. Nu var Ingrid egentlig glad for, at det var sket så tidligt i deres forhold. Tænk, hvis de først havde fundet ud af det, når de en dag havde fået børn.

Cafeen, hvor hun de andre dage havde købt cappuccino og sandwiches, havde lukket indtil klokken seks, men mon ikke der var et andet sted, hvor hun kunne få noget godt og billigt at spise? Hun gik lidt rundt på må og få og kiggede efter en cafe eller et eller andet sted, der solgte noget spiseligt. Ikke bare chokolade, men rigtig mad. Den smalle gade gik ned mod søen, og pludselig opdagede hun det. Motivet fra maleriet. Maleriet fra hendes barndom. Maleriet, der havde hængt på hendes værelse i barndomshjemmet, og som hun havde fået lov til at tage med, da hun flyttede hjemmefra. Søen, vigen, kajen og husene, det ene med en terrasse bygget ud i vandet. Bagved, på den anden side af søen, lå bjerget med de stejle sider. Hvor mange gange havde hun ikke siddet, når hun skulle lave lektier, og i stedet drømt sig hen til dette sted, og nu stod hun her, men uden nogen at dele sin opdagelse med. Hun tænkte på at ringe til sin mor. Men ville hendes mor forstå hendes glæde? Sikkert ikke.

Huset med den lille terrasse var et pizzeria, som havde åbent hele dagen. Der var ingen gæster, men hun viste med fagter til en tjener, om hun måtte sætte sig ud på terrassen. Han nikkede lidt forbeholdent og viste ved at slå kuskeslag, at der nok var koldt derude.

"Pyt," sagde hun, og bestilte en pizza, den billigste på kortet, og et lille glas rødvin.

Vandet skvulpede dovent mod murværket neden for terrassen. Et par ænder lå i den sene sol og lod sig vugge med. Hun kiggede sig omkring og forsøgte at smile. Hvor var der pænt og smukt, her på hendes drømmes sted. En blomstrende forsytiabuske klamrede sig fast til kanten uden for terrassens rækværk, der stod blomster med spæde blade i store lerkrukker, og det var da en lille smule varmt. Hun frøs i hvert fald ikke. Men hun følte en lille smule panik, der snigende begyndte at brede sig. Jo, vel frøs hun. Solen varmede, men luften var nok ikke mere end tolv – fjorten grader, og stolen var kold at sidde på.

Tankerne om, hvad der ville komme, sneg sig ind på hende sammen med kulden. Hvordan skulle hun nogen sinde komme hjem til Danmark igen? Og hvordan kom hun overhovedet til Milano? De penge, Gerda havde givet hende, var sluppet op. Hendes kort havde banken venligt lukket. Hun kunne måske sælge perlekæden? Nej, det ville hun for alt i verden undgå. Det var en hilsen fra hendes mor og fra hendes far, en af de sidste, inden han døde. Hans gave til sin elskede kone. Og Ingrid havde været med ude at købe den. Det var i december, og alle butikkerne var julepyntet. De havde gået med hinanden under armen, spændte på at finde moderen en smuk gave. Og de havde været enige om, at det var lige præcis den perlekæde, det skulle være. Perlerne havde den allersmukkeste glød og kraftigste lustre. Runde og smukke. Kvinden, der solgte dem den, havde selv været meget begejstret, og de havde følt sig trygge ved hende. Hun virkede kvalificeret, hun vidste, hvad hun havde med at gøre. Den var dyr, nok alt for dyr. Men de var enige om, at det skulle være den. Bagefter havde de drukket kaffe og spist valnøddekage på La Glace. Da dagen oprandt, ville hendes mor slet ikke have perlekæden. Ingrid var blevet skuffet, igen. Faderen havde formået at skjule sin skuffelse. Til sidst havde hendes mor indvilliget i at beholde den, men hun gik aldrig med den. 'Jeg skal aldrig noget så fint, så det kræver ægte perler', ville hun sige. Og hver eneste gang, kunne hun lige så godt have slået faderen hårdt i ansigtet. Han forblev tavs, men han pakkede sig på sådan en underlig måde.

Tjeneren kom med bestik, en hvid papirserviet og et stort glas rødvin. Han mimede igen ved at slå kuskeslag, om ikke hun frøs?

"No, no Danese," sagde hun med kold næse.

"Ah, vichingo."

Hun rystede på hovedet, det forstod hun ikke.

Han lavede horn på hovedet af sig selv.

"Ah Viking," hun smilte, "si."

Da han lidt efter kom med hendes pizza, havde han taget et tæppe med, som han med fagter viste, at hun kunne tage om sig.

Hun smilte taknemlig, "grazie."

Endnu et ensomt måltid. Derhjemme havde hun vænnet sig til at sidde alene på cafeer, altid med en bog eller en avis, eller hun kunne sidde og kigge på sin telefon eller i sin Mayland kalender. Det var ikke så slemt, der var masser af andre, der sad sådan, tjekkede deres iPhones og iPads og holdt pause. Pause fra en travl hverdag, inden turen gik tilbage til arbejdet eller familien. Det var lidt anderledes, at sidde her som den eneste gæst på en restaurant og spise alene. Uden nogen at tale med, bare sidde og spise og se ud, som om det ikke var noget problem. Og det var det vel egentlig heller ikke. Måske var det, fordi der ikke var andre mennesker på terrassen. Mennesker, der sad sammen, talte sammen, lo sammen. Her var der ingen. Hun var ikke ensom blandt mennesker. Hun var bare alene, og måske havde hun simpelthen vænnet sig til at være alene. Eller også var det fordi, hun alligevel ikke var helt alene. Hun havde jo englænderne. Den tanke var rigtig rar. De var hendes venner. Eller var de? De havde ikke været på pensionatet, da hun gik, måske så hun dem ikke i aften, og i morgen var de væk. Hvis de nu kørte tidligt i morgen, eller mens hun serverede eller ordnede værelser, eller Signora sendte hende i byen, så hun slet ikke fik sagt farvel? Eller hvis de kørte i dag, for at nå hjem lidt før. Måske var de ved at pakke bilen lige nu og var kørt, inden hun nåede tilbage. Uden at sige farvel og uden at lægge besked.

Pizzaen, som ellers havde været rigtig god, smagte hende ikke længere. Den velkendte sten i maven, lå der igen. Slaget i mellemgulvet, kvalmen, hjertet der bankede, så hun helt blev bange for, at nogen skulle høre det og le ad hende. Fornemmelsen, som hun kendte lige siden barndommen, fra første dag i skolen, da hun havde vinket farvel til far og mor, og med sin nye læderskoletaske var gået ind i klassen til alt det ukendte. Hvor hun dog hadede den skole. Hver dag at skulle derhen. Stenen i maven, lysten til at gå lige forbi og hen til far i banken. De andre børn, som havde hinanden. Hanne, der i starten ikke altid gad tale med hende, men i perioder kun ville lege med pigerne fra hendes egen gade. Stille Ingrid, der lavede sine lektier, kunne svare rigtigt, når hun blev spurgt og som fik ros af lærerne. Og det gjorde ikke mobberierne færre. En dag så Hanne en fordel i at tale med hende. Det var den dag, de begge var blevet fremhævet for deres oplæsning og retskrivning. Fra den dag var Hanne også blevet holdt uden for af de andre, selv af pigerne fra hendes egen gade. Og Ingrid havde fået sig en ven. Efter den dag i anden klasse var de uadskillelige. De siamesiske tvillinger.

27

Den grønne Jaguar holdt på parkeringspladsen ved pensionatet. Englænderne var gudskelov ikke kørt, men de var heller ikke at se nogen steder. De to svenske damer, havde slået sig ned i receptionens bordeaux velour lænestole og var i gang med at planlægge endnu en tur. De skulle, som hun, hjem om lørdagen, og i morgen fredag ville være deres sidste dag. De var uenige om, hvad de skulle. Den ene ville sejle, den anden ville besøge et kloster. De sad og småskændtes og bemærkede ikke Ingrid, der stille listede forbi og smuttede ind på sit rum ved siden af receptionen.

Hun satte sig forsigtigt på sengen. Hun tænkte på, at hun altid fremover ville være meget forsigtig, når hun satte sig på en seng, angst for at den skulle slå benene ind under sig og brase sammen. Hun kom til at smile, uanset hvad, så havde hun lært en del af denne her tur, ja faktisk havde hun lært mere de sidste måneder, end hun havde lært hele livet. Først og fremmest, at uanset hvor godt man planlagde sit liv, kunne man ikke være sikker på, at det blev, som man planlagde det. Langt fra sikker og ind imellem måske endda tværtimod.

Hun lagde sig forsigtigt ned og lukkede øjnene. Telefonen havde været stille så længe. Det var rart ikke at blive ringet ned af Gregers kone, og ikke at blive truet af banken, men samtidig også lidt underligt, at ingen sendte sms'er. Hun måtte hellere ringe til sin mor, der kunne jo være sket noget, og om ikke andet, så måtte hun hellere give lyd fra sig.

Hun skulle lige til at trykke på "ring hjem" funktionen, da telefonen ringede. Hun fik et chok og tabte den ned på gulvet. Gudskelov blev den stædigt ved at ringe, den havde åbenbrat ikke taget skade. Nummeret var hemmeligt, bare det ikke var Gregers kone.

"Hallo, det er Ingrid," hviskede hun.

"Ja, goddag," sagde en myndig stemme, "det er Preben Knudsen, Rigspolitiets afdeling for økonomisk kriminalitet. Er det Ingrid Hansen fra firmaet Bülow & co.?"

Ingrid kunne mærke sit hjerte galoppere, og det sortnede for øjnene af hende.

"Ja," sagde hun hæst.

"Det drejer sig om en afhøring af dig, vi vil gerne tale med dig, og vi har lige været forbi din adresse, men du åbnede ikke døren."

Ingrid var stille. Hvad var nu det?

"Jamen, jeg er…" begyndte hun, da han afbrød hende.

"Du kan også vælge at komme ind på Politigården i morgen, det er op til dig."

Ingrid tog sig sammen, hun hentede alt sit mod fra et eller andet godt gemt sted, som hun ikke vidste, at hun havde, så sagde hun langsomt, "hvad drejer det sig egentligt om?"

"Det kan jeg ikke oplyse dig om her over telefonen, det er derfor vi skal tale med dig hurtigst muligt. Jeg går ud fra, at det var dig, der stod for firmaets regnskaber, det har enken i hvert fald oplyst."

Hvad…? Ingrid forstod ingenting, hun havde aldrig haft med firmaets regnskaber at gøre. Hun tænkte sig om, det var heller ikke hr. Nielsen, der tog sig af dem. Det var sønnen, hr. Nielsens revisorsøn, Alexander Bülow, det var ham, der stod for det. Hun betalte regningerne, men alle bilag blev sendt over til sønnens revisorkontor.

"Hør her," sagde hun, og hun kunne høre sin stemme dirre, "jeg har i al den tid, jeg var ansat, intet haft med regnskaberne at gøre, det var, de seneste år, hr. Nielsens søn, der tog sig af det. Han har et revisorkontor." I det samme hun sagde det, var hun klar over, at det lød barnligt.

"Revisorkontor…?" Preben Knudsen lød tøvende.

"Ja, altså han er revisor, og det er hans kontor, som har taget sig af regnskaberne, de seneste mange år."

"Godt, men så kan du heller ikke have noget imod at tale med os, vel," konstaterede han.

"Nej, men der er bare det problem, at jeg… Hallo, hallo…?"

Telefonen var død. Hun kunne ikke ringe tilbage til det hemmelige nummer, men mon ikke han ringede igen. Hun sad med telefonen i hånden og ventede, men der skete intet. Måske, havde han accepteret, at hun ikke havde noget med regnskaberne at gøre. Hun ventede. Han ringede ikke tilbage.

Hun ville ringe hjem og tale med sin mor. Hun ville, som hun altid havde gjort det, hver dag, nogle gange flere gange om dagen, tale med sin mor. Men hun ville ikke nævne, at hun var blevet kontaktet af politiet. Hendes mor ville blive alt for urolig.

'Ring hjem', hun trykkede på tasten, men der skete intet. Hun forsøgte flere gange, men telefonen var død. Åh nej, så havde telefonselskabet altså lukket den, som hun havde frygtet. Hun måtte finde en telefon at ringe fra. Fortælle sin mor en historie om, at telefonen var gået i udu, at den var blevet stjålet, nej det ville være urovækkende, men fortælle et eller andet, som ikke virkede for farligt. Og i hvert fald få fortalt, at hun havde det godt, at hun ikke var blevet slået ihjel eller været udsat for røveri, og at hun glædede sig til at komme hjem på lørdag. Hvis hun altså kunne komme hjem på lørdag? Lørdag var i overmorgen, og hun havde hele tiden skubbet afrejsedagen og de problemer, hun ville møde der, foran sig. Men pludselig var dagen kommet ubehageligt tæt på.

Hun måtte finde hen til banegården, stige på toget og måske gemme sig på toilettet hele vejen til Milano. Der flimrede billeder fra film med folk, der sad på taget af et tog, forbi. Men det var på film, og Ingrid slog det hen. Fra hovedbanegården måtte hun gå eller måske lifte til lufthavnen, og så bare håbe på, at flyet gik, og at Alitalias kabinepersonale ikke strejkede, eller at flyet blev kapret og omdirigeret til én eller anden slyngelstat. Hun måtte stjæle croissanter om morgenen og gemme dem, så hun havde mad. Hun kunne starte allerede i morgen med at stjæle, så det ikke sås for tydeligt, at der var taget af den daglige ration. Signora ville bemærke det, men forhåbentlig først, når Ingrid var over alle bjerge.

Men hvad skulle hun dog stille op med sin mor, lige her og nu? Ingrid prøvede telefonen igen. Den var stadig død. Hendes mor ville være frygtelig bekymret, hvis ikke Ingrid fik ringet hjem meget snart og sagt, at hun havde det godt. Hun kunne ikke vente med at give moderen besked, og slet ikke til efter sin hjemkomst, planlagt til lørdag aften, om den så blev ved egen hjælp eller konsulatets.

Ude i receptionen stod der en telefon. Det var den, Signora besvarede med et skingert, syngende, 'Albergo Paradiso, Buongiorno'. Det var sort og tung, det havde Ingrid opdaget, når hun tørrede støv af derude, og den var svær at flytte. En gammel telefon med drejeskive. Når telefonen ringede, ringede der også en telefon inde i privaten. Måske kunne hun spørge Signora, om hun måtte ringe hjem.

Receptionen og vestibulen med det bordeauxfarvede sofaarrangement var mennesketom. Skiltet med 'Åbner klokken fem' stod på disken, Signora holdt siesta, eller Signora var ude, og det var endnu bedre, for så behøvede Ingrid måske ikke at spørge om lov.

Ingrid listede om bag receptionsdisken, hvor telefonen plejede at stå, men den var væk. 'Årh, nej', tænkte hun, og så sin mulighed for at ringe og berolige sin altid bekymrede mor forsvinde.

Pludselig lød der en svag ringen fra et skab under disken. Den snu rad til Signora, hun låste åbenbart telefonen inde, når hun ikke var der, for at undgå, at nogen misbrugte den. Det var måske forståeligt nok, men Ingrid havde universalnøgle. Hun kunne åbne linnedskabene og skabene ude i køkkenet, som også var låst. Gad vide om hendes nøgle også duede til telefonskabet? Hun satte sig ned på gulvet ved skabet og prøvede låsen. Den klikkede og skabet åbnede sig. Telefon ringede stadigvæk. Den person, der prøvede at komme igennem, måtte være vedholdende, og der var åbenbart ingen til at besvare den i privaten.

Ingrid løftede tøvende røret. "Pronto," hviskede hun.

"AH!!!" udbrød personen i den anden ende, for med det samme at vælte Ingrid med en flodbølge af italienske ord. Det var en kvinde, og Ingrid fattede ikke et ord af, hvad hun sagde. Da kvinden stoppede for at trække vejret, sagde Ingrid stille, "si…?" og ordstrømmen fortsatte, nu blot med en højere volumen. Ingrid lagde røret på. Hun ventede og løftede det igen, i håbet om, at kvinden havde givet op, og hun kunne ringe til sin mor. Men kvinden var der endnu, og det lød, som om hun slet ikke havde opdaget, at hun havde talt for døve ører. Måske var hun vant til det. Ingrid lyttede og håbede bare, at kvinden ville forsvinde. Til sidst lød det på tonefaldet, som om hun var ved at være ved vejs ende, og med en hysterisk latter og et "Ciao cara," smækkede hun røret på. Ingrid gloede på røret, angst for at kvinden skulle dukke op igen, ja for den sags skyld komme ud af røret som en ond telefonånd. Hun skyndte sig at trykke på afbryderen og ringede til sin mors nummer. Det var uvant at skulle bruge en telefon med drejeskive. De første to gange ringede hun forkert, og kom hver gang til at tale med en ældre dame, som troede, at hun var fra "Lægehuset". Ingrid måtte undskylde mange gange og forsøge igen. Langt om længe kom hun igennem, men der var ingen, der svarede. På det her tidspunkt plejede hendes mor da at være hjemme? Ingrid blev nervøs, bare der nu ikke var sket noget. Hun prøvede sin mors mobilnummer, og moderen tog telefonen næsten med det samme. Hun lød glad, og Ingrid åndede lettet op.

Moderen og veninde Jutta var stadigvæk i sommerhus, vejret var skønt, og de havde taget nogle ekstra dage.

"Det var da pænt af Juttas datter, ikke."

"Jo," sagde Ingrid, for det var det da. "Men du skal ikke være bekymret for mig mor, jeg ville lige ringe, min telefon virker ikke rigtigt, så du kan nok ikke få fat på mig."

"Nå, men det er helt i orden, vi ses jo på mandag, ja, jeg er først hjemme om aftenen, men så kan du jo komme over, og der er en varmeret i fryseren, vi kan tage."

"Er du der så slet ikke, når jeg kommer hjem?" Spurgte Ingrid.

"Nej, men herre Gud Ingrid, det går vel nok. Du er en stor pige, ikke."

"Jo, men." Ingrid følte sig trods alt en lille smule skuffet. Så kom hun til at tænke på, at hun for det første ikke var noget pattebarn, og for det andet vidste hun slet ikke, om hun overhovedet kom hjem på lørdag.

"Men, så ses vi bare, når vi ses, men altså mor, min telefon virker ikke."

"Nej, det var godt, du ringede og sagde det, så jeg ikke bliver bekymret, men hvad er det så for en telefon, du ringer fra nu? Der stod ikke noget nummer."

"Farvel Mor og hils Jutta," skyndte Ingrid, sig at sige, for i det samme kom der gæster ind i pensionatets vestibule. Det lød som de to svenske damer, og mens de langsomt hev sig op ad trappen til værelserne, blev hun siddende musestille bag receptionsdisken. Da der igen var stille, skyndte hun sig at sætte telefonen tilbage i skabet, lukke det og smutte tilbage på sit værelse. Signora ville med garanti finde ud af, at der var blevet ringet udenbys til et dansk nummer. Men Ingrid håbede bare, at det først kunne ses på næste telefonregning, og der måtte hun da være over alle bjerge. Håbede hun.

Der var stemmer ude på gangen. Krogen var sat for døren, de kunne ikke nå hende. Hun var træt, og bare det at tænke på søvn, gjorde hende endnu mere træt. Hun lagde hovedet på puden. Hun orkede ikke at spekulere mere. Tankerne kørte rundt i hovedet på hende og hurtigt faldt hun i søvn. I søvnen kunne de problemer, hun havde, ikke gøre hende ondt.

Det bankede på døren, og i søvnen blev den stille banken til en fugls slag med vingerne, 'Bank, bank, bank'. Fuglen forsøgte at lette, men dens klør sad fast i et net, og dens desperate forsøg gjorde den afmægtig. 'Bank, bank, bank'. Fuglene baskede med vingerne. 'Bank. Bank. Bank.'

Ingrid vågnede med et sæt. I mørket vidste hun først ikke, hvor hun var. Så mærkede hun den stærke lugt af rengøringsmidler og klor, der gjorde hende tung i hovedet og fik øjnene til at smerte, og hun satte sig forvirret op i sengen. Der kom den bankende lyd igen, ganske stille.

"Ja?"

"Det er mig, David."

"Et øjeblik."

Forvirret og rundtosset stod hun forsigtigt ud af drømmesengen. Hvad mon klokken var? Og hvordan så hun ud? Hendes hår strittede garanteret til alle sider. Mascaraen sad nok nede på kinderne af hende.

Hun åbnede døren på klem.

"Undskyld, vækkede jeg dig?"

"Det gør ikke noget, jeg blundede vist. Hvor meget er klokken?"

"Den er seks... om aftenen," skyndte han sig at tilføje. "Min far spørger, om du eventuelt har lyst til at komme med os ind til byen. Det lokale orkester spiller koncert i byrådssalen. Jeg er bange for, at det er marchmusik, de spiller. Men Charlie har en fjern fortid inden for det syvende kavaleri, og han elsker marchmusik og gamle kanoner."

Hun kom til at smile. De hørte stemmer i receptionen, og hun skyndte sig at trække ham indenfor.

"Vi var hos dyrlægen, Monty skulle lige have en kur og stempel i passet, inden han kan få lov til at rejse ind i Storbritannien igen. Charlie faldt i snak med dyrlægen, og hans barnebarn spiller i orkestret. Det er først klokken halv otte, der er masser af tid." Han kiggede kort på hendes frisure, men hun så godt, at han kiggede, selvom han kun gjorde det ganske kort. "Og så ville han også høre, om du har lyst til at spise middag med os bagefter? Det er jo vores sidste aften her."

Ingrid var stadig rundtosset, og uden at tænke mere over det, sagde hun bare, "ja, øh ja tak mange tak." Og kom i det samme til at tænke på, at hun ikke kunne være bekendt at lade dem betale igen. Hun måtte finde på en undskyldning for ikke at gå med. "Men øh...," begyndte hun.

Han bremsede hende, som om han allerede vidste, hvad hun ville sige. "Det er fint, det bliver han glad for. Så ses vi udenfor, skal vi sige klokken syv?"

Og væk var han.

Det var rigtig pænt af dem, tænkte Ingrid, men hun var flov over, ikke at kunne betale i det mindste for sig selv. Alligevel glædede hun sig til endnu en aften, om end den sidste, med de venlige englændere.

De ventede på hende uden for pensionatet. Charlie som altid ulasteligt klædt i Burberry frakke og six pence.

"It's a bit nippy outside, I think," sagde han og pegede på et ternet uldent halstørklæde, han havde om halsen. David havde en mørk oilskins jakke på og sorte jeans. Hunden Monty var som altid klar til en tur.

"Jeg tror lige, at jeg henter min frakke," sagde hun og skyndte sig tilbage til værelset, greb sin lyse frakke, men opdagede til sin rædsel, hvor beskidt den var. Nå pyt, hun lod den ligge, så måtte hun bare håbe, at det ikke var for koldt. "Jeg behøver den vist ikke alligevel," sagde hun, "den her jakke er varm nok."

Men den quiltede jakke, hun havde rejst i og frosset i, var langt fra varm nok. Det erfarede hun hurtigt. Det blæste en smule fra søen, og vinden var kold. Hun skuttede sig, og håbede ikke at Charlie og David opdagede, hvor meget hun frøs.

De ankom til byens rådhus sammen med en masse andre. De fleste lod til at kende hinanden, for alle hilste og talte i munden på hverandre. Charlie hilste på en ældre mand, som viste sig at være byens dyrlæge, og som havde anbefalet koncerten. Charlie præsenterede hende for den ældre mand, og han kiggede på hende, som var hun Gina Lollobrigida i sine velmagtdage.

Da klokken var kvart i otte, trådte en stor mand i bordeaux blaser op på scenen. Han sagde nogle ord, slog ud med armene, og folk klappede som vanvittige. Så marcherede en flok på omkring tyve børn og unge ind på scenen. De var alle klædt i nogle halvlange, ikke klædelige sorte og grønne silkekapper. En tyk dreng, der gik som nummer fem i rækken, gav nummer fire, en ranglet pige der bar en tuba, et skub, så hun uvilkårlig kom til at skubbe til nummer tre, der skubbede til nummer to, der skubbede til nummer et. Det fik nummer et til at vende sig om og puffe nummer to i maven. Nummer to faldt bagover og var ved at tage nummer tre med i faldet. Nummer fire, den ranglede pige, vendte sig om, og smækkede den tykke dreng én på kassen. Der opstod en del tumult, men inden håndgemænget havde forplantet sig i hele flokken, fik den store mand nogenlunde styr på forsamlingen, og orkesterdeltagerne fandt deres pladser.

Den store mand, som viste sig at være orkesterlederen, stillede sig på et repos og slog med sin dirigentstav på et nodestativ for at få ro. Han måtte slå en hel del gange, førend der var nogenlunde stille, for hver gang han troede, at deltagerne var parate, var der én, der tabte noderne, eller én der lige skulle stemme sit instrument en ekstra gang. Den tykke dreng, der havde været nummer fem ved indmarchen, muntrede sig også med at lave kaninører på to små fløjtenister, der sad foran ham, hvilket skabte en del uro.

Langt om længe var orkestrets deltagere klar, og med et øredøvende bragt, satte de alle i gang på én gang. Folk lettede fra stolene, og Monty satte i med et hyl. Det var alles kamp mod alle. Ikke én af deltagerne, måske på nær hunden, fulgte maestroens takt med dirigentstokken. Det var i sandhed marchmusik, men til hvilken gangart, vidste Ingrid ikke. Og det var i hvert fald ikke i takt. Hun turde ikke kigge på hverken Charlie eller David., for ikke at komme til at le.

Da orkestret havde spillet mod hinanden i et kvarter, og Monty kun var bragt til stilhed ved, at David sad og holdt den om snuden samtidig med, at han forsøgte at holde den for ørerne, råbte David til hende, "jeg går uden for," og pegede på hunden, "synd for…" signalerede han.

Hun smilte til ham og tænkte, bare det var mig. Orkestret fortsatte med endnu en march.

"John Philip Sousa…, tror jeg nok," skreg Charlie gennem larmen.

Hun sendte ham noget, der skulle have været et smil, men endte som en grimasse.

Efter andet nummer opstod der uenige mellem deltagerne om, hvilket stykke musik, der nu skulle spilles. Dirigenten mente, som de fleste i orkestret, at det var ét stykke musik, hvorimod en lille fyr på bækkener, øjensynligt var ude af takt. Reelt hørtes der i musikken ikke den store forskel fra de to tidligere stykker, men det skabte en del forvirring blandt orkestrets deltagere. Til sidst blev drengen ked af det, og forlod vrælende scenen. I det samme, han gik ud ad bagdøren, knaldede han bækkenerne hårdt sammen flere gange og ude bagved kunne man høre ham skrige hysterisk.

"Sikke noget," sagde Charlie og opdagede, at David og Monty, som havde siddet ved siden af Ingrid, var forsvundet. "Hvor gik de hen?"

"Musikken var vist ikke noget for Monty," sagde Ingrid.

"Nå nej, selvfølgelig, og vist heller ikke lige noget for David, han har fået nok af det i SAS."

"Er han pilot?" spurgte Ingrid, hun havde tænkt på, hvad han mon lavede, og pilot passede måske godt til den høje flotte mand.

I det samme satte orkestrets deltagere nogenlunde samtidigt i med endnu et stykke musik.

"Nej," råbte Charlie, "ikke pilot…"

Mere kunne hun ikke høre for musikken. Så er han åbenbart steward eller purser, og det var sjovt, at han var ansat hos SAS, Scandinavian Airlines. Mon han nogensinde fløj fra København, tænkte hun. Han måtte under alle omstændigheder være flot i uniform.

De holdt ud, hun og Charlie, til den bitre ende. I den store hall sagde de farvel til dyrlægen, som viste sig at være bedstefar til den ranglede pige med tubaen. Han trykkede hjerteligt deres hænder og bedyrede, at der virkelig var sket en formidabel udvikling med orkestret.

"Så må det virkelig have været skidt tidligere," konstaterede Charlie tørt, da de stod ude i den friske luft foran rådhuset. "Mussolini kunne have vundet krigen med det orkester."

Han fik i det samme en sms. 'Sidder på trattoriat'et nede ved søen', og arm i arm spadserede de ned til nøjagtigt den samme lille restaurant, som hun havde siddet på om eftermiddag og frysende spist sin pizza.

Inden for var der varmt og rart, fyldt af mennesker, og der duftede vidunderligt af mad. Ingrid var sulten. David rejste sig fra et bord ved vinduet og vinkede smilende til dem. "Vi er her, og jeg har bestilt vin, Gudskelov I overlevede." Der stod en flaske rødvin og tre glas på bordet. Hunden havde fået en skål vand.

De bestilte mad. Ingrid og David ville have pasta og salat, Charlie var ikke så sulten, David foreslog, at han skulle tage pocheret laks. Efter maden og til sidst citronsorbet, espresso og grappa, rejste Charlie sig, og gik op i baren for at ordne betalingen.

"Jeg er helt flov over, at I hele tiden betaler for min mad," hviskede Ingrid til David.

Han kiggede overrasket på hende, så smilte han. "Er du rigtig klog, tror du, at Charlie ville lade en dame betale, når han er med?" Charlie er af den gamle skole," han tænkte sig lidt om, "vi briter er nok stadigvæk sådan temmelig stok konservative, hvad nogle ting angår… ja, faktisk hvad temmelig mange ting angår. Under alle omstændigheder, så nyder han hvert et minut. Det var jo det, der var meningen. Og vi har haft en utrolig god tur.”

David rejste sig, hentede deres overtøj og hjalp, som den mest selvfølgelige ting i verden, først Ingrid, så sin far tøjet på.

De spadserede tilbage mod pensionatet.

”Jeg føler mig en lille smule ør,” sagde Charlie, og Ingrid tilbød ham sin arm, så han kunne støtte sig til hende. De gik langs søen, og det var koldt. Den illusion om forår, Ingrid havde haft om eftermiddagen, var forsvundet, og hun frøs i sin alt for tynde jakke.

”Her,” David lagde sin oilskinsjakke om hendes skuldre, ”Monty og jeg løber tilbage til pensionatet. Jeg trænger til at strække benene, og det gør Monty også,” og væk var de, inden hun nåede at komme med indvendinger.

”Det skulle han da ikke have gjort,” sagde hun.

”Selvfølgelig skulle han det, ellers havde jeg selv tilbudt dig min frakke. Man kan ikke have en frysende kvinde ved sin side.”

”Han er en sand gentleman,” sagde hun, ”som sin far.”

”David er en god søn. Min kone Elise og jeg kan kun være tilfredse med vores to børn. David har en yngre søster, Karen, hun er læge og bor også i York.”

Hun havde lyst til at spørge mere om David, men følte, at det var forkert, hun kunne jo spørge David selv. Men når hun tænkte over det, var det næsten altid Charlie hun talte med. David holdt sig i baggrunden, sørgede for faderen og for hunden. Hun havde syntes, at han var lidt reserveret og ikke altid til stede. Men så havde han nogle gange overrasket ved pludselig at spørge til noget, hun havde sagt, og som hun slet ikke havde troet, at han havde bidt mærke i.

”Ja, vi har været heldige med vores børn, også at de bor så forholdsvist nær ved os. Men David har også et hus oppe i Yorkshire dalene, der er han så ofte, han har mulighed for det.”

Det må være, når han ikke flyver som steward, tænkte Ingrid. ”Det lyder dejligt,” sagde hun, og hun skulle lige til at spørge om han fløj oversøiske ruter.

”Og han er ikke gift.”

Hun kunne mærke, at Charlie skævede til hende. Hvorfor sagde han nu det?

”Han var gift, men hans kone, Elaine, døde. Det er snart ti år siden nu.”

”Åh, det gør mig ondt.” Hvad andet kunne hun sige.

”Ja, det var smertefuldt, meget smertefuldt.”

De gik i stilhed, vinden slog dem i ansigtet, og Ingrid var taknemlig for den store varme jakke, hun havde om skuldrene. Hun vidste ikke, om hun kunne tillade sig at spørge. Både Charlie og David virkede så utrolig rare, men alligevel var der en distance. Måske var det bare deres velopdragne og høflige opførsel, der gjorde, at hun ikke følte, at man kunne spørge dem om hvad som helst, men Charlie brød tavsheden.

"Cancer," sagde han pludselig, "hun fik brystkræft og døde i løbet af kort tid."

"Hvor frygteligt."

"Ja, det var så slemt. Hun ville så gerne have børn, og hun gennemgik alle mulige undersøgelser og behandlinger. Du ved med hormoner og sådan. Det virkede som en helt besættelse. Alle operationerne, alle skuffelserne. Det var kun hende, David tog det meget roligt, at de åbenbart ikke skulle have børn Men nu bebrejder han sig selv, at han lod hende gøre det. Han tror, at det var det, der speedede kræften op. Da de opdagede, at hun var syg, var der intet at gøre. Måske var det derfor, hun ikke kunne få børn, der var en mening med, at hun ikke skulle havde dem."

Den gamle mand stoppede op, han gispede efter vejret.

"Går vi for stærkt?"

"Nej, jeg skal bare holde et lille hvil."

Hun kunne se, at han var træt.

"Og David har ikke giftet sig igen. Når han har mulighed for det, tager han op til sit gamle hus i Swaledale. Det ligger fuldstændig øde ved floden. Så knokler han med det gamle hus, eller også går han og Monty lange ture. Det er et rart sted, men der er frygteligt øde. Bare han ikke ender som en eremit, en eneboer."

"Nej, han virker da alt for udadvendt." I det samme hun havde sagt det, kom hun til at tænke på, at hun faktisk havde syntes, at han virkede temmelig privat, som en meget eftertænksom mand. Det var svært at forbinde det med, at han åbenbart var steward og levede af at servicere flypassagererne.

"Ja, det er nok bare noget pjat. Han har altid været en god søn og også en god bror for sin lillesøster. Han har hjulpet hende meget. Hun er alene med tre børn. Han har købt et hus til dem."

"Det var pænt af ham."

"Ja, han er enestående, men jeg er alligevel lidt bekymret for ham, måske skulle jeg ikke være det, men jeg vil så gerne se ham glad igen. Han har ellers et lyst sind, men jeg kunne ønske, at han blev rigtig glad igen. For det er han ikke."

Resten af vejen gik de tavse ved siden af hinanden. Han låste op til pensionatet, og holdt døren for hende.

"I morgen kører vi hjem," sagde han, han tog hendes hånd og holdt fast om den. "Tak, fordi du har været med til at gøre denne rejse så uforlignelig." Langsomt gik han et par trappetrin op til værelserne på første sal. "Jeg håber, at du og David bevarer kontakten," sagde han så, og idet han vendte sig, hørte hun han hviske, "det håber jeg virkelig. God nat Ingrid."

"God nat og sov godt."

28

Der var stukket en seddel ind under hendes dør.

'Jakken bedes afleveret på værelse otte. Tandbørste kan medbringes. D & M'.

Hun pakkede sine ting til natten, lukkede døren til rummet bag sig og listede op ad trappen. Hun skulle lige til at banke på døren, da David kom ud fra sin fars værelse, og hun hørte den gamle mand spørge om, hvornår de skulle køre dagen efter.

"Ved nitiden, det burde være tidligt nok," svarede David, "så vi ses nede til morgenmad klokken otte, er det ikke i orden? Sov nu godt."

"God nat og sov godt," lød det inde fra værelset.

"Vi skulle lige aftale afrejsen i morgen," hviskede han til hende, "han har allerede pakket."

Inde på værelse otte var der koldt. Hunden lå midt i sengen, men den sprang logrende op, da den så Ingrid.

"No Monty, no," forsøgte David, men hunden var ligeglad. "Sorry."

"Det gør slet ikke noget," sagde hun, "han er så sød."

Der rodede på værelset. Det kunne godt være, at hans far havde pakket og var klar til afrejsen, men det galt ikke for David. Hun kiggede på hans ting.

"Jeg smider dem ned i tasken i morgen tidligt," sagde han, "det går hurtigt. Men der er vist lidt koldt herinde, jeg forsøgte at lukke altandøren, det er umuligt, og jeg er bange for at ødelægge den, hvis jeg lægger kræfter i. Den er skæv." Han lagde sin jakke hen ved døren for at tage trækken. "Det tager vist det værste, jeg håber ikke at du kommer til at fryse."

Han var ved at klæde sig af, da hun kom ud fra badeværelset. Han havde taget sin skjorte af og stod med nøgen overkrop. På højre skulder havde han en stor tatovering. Ingrid blev overrasket over at han var tatoveret, og det bemærkede han.

"Det er min gruppe," sagde han så.

"Åh, SAS?"

"Ja…? Nåh, det er vel Charlie, der har fortalt dig det? Alle i gruppen har samme tatovering"

"Nå!" Ingrid var en smule overrasket, hun havde ikke tænkt på, at det åbenbart var almindeligt, at man inden for luftfartselskaberne lod sig tatovere, det var vel mere søens folk, men sådan var det åbenbart.

Han lagde sig i sin interimistiske seng ved altandøren.

"Trækker det ikke derhenne?" spurgte hun bekymret.

”Nej, det går nok, det er ikke så slemt.”

Hun kravlede op i sengen og slukkede lyset, ”god nat og sov godt. I har en lang rejse foran jer i morgen.”

”Jep. God nat.”

Ingrid var knapt faldet i søvn, da David begyndte at hoste. Hunden havde lagt sig op i hendes seng, og fyldte det meste. Hun tændte lampen på natbordet, og lyset vækkede David. Hunden sukkede dybt og lagde sig demonstrativt bedre til rette. Den brød sig ikke om at blive vækket. Det tynde vattæppe, David havde viklet sig ind i, dækkede ham knapt nok. Han begyndte at hoste igen.

”Du må ikke blive forkølet, skal jeg gå ned og lave en kop te til dig?”

Han rømmede sig, ”nej, men ellers mange tak skal du have. Jeg har en flaske grappa.”

”Hvor er den? Lad mig hente den.” Hun svingende fødderne ned på gulvet og mærkede, hvor koldt det trak.

”Det blæser jo ind fra den dør,” sagde hun.

”Ja, det er friskt,” svarede han hostende.

Hun fandt grappaen i hans kuffert. ”Glas?”

”Never mind, vi drikker af flasken.” Han åbnede grappaen og rakte flasken til hende.

”Nej, du først,” sagde hun.

Han tog en ordentlig slurk, tørrede åbningen af med bagsiden af hånden og rakte flasken over til hende.

Hun fniste.

”Den er ret sprittet,” sagde han, ”der er ikke en levende bakterie tilbage.”

Hun tog mod til sig, og tog en lille tår. ”Huuuh, den er stærk.”

”Ja, effektiv.” Han begyndte at hoste igen, og hun gav ham flasken tilbage.

”Har du ferie nu?”

”Ja, til og med søndag, og jeg kan ikke rigtig tillade mig at blive syg, arbejdet du ved.”

”Ja,” sagde hun, og tænkte i det samme, at hun selv kunne tillade sig stort set, hvad det skulle være, for der var intet arbejde, der ventede på hende.

Han tog endnu en slurk. ”Men det her skal nok klare alt, lad os bare prøve at sove igen, jeg håber ikke, at jeg kommer til at holde dig vågen.”

Hun slukkede lyset, ”men så godnat igen.”

Han hostede. ”Godnat,” sagde han.

Tanken om, at David for hendes skyld lå på gulvet i den kolde træk, holdt hende vågen. Han blev ved med at hoste.

"David, vil du ikke være sød, at lægge dig herop i sengen. Her er plads nok til os alle sammen, og ellers kan jeg bare gå ned og sove på mit værelse. Du bliver rigtig syg, hvis du bliver liggende ved den dør. Du har jo stort set kun en plasticpose over dig. Du skal være frisk til turen hjem om ikke så mange timer"

I mørket kunne hun høre ham tage endnu en stor slurk af flasken.

"Okay."

Hun kunne høre smilet i hans stemme.

"Hvis jeg fortsætter på den her måde, ender jeg med ikke at kunne køre i morgen tidligt, men jeg vil ikke have, at du går ned i det kosteskab igen."

De krøb sammen under dynen.

"Dine ben er jo iskolde," sagde hun.

"Det ved jeg ikke, jeg kan ikke rigtigt føle dem."

Han grinte. Han duftede ganske svagt af en frisk after shave. De lå helt tæt, med hunden i fodenden, var der ikke megen plads.

"David?"

"Ja?"

"Må jeg ligge i din arm?"

"Selvfølgelig."

De lå stille i mørket. I morgen ville han køre til England, op gennem Schweiz og Frankrig til Eurotunnel i Calais og derfra Folkstone og hele vejen til York. Han ville køre sin far i faderens smukke grønne Jaguar og med sin hund Monty på passagersædet. Og hun ville måske aldrig se ham igen.

"David?"

"Ja." Hun kunne høre, at han smilte. "Hvad er der?"

"Du er en god søn."

"Hvad…? Hvad i alverden får dig til at sige det?"

"Din far. Ved du, hvor meget han holder af dig?"

"Jo, det tror jeg nok, men vi er måske ikke så gode til at sige sådan noget til hinanden i min familie."

"Det er vi heller ikke i min, men vi skal være bedre til at vise det, inden det er for sent. Men god nat, sov nu godt."

"Ingrid?"

"Ja?"

"Jeg kan godt lide dig. Du er en stærk kvinde. Du er sød og sjov og stærk og smuk."

Hun lå helt stille, sådan havde hun aldrig tænkt på sig selv, og der var vist heller aldrig nogen, der havde sagt det til hende. Hun vendte sig om mod ham, og skubbede sig op i sengen, så hendes ansigt var ud for hans. Hans ånde duftede godt af grappaen.

"Jeg kan også godt lide dig," hviskede hun med sin mund tæt til hans. "Jeg kan rigtig rigtig godt lide dig."

Han trak hende op på sig, og hun kyssede ham forsigtigt. Hans øjne, hans kind lige under øje ved kindbenet, hvor huden er så blød, og hans læber. Og stille, helt stille for ikke at vække hele verden, elskede de og faldt bagefter i en dyb og tryg søvn.

Allerede inden klokken var syv, var der gæster til morgenmad.

"Vi skal rejse i morgen," sagde de svenske damer, "så vi skal have mest muligt ud af dagen i dag."

"Skal I flyve fra Milano?" spurgte Ingrid forsigtigt, måske var der mulighed for, at hun kunne få et lift til lufthavnen sammen med dem.

"Nej vi skal videre til Venedig. Det er en pakkerejse, vi har taget, og nu skal vi til Venedig."

Det var de åbenbart enige om, og Ingrid tænkte, om ikke det var det første, de var enige om på deres tur.

David kom ned sammen med hunden. Han havde en lys sweater på og kakifarvede bukser og så forårsagtig og frisk ud. Han sendte hende et stort smil.

"Jeg lufter lige Monty, så hvis min far kommer ned, må du meget gerne fortælle ham det."

Han havde sin store rejsetaske over skulderen, og var åbenbart klar til afrejse. Ingrid mærkede et lille stik i hjertet. Nu tog han tilbage til England, sit arbejde og sit hus i Swaledale. Han havde sit liv i Nordengland og hun havde sit… Ja, hvor havde hun egentlig sit liv henne?

Hun var inde i rutinerne og smilte lidt ad, hvor let arbejdet allerede gled for hende. Måske kunne hun få et job som serveringsdame derhjemme, nu udendørssæsonen snart startede i København. Hendes mor ville dø, hvis Ingrid tog et arbejde som servitrice. Nå, men hun kunne da føre servicemedarbejder på sit CV, når hun skulle søge job, og det var måske ikke så dumt. Jobcentret ville sikkert værdsætte det, og sende hende ud til en kantine.

David og Monty kom tilbage. David havde taget sin sweater af og hængt den over skuldrene.

"Det er rigtig lunt udenfor," sagde han glad. "Monty vovede en pote i søen, men han trak den hurtigt til sig igen. Er min far ikke kommet ned endnu?"

"Nej, jeg har ikke set ham, men vil du starte med en kop kaffe."

"Ja, tak gerne." Han satte sig hen ved hans og Charlies faste bord. Ingrid havde sørget for, at de havde det bedste bord henne ved vinduet.

Der var fuldt i restauranten, og hun havde travlt, men alle gæsterne var søde og rare. Signora kom smilende ind og hilste på alle og spurgte, om alt var i orden. David var høflig, men hendes overvældende venlighed prellede af på ham. Ingrid observerede det med et tilfredst smil.

"Ingrit! I go hairdresser now." Det lød mest af alt som en befaling, men Ingrid forstod. Signora skulle til frisøren, og det gav hende en smule ro, når hun ikke havde sin chef på nakken.

"Si, si," sagde hun.

"You quick, quick." Signora viftede med højre hånd, for at lade Ingrid forstå, at hun havde travlt. David så det og rejste sig, han gik hen og lagde armen om signoras skulder og førte hende ud ad spisestuen. Ingrid hørte ham sige noget på italiensk og forstod, at han ville ordne betalingen, inden Signora tog af sted for at få farvet hårrødderne, der var begyndte at se lidt støvede ud og få sat granitten.

Klokken var snart halv ni, men Charlie var ikke kommet ned endnu.

"Jeg ser lige efter," sagde David.

"Han var træt i går," sagde hun, "han har nok bare sovet over sig."

"Det ligner ham ikke. Han har ikke glemt sin tid i hæren."

Hun tænkte ikke nærmere over det, men begyndte at rydde af de sidste borde og fylde opvaskemaskinen.

"Han svarer ikke." David stod i døren ud til køkkenet, "og han er ikke ude ved bilen."

"Kan han være gået en tur?"

"Nej, det tror jeg ikke. Jeg har ringet til ham. Telefonen ringer inde på værelset, og han går aldrig ud uden den."

"Jeg har nøgler, lad os prøve at se efter. Han kan jo være i bad."

Ude i hallen stødte de ind i Signora. Hun stod med overtøj på, en frakke der til forveksling lignede Ingrids Max Mara, denne dog, så vidt Ingrid kunne se, uden et sort håndaftryk på bagen.

Hun var parat til at drage til frisøren og kiggede spørgende på Ingrid. David sagde hurtigt noget til hende, som hun så ud til at være tilfreds med.

"Hvor har du lært italiensk?"

"For mange år siden mødte jeg en italiensk pige. Det var på en interrail tur, og jeg satte mig for at lære italiensk, så jeg kunne skrive med hende."

"Det lykkedes da meget godt."

"Jeg ved ikke rigtig, hun endte med at gifte sig med en tysker. Jeg mener en tysker...!"

De bankede på døren ind til Charlie. Han svarede ikke. Det lød heller ikke som om vandet løb i badeværelset. David ringede igen, og de kunne tydeligt høre telefonen ringe inde på værelset. Ingrid fandt sit nøglebundt i lommen på forklædet, og åbnede døren. Lige indenfor stod kufferten pakket og klar. Charlie sad fredfyldt i sengen med puder i ryggen, briller på næsen og foran ham på dynen, lå en opslået bog. Han kiggede ned i bogen, og Ingrids første indskydelse var, at han sad og læste.

"Far!" hørte hun David udbryde bag sig, men den gamle mand reagerede ikke, og Ingrid forstod. Charlie var død.

29

Hjertemassage, var det første ord, der røg igennem Ingrids hoved, sammen med en masse billeder, fra et førstehjælps kursus, hun havde taget for mange år siden sammen med koret. Hvordan var det nu, de fem trin var?

Men David var allerede henne ved sin far og konstaterede med to fingre på faderens halspulsåre og en blid, men kyndig hånd på faderens kinder, at den gamle mand var død, og at der intet var at gøre.

Charlie måtte have siddet i sengen og læst inden nattens søvn, og så være død stille og roligt. Han så så fredfyldt ud med et lille smil om de blånende læber. Bogen, der lå foran ham, var en guidebog til Norditalien.

"Åh nej, Far." David sad med den gamle mands hånd i sin.

"Det gør mig frygtelig ondt," hviskede hun.

David kiggede på hende, og hun kunne se tårer i hans øjne.

"Hvor fredfyldt han ser ud," sagde han, "man kan næsten ikke forestille sig en bedre måde at tage af sted på, vel?"

"Nej," hun lagde hånden på Davids skulder.

Charlie var bleg, hans ansigt var en smule spidst, lidt anderledes end hun huskede ham, og hans pergament fine hud var så glat, uden en eneste rynke. Han var en smuk gammel mand.

David sad længe uden at sige noget, til sidst rejste han sig. "Nå," sagde han så, "planerne er ændret."

"Skal jeg få fat på en læge?" Ingrid mente, at hun havde set noget med 'medico' og 'ambulanza' på en seddel i receptionen.

David nikkede. "Ja, ja, vi må vel hellere få fat på en læge. Men…" han stoppede, "men, åh nej," sagde han så, "arbejdet."

"Du kan ikke ringe afbud?"

"Nej, det går ikke."

Ingrid tænkte, at det nok var, fordi de var underbemandede efter alle de fyringsrunder, der havde været i SAS.

"Det er ikke kun arbejdet. Jeg skal helst være hjemme senest mandag, men jeg kunne også frygte en masse italiensk bureaukrati, inden min far kan komme hjem til York og blive begravet. Italiensk bureaukrati, og så her op til weekenden."

Monty, som ellers var en storm af glæde, tog ingen videre notits af den døde Charlie. Men måske fornemmede den, at der var noget galt, for den sprang flere gange op ad David og logrede.

"Sikke noget, hvad Monty," sagde han, og kløede den bag ørerne.

"Hvor lang tid tager det at køre hjem?" spurgte hun, bare for at spørge om noget.

"Tja, vi ville have taget en overnatning i Schweiz, omkring Basel, og så kunne vi være i York søndag aften."

"Mon ikke du skal have fat i ambassaden?"

"Jo," han nikkede, "konsulatet og min søster. Kisten skal flyves hjem. Det betyder, at jeg ikke kan følge den, på grund af bilen… og Monty! Sikke en redelighed, nå men vi må jo nok hellere se at komme i gang. Jeg orker bare ikke at få det frygtelige menneske involveret," sagde han.

"Signora?"

"Ja. Jeg kunne også forestille mig, at der bliver startet en større undersøgelse, og jeg bliver mistænkt for at have slået min far ihjel. Charlie altså!" Han kiggede kærligt på den døde mand. "Det her er rigtig dårlig timing."

"Der er måske en anden løsning," sagde hun.

"Ja?"

"Du kunne selv køre din far hjem. Vi kunne klæde ham på, og han kunne sidde lige så pænt i bilen hjem."

David smilte, "det er vist ikke helt lovligt, tror jeg, noget med 'usømmelig omgang med lig'?"

"Nej, det har du selvfølgelig ret i." Hun blev helt forskrækket over, at hun overhovedet kunne få sådan en idé.

"Men, du siger faktisk noget. Hvis jeg kører i et stræk, og må den gamle bil holde hele vejen, så kunne jeg være i England i morgen meget tidligt. Min søster, jeg må ringe til min søster. Hun kan skrive dødsattesten, vores far kan være sovet stille ind i sit hjem." Han rejste sig beslutsomt. "Det bliver løsningen. Tak."

"Jo, men hvis du nu bliver stoppet." Hun havde allerede dårlig samvittighed over, at hun havde fået den skøre idé.

"Det gør jeg ikke." Han kiggede på hende, "det gør jeg bare ikke! Og hvis jeg gør, må jeg forklare, at jeg slet ikke havde opdaget, at min far sad og var død eller et eller andet. Der kan garanteret gå uger, førend jeg kan vende hjem med ham, hvis vi tager den officielle vej. Det kan jeg simpelthen ikke byde min Charlie."

Den gamle mand havde lagt sit rejsetøj parat på en stol. Det hele var sirligt arrangeret. Mørke bukser, sorte strømper, en ternet ulden skjorte, og en pullover, der matchede den vissengrønne farve i én af striberne i skjorten. En brunlig tweedjakke var hængt over stoleryggen. Under stolen stod et par nypudsede travesko. Hen over kufferten lå den lyse Burberryfrakke og den uundværlige six pence.

"David, hvis du pakker bilen, skal jeg gøre din far klar. Vaske ham og klæde ham på og sådan."

"Det kan jeg ikke byde dig. Når man dør udskilles visse.. øhm… affaldsstoffer."

"Det ved jeg godt, og det kan jeg godt klare. Pak nu bilen, så alt er parat. Så kan du bære din far ned til allersidst, og så kan I køre."

"Ingrid, jeg vil ikke blande dig ind i det her og gøre dig til medskyldig."

Hun rystede affærdigende på hovedet, og tænkte, at hvis hun alligevel skulle hjem og afhøres af Rigspolitiets afdeling for økonomisk kriminalitet, ville hun hellere sidde fængslet i Tower i London for usømmelig omgang med lig. Hvis hun bare kunne sidde der sammen med David.

"Gå nu," sagde hun, rejste sig og kyssede ham flygtigt på munden, jeg kalder på dig, når vi er klar.

Hun hældte varmt vand op i vasken på badeværelset og kom sæbe i. Så tog hun et par håndklæder og rev dem midt over. De var møre og forkogte, så det gik let. De skulle fungere som vaskeklude. Med møje og besvær fik hun taget den fine stribede pyjamas af den gamle mand. Det var ikke så lige til. Charlie måtte være død omkring ved et tiden i nat, og Rigor mortis var for længst indtrådt. Hun vaskede ham, iførte ham rent undertøj og strømper, bukser og skjorte. Hun arbejdede koncentreret og nægtede overhovedet at tænke tanken, hvordan det ville være, hvis han pludselig vågnede til live og begynde at sprælle. Det var for grotesk en tanke.

Langt om længe var hun færdig. Det sidste, hun gjorde, var at finde en kam i hans toilettaske og rede hans korte, hvide hår.

Det bankede let på døren. "Det er mig," hviskede David, og hun låste op.

"Jeg er næsten færdig," sagde hun og kiggede tilfreds på resultatet. Charlie lå på sengen med tøj og sko på. Jeg mangler bare frakken, den må du gerne hjælpe med.

"Bilen er pakket," David hviskede det, "og der er ikke nogen mennesker at se. Jeg tror, at de fleste er taget på tur, og Signora har jeg ikke set skyggen af."

"Gudskelov, det taget sikkert tid hos frisøren."

David løftede sin far op fra sengen. På grund af dødsstivheden behøvede han blot at støtte sin far så han ikke væltede, mens Ingrid gav Charlie frakken på. Det så grotesk ud.

”Jeg venter med kasketten,” sagde hun.

Hun inspicerede værelset en sidste gang, for at sikre sig, at alt var pakket og fjernet. Ude på badeværelset havde hun lukket vandet ud af vasken og smidt håndklæderne i affaldskurven. Hun måtte fjerne dem senere, når hun skulle ordne værelserne, og forhåbentlig opdagede Signora ikke, at der var forsvundet håndklæder. Selvom, det gjorde hun nu nok. Signora havde røntgenøjne og tal på alt. Men i det mindste kunne hun da ikke trække det fra Ingrids løn.

Da Ingrid havde sikret sig, at der var fri bane, kaldte hun på David. Men lige som han drejede om hjørnet fra værelsesgangen og tog de første trin ned ad trappen, kom Signor Pellegrini ud fra privaten. Ud ad øjenkrogen så hun David dreje rundt og løbe tilbage op ad trappen.

Signor gloede på Ingrid.

”Bongiourno, Signor Pellegrini,” sagde hun og sendte ham et smiskende smil.

Han blev ved med at glo på hende, kløede sig på maven og gik hen til receptionen og hentede en avis. Sønnen stak hovedet ud, sagde noget til faderen, som brummede til svar, gik ud i køkkenet og kom tilbage med en håndfuld croissanter. Pokkers, tænkte Ingrid, det var overskuddet af croissanter, hun skulle have hamstret til morgendagens hjemtur.

Da Signor og søn var inde i privaten igen, kaldte hun på David. Han kom farende ned ad trappen, bærende på Charlie, som var han et surfboard, han havde under armen. Med hjertet oppe i halsen styrtede hun foran dem. Nu måtte der bare ikke komme nogen. David havde parkeret den grønne Jaguar lige udenfor pensionatet. Monty sad på passagersædet med sele på og hele overkroppen ud ad det åbne vindue. Den højre bagdør stod åben. David bøjede sig og kæmpede med at få presset Charlie sammen og ind på bagsædet. Pludselig hørte hun David udbryde et, ”argh, fu..,” samtidig med at han kæmpede med at få sin far anbragt. Da han havde spændt den gamle mands sikkerhedssele, skyndte Ingrid sig at give Charlie hans sixpence på.

”Sådan,” sagde hun, vendte sig og var ved at falde over David, som sad på jorden og holdt om sin venstre skulder.

Han bandede sagte, og han var hvid i hovedet. ”Af alle ulykker,” sagde han.

”Hvad er der galt?”

”Min skulder.” Han kom langsomt på benene, mens han blev ved med at holde sig krampagtigt om skulderen. ”Den har gjort det før, den er forstuvet. Hvis jeg gør en pludselig akavet bevægelse, det er et eller andet, der sker inde i skulderen.”

”Kan jeg gøre noget?”

”Nej, ellers tak. Jeg skal nok klare det,” sagde han, ”jeg skal bare lige…”

Det er der ikke tid til, tænkte hun, og så lige den venstre skulder. Til en højrestyret bil med gear.

Men Ingrid kunne se på ham, at han havde stærke smerter.

”Du kan ikke køre hele vejen til York sådan her,” sagde hun.

”Jo, det kan jeg godt, jeg bruger bare højre arm, når jeg skifter gear.” Han støttede sig til bilen. ”Jeg klarer den.”

Monty kæmpede på trods af sin sele for at komme over på førersædet for at byde David velkommen.

”Monty, please, ikke lige nu.”

Han forsøgte at skubbe hunden tilbage til sin plads, men det gjorde den endnu mere ivrig.

”Det går ikke David,” sagde hun.

”Jo,” vedblev han stædigt, ”det går.”

”Vent, David, giv mig fem minutter. Lov mig det. Giv mig bare fem minutter.”

Hun løb tilbage til sit værelse. Hun havde aldrig fået pakket sin kuffert rigtigt ud, og det var hun taknemlig for nu. Der var ingen steder, hun kunne hænge sit tøj på værelset, og alle hendes ting havde hele ugen stået, som var hun klar til afrejse. Hun greb kufferten og sin taske. Max Mara frakken lå hen over nogle spande, men den var alligevel så beskidt, og hun syntes pludselig, at den var noget af det grimmeste, hun nogen sinde havde set, så hun lod den ligge. Den kunne Signora bruge til reservedele, hvis hendes gen gik i stykker, eller hun kunne lave en lampeskærm af den eller klippe ærmerne af den og bruge den som vest. Hun var ligeglad, fuldstændig fløjtende ligeglad.

Hun havde stadig sit forklæde på, da hun med kufferten og Bon Gout tasken styrtede ud af ’Albergo Paradiso’, som om fanden var i hælene på hende. Hun havde ladet lysstofrøret brænde på sig værelse, måtte den brænde til evig tid, og hun vendte sig ikke om for at checke noget som helst.

”Jeg kører jer,” råbte hun til David, ”giv mig nøglerne.”

Hun låste bagagerummet op og smed sine ting derned. Der var fin plads.

”Ingrid, er du sikker på, at du ved, hvad du gør?” Han stod bag hende.

”Ja, jeg har aldrig været mere sikker. Kom sæt dig ind.” Hun ville hjælpe ham ind på bagsædet og åbnede døren for ham.

”INGRIIIIIT!!!”

Hun stivnede, Signora kom farende ind ad indkørslen. "INGRIIIIT!!!" Monty begyndte at gø som en vanvittig over det pludselige bagholdsangreb.

"Nøglerne, jeg har stadig nøglerne til pensionatet," sagde hun.

"Så giv mig dem."

Hun rakte ham nøglebundtet.

"Sæt dig ind og start bilen," kommanderede han.

Hun satte sig ind på førersædet. Det var stillet til David, og alt for langt væk fra pedalerne til hende. Hun måtte sætte sig helt ud på kanten, så hun lige akkurat kunne nå pedalerne med tåspidserne. Hun fumlede med nøglerne i tændingen. Hvordan var det nu, hvordan var det nu, man gjorde? Hun havde taget sit kørekort for over tredive år siden, i en Folkevogn, hvilket jo nok var en fordel, jaguarens alder taget i betragtning. Åh, hvordan var det nu? Jo, koblingen ned, frigear, dreje nøglen, speede lidt op, første gear, hvor var første gear? Jo, sådan. Hun sad med foden strakt krampagtigt frem og koblingen nede og håbede på, at det hun havde ramt var første gear. Med den anden fod trykkede hun let på speederen. Måske ikke let nok, for bilen var da meget sprælsk, tænkte hun, da motoren satte i med et brøl. Fra sin plads kunne hun se David gå hen imod Signora. Han holdt sig på skulderen, men ellers så han stor og faretruende ud. Signora råbte en masse op til ham, men hun var nødt til at bøje sig længere og længere bag over, jo tættere på han kom hende. Da han var helt tæt på, bøjede han sig ind over hende og begyndte at brøle. Ingrid kunne ikke høre, hvad det var, kun at det var på italiensk. Signora tav og gik længere og længere bagover og ned i knæ. Hun var helt stille.

Til sidst rettede David sig op, vendte sig og gik så målrettet, han kunne for sin dårlige skulder, hen til bilen, satte sig ind på bagsædet med et støn og sagde: "KØR!"

Hun holdt krampagtigt fat i rattet med begge hænder, for ikke at ryge tilbage i sædet, så slap hun koblingen med en stille bøn samtid med, at hun trampede på speederen. Det føltes som om bilen satte sig på baghaserne, for lidt efter at kaste sig fremad. David udstødte et sagte, "av" og greb sig igen til skulderen. I bakspejlet så hun Charlies kasket ryge om i bagvinduet. Monty blev først kastet bagud mod ryglænet for derefter at blive kastet ned mod gulvet, hvor han blev reddet af sin sikkerhedssele. De brølede i første gear med hjulspind og kaskader af småsten ned ad indkørslen. Signora var forsvundet i en støvsky. For enden af indkørslen drejede Ingrid til højre og tænkte i det samme, at det nok skulle have været til venstre, men der var ikke tid til at vende.

"Jeg tror, at andet gear ville være en god ide nu," hørte hun David sige roligt bag sig.

Kobling i bund, tænkte hun, og gearstangen ned mod mig selv. Med et hop var bilen i andet gear. "YES! Hvad så?"

"Bare fortsæt, lad os komme så langt væk fra den frygtelige kvinde som overhovedet muligt." David havde sat kasketten på hovedet af Charlie igen. "Vi skal først og fremmest ud af byen, tag skiltene mod motorvejen, så kan vi altid standse og stille gps'en."

Ingrid koncentrerede sig, hun sad anspændt og tænkte sig godt om, hver gang hun skiftede gear. Koblingen i bund, skift gear, flyt foden langsomt. Koblingen i bund, skift gear, flyt foden langsomt. Koblingspunktet var ikke så let at finde.

"Hvor blinker jeg henne?" spurgte hun efter at have taget adskillige sving på to hjul og skrigende dæk uden at vise af. Det havde fået de andre bilister til at tude i hornene og true ad hende. Langt om længe passerede de et skilt, der fortalte, at de forlod byen. 'På gensyn' stod der.

"Nok ikke lige foreløbigt," sagde David.

"Hvad sagde du til hende?" spurgte Ingrid, da hun kunne se, at der de næste kilometer var lige vej, ingen sving og ingen rundkørsler, og hun havde bilen i fjerde gear.

"Til hvem? Nå Signora. Det ved jeg ikke, vel bare alle de italienske ord, jeg kan. Jeg tror, at det meste var teksten fra 80'er hittet "Donne" af Zucchero. Den lærte jeg udenad dengang."

"Hende din italienske veninde?"

"Ja, hende der dumpede mig… og så for en tysker!" Han stønnede. "Men det vigtigste var, at vi fik Signora afledt, og jeg tror, at hun forstod, at hun fik en skideballe for at have behandlet dig så skidt."

Ingrid blinkede af og kørte ind ved en tankstation. Bilen stoppede i et brat ryk, og hun hørte et lavmælt "av" fra bagsædet. Hun havde glemt at sætte bilen i frigear, da hun slap koblingen.

"Det går da rigtig godt," sagde David, han så bleg ud.

Hun kiggede sig over skulderen og smilte. "Jeg har altså kørekort," sagde hun, "jeg har bare ikke brugt det så meget."

"Det går fint," gentog han.

"Hvordan har du det?"

"Det er ok, men jeg tror lige, at jeg skal have fat i nogle smertestillende piller."

"Det har jeg. Vent lidt." Hun åbnede døren, steg ud og gik om til bagagerummet for at hente pillerne. I det sammen begyndte bilen, som hun havde standset på en ellers ganske undseelig bakke, at trille. Hun hørte David mumle noget inde fra bilen, mens han forsøgte at tage selen af. Hun sprang efter bilen og nåede at hoppe ind, træde på bremsen og trække håndbremsen. For enden af den lille bakke lå søen.

David grinte, "hvis du har tænkt dig at drukne mig, behøver jeg ikke pillerne."

"Undskyld."

"Vil du gøre mig en stor tjeneste og købe noget vand, og se om de har frosne ærter, det virker som om tanken er et lille supermarked."

"Frosne ærter?"

"Ja, jeg har prøvet sådan en forstuvet skulder før. Så har jeg været hos kiropraktor og efterfølgende fået frosne ærter på. Jeg ved ikke om det er omsonst, nu jeg ikke har været til kiropraktor, men det er et forsøg værd."

"Ja, det skal jeg nok… men der er bare lige et lille problem…"

"Ja, hvad?"

"Jeg har simpelthen ingen penge."

"Jamen selvfølgelig, i min jakke ligger min pung, der er penge. Og køb også noget chokolade, og hvad du har lyst til. Er du sulten?" Det reagerede hunden på. "Og en stor flaske vand uden brus til Monty, please."

"Skal jeg lufte ham?"

"Lad os bare vente lidt, til vi er kommet længere væk. Skal vi så ikke holde en rigtig pause og få noget at spise og holde et lille hvil. Det bliver en lang tur for dig, Ingrid. Du siger til, hvis du vil holde et hvil, ikke? Det må du love mig. Og jeg kan sagtens køre noget af vejen. Jeg er frygtelig flov over bare at sidde heromme bag i, næsten lige så hedengangen som min gamle far."

David fik ærter, piller og vand, Monty fik vand og en ganske kort tur. Ingrid skrev et postkort med hilsener fra Como til Alyzia og Mazur. Kortet bad hun manden på tanken om at poste.

De stillede i fællesskab gps'en, og David viste hende, hvordan sædet kunne køres frem, så hun bedre kunne nå pedalerne.

"Hvordan går det med at køre en højrestyret bil?" spurgte han.

"Det går," svarede hun, "jeg fik aldrig rigtig nået at vænne mig til en vestrestyret."

Da klokken var tolv, og solen bagte, lagde de Comosøens blå vand bag sig og satte kursen mod Schweiz. David havde givet sin afdøde far solbriller på, og kasketten sad godt ned i panden på ham. Hunden sad og sov op ad ryglænet. David fodrede hende med chokolade og vindruer, mens hun koncentrerede sig om sin kørsel. De kørte længe i stilhed. E 35 var god, og der var ikke så mange biler på vejen. Det var hverken årstid eller tidspunkt for tæt trafik og lange køer. Langs vejen stod lysegrønne træer og blomstrende buske, og ved grænsekontrollen ind til Schweiz blomstrede et væld af påskeliljer. Med motorvejsvignetten i forruden, der viste, at de havde betalt for at køre på de schweiziske motorveje hele året, kom de hurtigt igennem kontrollen ved blot at stikke de fire pas ud ad vinduet til en kvindelig toldbetjent. På en tank købte Ingrid sandwiches og vand og tankede bilen op.

Sidst hun havde været i Schweiz var for fem år siden. Hun havde været i Interlaken for gud ved hvilken gang med sine forældre. Hun kom til at tænke på de ture, de havde taget sammen. Hendes far havde elsket Schweiz. Hvis de havde talt om rejser og om, hvor de skulle tage hen, foreslog han altid Schweiz. Berner Oberland, allerhelst de schweiziske alper.

"Kan jeg tænde for lidt musik?" spurgte hun.

"Ja selvfølgelig."

Hun fumlede med knapperne, og der kom skrattende schweizertysk ud ad højtalerne.

"Jeg prøver lige en cd." Hun lagde en vilkårlig cd i afspilleren, og pludselig tonede Debussys 'Pigen med hørhåret sagte frem. Åh, nej, tænkte hun.

Hun mærkede hans hånd på sin skulder. "Den er så smuk, vær sød at skrue lidt op."

Efter Debussy fortsatte cd'en med Mendelssohn.

"Det er al min fars yndlingsmusik," sagde David.

"Det var også min fars," sagde hun, "og min."

"Fortæl mig om din far," bad David.

Den smukke musik fik Ingrid til at slappe lidt af. Hun følte sig meget bedre tilpas nu. Bilens kobling og gear havde hun godt styr på, og blinke gjorde hun uden problemer både til højre og venstre. Da der kom en mindre regnbyge, det var da de passerede skiltene mod Luzern, slog hun selv viskerne til.

"Min far," sagde hun, "min far holdt jeg rigtig meget af. Hvor skal jeg begynde? Det ved jeg slet ikke."

Men hun fortalte om sin far og om sin mor og lidt om sig selv. Og pludselig lød det hele så banalt. Hele hendes liv. Hvad i alverden havde hun bedrevet i sit liv? Hun havde levet et stille liv, hun havde nok været en god datter, men havde hun givet sig selv lov til at leve sit eget liv? Havde hun ikke bare levet sine forældres liv? Og hvis skyld var det? Ikke hendes forældres skyld i hvert fald. Hun havde levet et liv, præcis som hun ville. Ingen havde skubbet hende i hverken den ene eller den anden retning. Ingen havde sagt, at det måtte hun ikke, eller det skulle hun ikke. Det kunne godt være, at hendes forældre ikke var så vilde med Erik, men de sagde det ikke. Dengang hun havde fortalt dem, at hun og Erik ikke længere var sammen, havde de bare været der og støttet hende. De havde ikke sagt, at de syntes, at det var en god eller dårlig ide. Da hun ikke fik børn, fordi hun aldrig mødte en mand, hun havde lyst til at få børn med, havde de intet sagt. De havde taget tilværelsen som børnebørnsløse bedsteforældre med ro. De havde jo stadigvæk Ingrid, deres lille pige.

”Jeg synger i et kirkekor,” sagde hun.

”Ih,” sagde han høfligt. Hun tænkte, at hun lige så godt kunne have sagt, at hun spillede guitar hos Frelsens Hær eller gik til banko.

”Er det din mørke side?” I bakspejlet kunne hun se ham smile.

”Ja, jeg ved det godt, når jeg hører mig selv fortælle, synes jeg også, at mit liv lyder frygteligt kedeligt. Jeg ville holde min fødselsdag ved Comosøen, det er nok det mest vilde, jeg nogensinde har gjort. Det endte det i hvert fald med at blive.”

”Jeg synes, at dit liv lyder harmonisk.”

”Jo, men nogle gange tænker jeg, at jeg måske skulle have forsøgt mig som stangdanser.”

”Jeg er sikker på, at du ville være glimrende, men det bliver vel også trivielt i længden.”

De kom til at grine ad hans utilsigtede vittighed.

”Du har nok ret. Hvad med dig? Det må da være spændende at arbejde inde for luftfart?”

”Undskyld, hvilket?”

”Ja, din far fortalte, at du var steward.”

”Steward!?”

”Ja, eller purser, er det ikke rigtigt?”

”Purser!?”

I bakspejlet, kunne hun se, at han så forvirret ud.

”Ja, i SAS, Scandinavian Airlines.”

Han begyndte at grine, mens han holdt sig på skulderen. ”Du må ikke sige sådan noget. Fortalte Charlie dig, at jeg var purser?”

”Nej ikke purser, men at du var ansat i SAS.”

”Ah, nej det er ikke luftfartsselskabet. SAS står for Special Air Service, det er en specialenhed under den britiske hær. Jeg kunne se, at du i går kiggede på min tatovering. Den stammer fra dengang, ’Who Dares Wins’. Det er mange år siden, at jeg stoppede. Jeg ville noget andet.”

Ingrid følte sig dum. Hun havde troet, at David var steward eller purser, gik rundt og serverede kaffe for folk i et fly, og så var han jægersoldat.

”Det må du undskylde, jeg misforstod Charlie.”

”Men, det gør slet ikke noget, det er sikkert også udmærket at være steward.”

”Hvad kom du så til at lave i stedet?”

”Jeg læste biologi og blev marinebiolog. Jeg er professor ved universitet i York. Jeg forsker og underviser, og så skriver jeg fagbøger.”

”Hvor spændende,” sagde hun, og tænkte, at hvorfor i alverden gad han overhovedet tale med hende.

”Jo, men det kan nu også godt blive lidt trivielt ind imellem. Og så er det jo godt, at møde sådan en dare devil, som dig.”

I det samme dyttede en lastvogn kraftigt bag dem, så Ingrid gav et hop i sædet. Hun checkede farten, og opdagede, at bilen speedometer viste 50 feet og en alt for langsom kørsel på den brede motorvej, så hun speedede op og koncentrerede sig i lang tid om sin kørsel. Bag sig kunne hun se David sidde og kigge ud ad vinduet. Charlie sad med kasket og solbriller på og så ud, som om han sov.

David opdagede hendes øjne i spejlet. ”Man forventer hele tiden, at han skal sige noget ikke?”

”Jo, det ville være rart.”

”Han havde glædet sig til turen hjem gennem Schweiz. Han spurgte, om vi kunne dreje af nær Stans og tage en afstikker til Interlaken. Han ville så gerne se blomsteruret igen og drikke kaffe på konditoriet.”

”Og der måtte man altid bede om to kager,” sagde hun.

”Ja, det er gode kager.”

”Jeg har også været der. Faktisk en del gange, lige siden jeg var barn.”

”Det ville have været lidt af en omvej, men hvorfor egentlig ikke. Nu nåede vi det bare ikke.”

”Nogle gange skal man gøre noget, som ikke står i planen.” Ingrid smilte, da hun sagde det. Hun talte af en kun ugelang erfaring.

”Ja, og det her står i hvert fald ikke i planen. Charlie har altid været god til overraskelser. Lige da jeg havde købt mit hus i Swaledale, kom han op til mig, og hjalp en hel uge med at lægge nyt tag på staldlængen. Jeg anede ikke, at han kunne svinge en hammer. Han sagde, at det var fordi, ingen havde bedt ham om det før.”

”Bor du hele året i huset?”

”Jeg er der så ofte som muligt, men jeg har en lejlighed i mine forældres hus. Øverst oppe. De har sådan et rækkehus i tre etager inde i York. Der bor jeg, når jeg er i York. Det har fungeret godt.

Da jeg var gift, havde vi et hus uden for byen, men det solgte jeg, da min kone døde, så flyttede jeg tilbage til min ungdomshybel hos mine forældre og købte i stedet huset i Swale Dale. Efter at min mor døde, fungerede det fint for min far, at jeg var tæt på. Han kunne beholde huset, det blev ikke for stort og tomt for ham, og han passede Monty, når jeg var på universitetet."

"Og du har en søster, ikke?"

"Jo, jeg har en rigtig god lillesøster, hende vil du kunne lide. Hun er børnelæge, hun arbejder på hospitalet, og hun har selv tre børn. Hendes tidligere mand er dyrlæge. Monty gemte sig altid, når han så ham. Det må egentlig være frygteligt, at have et erhverv, vel nok fordi man holder af dyr, og dyrene så ikke kan lide én. Men sådan er det måske med så mange erhverv, tandlæge eller skolelærer"

"Ja og skatteopkræver," supplerede Ingrid. I bakspejlet kunne hun se han smilte.

"De tre børn er herlige, enormt uopdragne, men på en god måde, og de har dækket mine forældres behov for børnebørn."

"Har du ikke selv børn?"

"Nej. Elaine og jeg fik aldrig børn. Det var hendes store ønske og store sorg, og nogle gange tænker jeg på, om det også blev hendes død."

Ingrid tav, lidt efter fortsatte han.

"Hun havde problemer med at få børn, og hun gennemgik så mange undersøgelser og frygtelige behandlinger. Alt mislykkedes. Hun aborterede tre gange, og hver gang var hun helt nede i kælderen, men kort efter ville hun forsøge igen. Jeg skulle have stoppet hende. Jeg har så ofte tænkt på, om alle de hormonbehandlinger var skyld i, at hun, da hun fik brystkræft, døde hun i løbet af mindre end et halvt år. Svandt hen og var til sidst bare en lille bitte fugleunge. Uden hår og let som en fjer. Hun var hjemme, næsten til det sidste, så kom hun på et hospice, hvor jeg flyttede ind og passede hende, til hun døde."

Ingrids øjne var fulde af tårer. Hun skyndte sig at tørre dem væk med hånden. Hvor var det tragisk. "Er det længe siden?" spurgte hun.

"Otte år. Det er otte år siden, men det føles, som om det lige er sket, og når man taler om, at livet har stået stille, så er det sådan mit liv har været de sidste otte år. Men når jeg tænker på årene forinden, vil jeg hellere have et liv, hvor tiden og livet står stille. Jeg har passet mit arbejde, og jeg købte huset i Swaledale, det gjorde jeg næsten lige efter Elaine døde, og for fem år siden fik jeg Monty. Jeg tror nok, at jeg har lært mig, at det stille liv kan være et godt liv. Måske bliver man mindre og mindre fordringsfuld med alderen."

”Ja, man bliver klar over, at drømmene kun sjældent går i opfyldelse.” Da hun sagde det, tænkte hun, at det lød bittert.

”Who dares wins, jeg ved ikke helt, om den sætning holder, når man passerer de 40. Lev stærk dø ung, er ok, når man er ung, men ikke når man så alligevel bliver ældre. Ens liv går langsomt i retning af: Intet nyt er godt nyt. Mine forældre havde det i en periode sådan, at hver gang telefonen ringede, tænkte de: Hvem er nu død? De var inde i en stime af dødsfald blandt deres gamle venner.”

Ingrid tænkte på, hvor meget hun havde taget for givet. Da hun var ung, var hun sikker på, at hun ville blive lykkelig gift, og at hun skulle have to, måske tre børn. Det svingede lidt mellem to piger og en dreng og en pige og en dreng. Nej, en dreng og en pige. Hun havde altid selv ønsket sig en storebror. Da den flotte mand, hun havde forestillet sig, at han var læge eller måske arkitekt, ikke dukkede op, og børnene heller ikke meldte deres ankomst, havde hun tænkt, at hun måske skulle begynde at male. Hos Bülow & co. kunne hun købe malingen med procenter, og én af deres faste kunder arbejdede som lærer på aftenskolen. Det fik hun aldrig gjort. Hun havde også tænkt sig, at når hun blev pensioneret, ville hun have den lille Fox terrier, som hun altid havde ønsket sig, og den skulle hedde Jack. Hun havde taget for givet, at hun skulle blive boende i sin dejlige lejlighed, og at hun kunne blive boende i den, også når hun blev rigtig gammel, for der var butikker lige i nærheden. Nu var intet sikkert længere, og hun følte sig godt og grundig skubbet ud over afgrundskanten. Og hvorfor? Først og fremmest på grund af nogle i bund og grund idiotiske økonomiske problemer.

”Det er måske fordi, det der kan ske, ikke er så rart,” fortsatte David. ”Jeg vidste efter de håbefulde måneder, at min kone ville dø. Der ville aldrig komme den morgen, hvor vi vågnede op, og alt var godt igen. Derfor lærte vi at glæde os over hver eneste dag, som ikke havde været helt frygtelig. Pludselig bliver man meget opmærksom på forårets første blomster, fuglenes sang, røde jordbær, ja selv hvepsene i de modne blommer. Man bliver taknemlig, og det er nok meget sundt, man glæder sig rigtig meget på andres vegne, fordi man ved, at det, der kommer til én selv, ikke er godt. Den næste, der bukker under med sygdom, det næste dødsfald. Man lever meget intenst i en lang periode, og bagefter lever man slet ikke, man er bare til.”

Ingrid havde lyst til at holde om ham. Den store stærke mand, jægersoldaten, der i sin bagage havde en masse sorg. Og nu havde han oven i købet lige mistet sin far.

”Du virker nu meget nærværende,” sagde hun.

”Jeg kom tilbage til livet, man kan ikke blive ved med at leve pr. automatik, gå rundt som en zombie. Det kan man ikke være bekendt, overfor andre, sig selv eller overfor livet. Vil du have mere vand?”

Det pludselige skift gjorde hende forvirret, ”undskyld, hvad?”

”Jeg kom til at tænke på, om du vil have mere vand, eller andet, er du sulten? Hvordan ser det ud med benzinen?”

I det samme, David spurgte, opdagede Ingrid, at der var en lampe på instrumentbrættet, der lyste.

”Olie,” sagde han, ”vi skal have checket olie,” og i det han sagde det, tabte bilen farten og motoren stoppede med et suk. Bilen trillede uden motorkraft.

”Frigear og blink ud til siden, bare tag det helt roligt.”

Ingrid gjorde, hvad der blev sagt, men i stedet for langsomt at glide ud i nødsporet, kastede hun bilen derud og bremsede hårdt op. Den voldsomme manøvre fik Charlie til at vælte over mod David, der med sin højre arm forsøgte a skubbe den døde far tilbage på plads igen. De holdt under et stort skilt, hvor der stod, ’Basel 150 km’.

30

Bilen var død. Da de åbnede motorhjelmen, var motoren oversprøjtet med olie, den røg og lugtede varmt.

"Tror du, at den begynder at brænde," spurgte hun panikslagen.

"Nej, mon, og det ville da også være lidt af en kremering af gamle Charlie."

David stod med en begejstret Monty i kort snor og holdt om sin dårlige arm.

"Det er oliepumpen, der er røget. Fu..! Vi skal have fat i en mekaniker." David behøvede ikke lang tid til at diagnosticere.

Ingrid lod fem fingre løbe igennem sit fedtede hår og opdagede for sent, at hendes fingre var sorte af olie. Hun kunne snart ikke se værre ud.

Den sene eftermiddagssol varmede, og bankede ned på den side, hvor den døde Charlie sad. Bare han ikke begynder at gå i forrådnelse, tænkte hun, men hun ville ikke sige noget. Det virkede så underligt personligt.

"Vi må have bilen hen i skyggen," sagde David i det samme, Charlie begynder bare at lugte, hvis han står i solen. Hvis du sætter dig ind i bilen, slipper håndbremsen og sætter bilen i frigear, så skubber jeg."

"Men du kan ikke skubbe med én arm."

"Jo," sagde han bare.

"Lad nu mig skubbe. Hvis du sætter dig ind, så skubber jeg."

"Nej, og du bliver også bare snavset."

"Se på mig, betyder det noget med lidt mere skidt?"

"Sæt dig ind."

De bugserede bilen ind i skyggen under nogle høje træer.

"Hvordan finder vi en mekaniker?" spurgte hun.

"Altid beredt, Charlie havde tingene i orden. Han har lavet en liste over vejhjælp igennem hele Europa."

Efter mindre end en time stoppede en lastvogn med fejeblad i nødsporet bag dem. Hjælpen var nået frem. Mekanikeren var en lille tætbygget mand, ikke meget højere end Ingrid, men med et bredt og venligt ansigt. Omkring de tres år med mørke øjne og en krans af gråt kort hår omkring en større måne.

"Grüsse," sagde han på klingende schweizertysk.

Han beundrede først den gamle bil, og da han så silhuetten af Charlie inde i bilen, spurgte han venligt, om den gamle mand ikke ville ud og have lidt frisk luft. David forsøgte at forklare på et ubehjælpsomt tysk, at hans far var træt og helst ville hvile sig. Mekanikerne forstod det som om Charlie var syg.

"Krankenhaus?" spurgte han.

"Er ist müde," forklarede Ingrid, og da mekanikeren hørte, at hendes tysk var ganske godt, begyndte han, mens han stod på hovedet i bilens motor, at forklare, hvad der var galt.

"Det er oliepumpen," oversatte hun.

Han kunne godt lave den, hvilket var lidt af et held. Hans svoger interesserede sig for gamle Jaguarer, og fik dem altid serviceret på værkstedet. Han mente at have en oliepumpe et eller andet sted.

"Det er oftest pumpen, der går på de gamle biler," sagde han henvendt til David.

"Tror De, at De kan lave bilen i dag?"

Det mente han godt, at han kunne.

"Vi må have bilen op på fejebladet," sagde han igen henvendt mod David, jeg kører hen foran, og så må vi lige hjælpes ad med at bugserer bilen, jeg skal nok instruere Dem."

David så spørgende på Ingrid. Han var bleg, smerterne i skulderen havde taget til.

Mekanikeren gik tilbage til sin bedagede lastvogn, startede den i en sky af sort røg, og kørte ud på motorvejen uden hensyn til de biler, der med høj fart kom bagfra. Bilerne dyttede som vanvittige, og chaufførerne råbte og lavede fagter, men mekanikeren virkede upåvirket, da han steg ud af lastvognen, der nu holdt lige foran den grønne Jaguar.

David havde sat sig på nogle klipper i vejkanten foran bilen. Monty lå med hovedet på hans sko.

Ingrid smilte spørgende til mekanikeren. "Hvad skal jeg gøre nu?"

Han ignorerede hende og gik i stedet hen til David og begyndte at instruere ham i, hvorledes han skulle gebærde sig, så de i fællesskab kunne få trukket bilen op på ladet.

"Jamen det er altså mig, der kører!"

Ingrid stod bag den lille mekaniker. Han blev ved med at ignorere hende og ved med at tale til David. Til sidst prikkede hun ham hårdt på skulderen, "Ich bin der Fahrer."

"Oh… aber Ihre Mann…?" Han rystede opgivende på hovedet. Det forstod han ikke. Han råbte noget ind til Charlie, og grinte. Ingrid forstod, at han sagde noget med, at unge mennesker i dag, de vil selv bestemme.

David kiggede spørgende på hende. „Kan du klare det?"

"Ja, selvfølgelig, sagde hun. Hvis hun kunne køre Jaguaren så langt som næsten til Basel, kunne hun vel også styre den op på et fejeblad.

Nogle kilometer længere henne ad motorvejen drejede de af og efter at have kørt igennem et venligt schweizisk landskab med marker og smukke gårde, kom de til en mindre by. Bag torvet med den obligatoriske fontæne lå mekanikerens værksted. Fra ladet på lastvognen havde Ingrid for første gang set landskabet og omgivelserne. Som chauffør i Jaguaren, havde hun haft øjnene rettet mod vejen og de andre biler. Nu mærkede hun, hvorledes hendes anspændte stilling havde givet hende hold i ryg og nakke.

"Hvad gør vi nu?" spurgte hun og nikkede over mod Charlie.

"Jeg ved det ikke, hvis jeg nu bliver siddende i bilen, og vi siger, at både min far og jeg er syge og trætte, vi kan have fået noget smitsomt, så kan det være, at den lille nævenyttige mekaniker holder sig væk og ikke hele tiden kommer rendende og taler til Charlie."

Mekanikeren firede vognen ned ad lastvognens rampe, og så gik han i gang med at skrue og regere. Han forsøgte endnu engang at tale til Charlie gennem det lukkede vindue. Til sidst bankede han på vinduet med en snavset næve for at få ham til at åbne det.

"Kan jeg hjælpe Dem?" Ingrid stod bagved ham.

"Oliepumpen," sagde han bare og gik over til David og forklarede, at den er god nok, det var oliepumpen, og jo, den var også god nok, han havde én, der passede. Ingrid oversatte efter bedste evne den ivrige mekaniker, der ind imellem slog over i det hønsegårdslignende schweizertysk.

Pludselig kom der en kvinde ud fra beboelsen. Hun var på højde med sin mand, storbarmet og med tykke lægge i nydelige sko med en lille hæl. Hun var iført en tækkelig blå nederdel, en blomstret skjortebluse, og hendes hår sad i en upåklagelig stram permanent.

"Grüsse," sagde hun og nikkede venligt.

Mekanikeren rettede sig op, og sagde noget til sin kone, der for Ingrid lød som 'abendrot' eller 'apero'. Kvinden nikkede og kom lidt efter tilbage med en bakke med tre store glas fyldt halvt op med en klar væske og citronskiver i, to små tonicflasker og en skål med saltkringler. Hun stak bakken i favnen på Ingrid med et venligt, men bestemt, "Sjin Tønic, bitte."

"Vielen dank."

"Hvad er det?" spurgte David.

Ingrid snuste til væsken og tog en lille bitte slurk. "Det er gin, det er Gin og Tonic."

"Mega Gs and Ts, det er lige hvad vi manglede."

"Vi kan ikke være andet bekendt end at drikke dem, og jeg skal køre, du er nok nødt til at drikke min også."

"Ja, og Charlies med, nå men jeg er i forvejen ikke til megen nytte, så chin chin in Sjin."

Han fyldte glasset op med tonic tog en ordentlig slurk af den stærke drink.

"Wauw!" De mener os det godt.

Ingrid hældte ginnen i sit glas over i det glas, der var tiltænkt Charlie. "Jeg tror, at jeg nøjes med tonic."

Mekanikeren stod på hovedet nede i bilens motorrum. Efter en halv time rettede han sig op, kom hen til den side, hvor David sad og sagde. "Alles klar!"

David bundede sin anden gin og tonic, og sagde, "wunderszzchjøn!" Og Ingrid nåede lige hen og bremse mekanikeren, inden han løb over for at bringe den glade nyhed til Charlie.

"Vielen dank," sagde hun glad og greb hans arm, måske lidt hårdt, "wie viel kostet es?"

"Ah, moment," mekanikeren trykkede på en knap, og fra et åbent vindue i huset, kunne man høre en klokke ringe. Det var sådan herren og fruen kommunikerede. Måske betød tre ring: 'Aperitif, i løb'.

Fruen kom igen marcherende ud, denne gang havde hun et nystrøget forklæde med smæk på. Der var sirligt broderede edelweiss, ensian og alperoser på det hvide stof. Tanken om at få en gang tomatsovs nedover fløj igennem Ingrids hoved og lige bagefter kom hun til at tænke på, at Erik engang af nogle studiekammerater fra medicinstudiet havde fået forærende et forklæde i samme facon, men her var der nøgne damer på, og fastgjort til lommen, som havde form som yppige byster, hang en øloplukker, der forestillede en penis. Hvorfor hun kom i tanke om det frygtelige forklæde, og hvad det overhovedet havde med fruen at gøre, vidste hun ikke. Hun skyndte sig at skyde den fra sig.

Ægteparret kommunikerede og begge marcherede hen til David, som kiggede rædselsslagen ud på dem gennem det åbne vindue. Ingrid fulgte efter dem. Mekanikeren begyndte at remse op. Ingrid oversatte, så godt hun kunne. Mekanikerfagsprog var ikke hendes stærke side som korrespondent.

Da mekanikeren stoppede op, for at trække vejret, skyndte David sig at sige: "Wie Viel, bitte?"

"500 CH franc," sagde fruen og kiggede bestemt på David. Det var tydeligt at det var hende, der tog sig af økonomien og det administrative i firmaet.

David kiggede på Ingrid.

"Vi har masser af Euro, og du har kortet, betal og tak og lad os komme videre." Han skyllede den sidste gin og tonic ned. Ingrid sjussede sig frem til, at han måtte have drukket en halv flaske gin tillige med de smertestillende piller, hun havde givet ham.

"Nehmen Sie Euro oder Karte?" spurgte hun.

"Ah nein!" sagde fruen og rystede så voldsomt på hovedet, som havde Ingrid spurgt om noget højst upassende.

Ingrid kiggede skrækslagen på ægteparret.

"Er her en bank i nærheden?" Byen havde virket så klejn, da de kørte igennem, at hun frygtede, at de skulle hele vejen til Basel for at hæve penge.

"Doch, doch!" Ægteparret nikkede.

"Så kører vi hen og hæver penge og kommer tilbage hertil," forsøgte hun.

Men den gik ikke. Ægteparret lod hende i få ord forstå, at enten kørte hun og mekanikeren hen til banken i Jaguaren og hævede penge, eller også kunne Ingrid gå derhen, der var ikke så langt.

"Jeg går," sagde hun hurtigt, "hvilken vej?"

Banken viste sig at ligge henne ved torvet, lige ved fontænen. Der var ikke langt, og hvis hun tog en genvej gennem deres have, gik det endnu stærkere. Hun tog en utålmodig Monty med, og de var allerede kommet gennem haven med sirlige nyrevede bede og rækker af lysende røde rabarberskud, da hun kom i tanke om, at hun ikke havde koden til kortet. Tilbage igen.

På gårdspladsen, hvor Jaguaren nu holdt parkeret, opdagede hun til sin rædsel, at mekanikerægteparret stod ovre ved Charlies side og forsøgte at kigge ind i bilen, mens David på lidt usikre ben, var ved at stige ud af bilen for at komme over og stille sig i vejen.

"Koden, hvad er koden?"

"Til hvad?" Davids øjne svømmede.

"Til kortet."

Han tænkte sig om længe, lidt for længe, syntes Ingrid.

"1604," sagde han så, "nej vendt lidt, det er vist til det andet kort. "1406, eller 6041."

"David!"

Han rettede sig op, og hun kunne se, at han forsøgte at tage sig sammen. Så sagde han langsomt, "der indgår et sekstal, et firtal, et ettal og et nul, så meget er sikkert, men det er lige rækkefølgen, kan du ikke prøve dig frem." Han grinte smørret.

Katastrofe! Efter tre forsøg ville kortet sikkert blive spist af maskinen, hun kunne ikke stå der og prøve sig frem og forsøge at knække koder.

”David, hvornår har du fødselsdag?”

Der gik et lys op for ham.

”16.april,” sagde han så, ”du er genial.”

”Tak, ja og åbenbart mere genial end en professor i biologi. Tal med de mennesker, så godt du kan, jeg er tilbage om lidt.”

”Hæv ekstra, hørte hun ham råbe,” inden han slog over i noget kaudervælsk tysk, for at underholde ægteparret.

Turen til banken gik i ryk. Den store hund skiftevis løb alt hvad den kunne, for så at standse brat op for at snuse og lette ben. Derefter i fuldt firspring, standse, snuse og lette ben. Der stod to foran dem i køen ved pengeautomaten. En kvinde, der så ud som om, hun skulle have status på en hel families forskellige kort, og en ung mand, der gik derfra med uforrettet sag, efter tre forsøg og et fortæret kort.

Med en stille bøn stak hun kortet ind, tastede 1604, bad om 700 franc, for en sikkerheds skyld, og fik kortet afvist.

”Nej, nej, nej, nej, det sker bare ikke.” Hun prøvede igen, måske var det fejl kode, måske var det 0416, måneden først? Heller ikke. Måske var der en grænse for, hvor meget man kunne hæve? Ja, måske var det det. Det havde hun selv prøvet engang. Et sidste forsøg, og ellers var de fortabt. Hun trykkede den første kode og bad denne gang om 500 CH Franc. 'Ønskes kvittering?' spurgte displayet. Nej, trykkede hun, skrækslagen for, at maskinen skulle fortryde. 'Husk kort og pengene. På gensyn', sagde displayet og efter, følte hun, meget lang tid, spyttede maskinen fem gange nytrykte og nystrøgede 100 Franc sedler ud.

Med sedler og kort knuget hårdt i hånden, styrtede Ingrid og Monty over pladsen og ned ad den nydelige vej med store hus og velordnede haver mod mekanikerens værksted. Pludselig standsede Monty med sådan et ryk, at Ingrid var ved at få revet armen af led, og satte sig til at besørge midt i et bed med nyudsprungne narcisser. I samme øjeblik åbnede en hærdebred kvinde et vindue i villaen og lænede sig ud, mens hun kiggede vredt på Ingrid. Hunden var færdig, og Ingrid skulle til at løbe videre, da kvinden i vinduet begyndte at råbe efter dem på schweizertysk. Det lød som en vred kaglende høne. Ingrid forstod så meget, som at hun skulle samle op efter hunden.

”Ich habe keine Tütte, entschuldigung” forsøgte hun, men kvinden var ikke til at forhandle med. Hun knaldede vinduet i, og kom straks efter farende ud ad hoveddøren med en plasticpose fra Coop i hånden.

Ingrid flåede i Montys snor og løb. Hun kan umuligt fange os, tænkte hun, drejede ned ad den næste lille vej, som hun mente førte hen til baghaven til mekanikerens hus, men opdagede for sent, at det var en forkert vej. Og vejen var lukket, hun var nødt til at løbe tilbage med risiko for at møde den vrede kvinde. Hun skulle have været nede ad den næste parallelle vej. For bag ved det hus, hun stod ud for, kunne hun se en anden vej og mekanikerens baghave.

Hun tog en hurtig beslutning, gik ad en perlestenbelagt indkørsel forbi en parkeret sort bil ind mod det fremmede hus, åbnede en havelåge ind til baghaven og bad til, at der ikke sad en familie på terrassen, eller løb to store glubske hunde rundt og passede på. Ingen af delene var tilfældet, beboerne var hverken at se eller høre.

Hun trak Monty igennem haven. Han vægrede sig stædigt, der var åbenbart gode dufte, men lidt efter stod de ved en klippet bøgehæk, der gik hende til brystet. Der var ingen åbning i hækken, tværtimod kunne hun på den anden side af den skimte et trådhegn. Hvad nu? Hun kunne gå tilbage igennem haven og møde husets ejere, få skæld ud af dem, eller blive meldt til politiet for indtrængen på privat grund. Hvis hun overhovedet nåede igennem haven, kunne hun på den anden side af huset, møde den kraftige dame, der ville have hende til at samle op efter Monty, eller hun kunne forsøge at kravle over hækken. Men hvad så med Monty?

"Halloooo, hallooo!" hørte hun bag sig. De var åbenbart blevet opdaget af husets beboere. Hun tog en hurtig beslutning. Løftede den overraskede, tunge og sprællende Monty op i sine arme, og svingede ham sidelæns op på hækken, så kravlede hun selv hurtigt efter, og med hjælp fra skytsengle, både hendes og hundens, kom de om på den anden side af hækken og hegnet, og spænede igennem mekanikerens urtehave og om til værkstedet.

"Vielen, vielen dank," fik hun forpustet fremstammet, mens hun trykkede de 500 Franc i mekanikerens sorte hånd. "Vielen dank, jetz müssen wir weiter fahren."

Mekanikeren begyndte at sige noget om "Artz," men hun sagde, at det ville de se på hurtigst muligt, så snuppede hun nøglerne til bilen ud af hånden på ham, råbte til David, om han havde alt, slæbte Monty, som havde fået øje på en kat, ind i bilen, knaldede døren i efter ham, startede bilen, vinkede til mekanikeren og til mekanikerens hustru, som kom løbende ud med en lap papir i hånden, mens hun råbte "Artz für Ihre Vater", kørte til venstre, hvor hun skulle have været til højre, passerede den vrede dame fra vinduet, der stod med sin plasticpose i hånden og talte med parret fra huset, hvor hun og Monty havde skudt genvej. Kørte til venstre og til venstre, mens GPS'en sagde: Make a U-turn, for til sidst at køre tværs over torvet med fontænen og banken, følge GPS'en, som nu var mere tilfreds med retningen, og langt om længe, men meget forsinket, speede op, blinke og køre ud på motorvejen. I bakspejlet kunne hun se David sidde og sove branderten ud ved siden af sin døde far.

31.

Der var ikke megen trafik på de franske motorveje. Ved nitiden kørte hun ind på en tankstation for at tanke og opdagede, at der lå en McDonald's lige ved siden af. Hun var sulten, ingen af dem havde fået noget at spise i mange timer, og hunden trængte vel også til at blive luftet. I stedet for at køre igennem McDrive, og lade Monty afgive bestilling og betale fra hans side af bilen, parkerede hun bilen. Vel var Jaguaren smuk, men dens indre rummede nok ikke den samme komfort som moderne biler, og hun var træt i ryggen og benene efter at have siddet anspændt så længe. David rørte på sig, da hun standsede.

"Hvor er vi?" spurgte han søvndrukken.

"Omkring Colmar, der har lige været skilte, som viser halvtreds kilometer til Colmar."

"Wauw, du har virkelig givet den en skalle."

"Er du sulten?"

"Ja, måske, jeg ved ikke helt. Puha, den gin, jeg ved ikke, om jeg har nået at få tømmermænd endnu. Du må virkelig undskylde, jeg syntes ikke, at jeg kunne være andet bekendt end at drikke så meget som muligt, også for at de ikke skulle begynde at spørge for meget til Charlie. Konen var meget forhippet på, at han skulle til læge."

"Ja, hun var ikke så dum, den dame. Jeg lufter lige Monty."

"Nej, lad mig og bagefter køber jeg noget mad til os."

Ingrid følte sig mæt på en mærkelig måde, da de havde spist, fyldt benzin på og var på vej videre. David var blevet så dårlig af lugten, da han havde stået inde på McDonald's, at han ikke skulle have noget udover sort kaffe og vand. Den eneste, der så ud til at have nydt serveringen, var Monty, som havde spist to burgere og en masse pommes frites.

De kørte i stilhed med en hastighed på omkring femogtres mil i timen. Hun lå i højre vejbane sammen med lastvognene, for hun følte sig bedst tilpas ved den hastighed. Hun skævede ind imellem nervøst til instrumentbrættet, angst for at den røde olielampe igen skulle lyse, men alt så ud til at være i skønneste orden.

Pludselig ringede en telefon. Det kunne ikke være Ingrids, for den var lukket, og i stedet for at besvare sin egen telefon, kunne hun se David sidde og fumlede ved Charlies frakke.

"Det er min fars mobil, der ringer," sagde han, og jeg kan ikke finde den."

Langt om længe lykkedes det ham at få fat på telefonen.

"Hello? Åh Goddag Archie, nej vi er på vej hjem. Ja… men han sover lige nu. Det har været en skøn tur. Vi ringer, når vi er tilbage. Dart på tirsdag, jamen det må vi finde ud af. Farvel igen og hils Betty."

Han slukkede for telefonen. "Det var min fars gamle ven, Archie. De spiller dart hver tirsdag. Der bliver meget at forklare, når vi kommer hjem. Mine forældre havde en stor vennekreds og kendte rigtig mange."

De talte om løst og fast, mens de sneglede sig igennem Frankrig. Omkring midnat passerede de skilte mod Reims. Det var blevet køligere i forhold til Como og Schweiz, mærkede Ingrid, da de var stoppet for at tanke, strække benene og få kaffe.

"Hvordan går det med skulderen?"

"Det går udmærket, tak, og jeg kan altså sagtens køre, så du kan få et hvil."

Men hun kunne se på ham, at det ikke var helt rigtigt. Han stod ved siden af hende med sin højre arm om hendes skulder.

"Du er en gæv pige," sagde han.

Hun kunne mærke, at hun rødmede, og hun skyndte sig at sige, "tror du, at vi bliver checket i tolden i Folkstone, når vi kommer over?"

"Måske, måske ikke. Jeg har prøvet det nogle gange, andre gange kører man lige igennem. Lad os håbe, at der ikke er så mange toldere på arbejde på det tidspunkt af døgnet."

Jo færre timer, GPS'en viste, at der var til Calais, jo mere anspændt følte Ingrid sig, men hun sagde ikke noget. David var også tavs, og først troede hun, at han sov, men hun opdagede at han var vågen og bare sad stille. På et tidspunkt tændte han sin iPhone og sad og checkede mails, men ellers sad han bare og kiggede ud ad vinduet, og så de hurtigere biler passere.

"Hvad hedder din bank?" spurgte han pludselig.

"Min bank?"

"Ja, og kan du dit kontonummer i hovedet?"

Selvfølgelig kunne hun det. Hun var datter af en bankmand, og hun kunne huske alle sine konti i hovedet.

"Men, hvorfor det?"

"Fordi jeg er ved at sende en mail til min revisor om, at han skal overføre 5.000 pund til din konto. Er det ikke omkring det beløb, der mangler?"

"Nej, det skal du ikke gøre!"

"Selvfølgelig skal jeg det. Det manglede bare."

”Jamen...”

”Giv mig nu bare det nummer, og så koncentrer dig om kørslen og lad mig for en gang skyld få lov til at bestemme en lille smule. Moderne kvinder, altså..!!”

Pludselig dukkede kilometerhenvisninger til Calais op. 250 kilometer. 175 kilometer. 98 kilometer.

”Hvor lang tid endnu?” spurgte David.

”Ifølge GPS'en ankommer vi klokken halv fire, om en lille time.”

”Okay, når vi kommer frem, tager jeg Monty hen til tolden. Dyrlægechecket ligger lige før, man kører ind i området for Eurotunnel. Han skal have checket pas og chip og vaccinationer. Hvis du vil, kan du blive siddende i bilen, eller du må meget gerne komme med.”

”Måske vil jeg gerne lige med jer.” Hun følte det en smule uhyggeligt at skulle sidde alene med den døde Charlie.

”Vi går derhen sammen,” sagde han, ”selvfølgelig gør vi det.”

Da klokken var præcis halv fire, ankom de til Eurotunnel, et enormt anlæg belyst af projektører på høje standere, men uden en eneste bil og ikke et eneste menneske. Skilte viste hen til veterinærmyndigheder med tegninger af hunde – der var ikke meget at tage fejl af, hvad enten man talte fransk eller engelsk.

De gik ind i en mindre bygning og stillede sig ved en skranke. Heller ikke her var der et øje at se, men efter at have ventet mindre end et minut, kom der en kvinde i uniform ud.

”Bon Soir,” sagde hun med et overraskende venligt smil.

De nikkede og smilte, grå i ansigterne efter den lange køretur. David gav kvinden hundens pas. Monty hoppede op med forpoterne på skranken og hilste, han var den eneste, der virkede nogenlunde frisk, og det fik kvindens ansigt til at lyse op. I løbet af kort tid havde hun givet David en scanner, så han kunne sammenligne Montys pas og chipnummer i hundens nakke. Hun checkede vaccinationer og de opdaterede behandlinger mod flåt og orm, og sagde at alt var i orden og god tur hjemad.

”Var det det?” spurgte Ingrid overrasket, da de stod i det orangefarvede lys fra de høje standere i med et skilt til Jaguarens forrude, der med et poteaftryk fortalte, at bilen indeholdt en hund.

”Ja, man stoler aldrig helt på dem, vel?” sagde David.

”Hvem?”

”Franskmændene. Husk, hvad de gjorde ved os under Slaget ved Hastings?”

”Er det ikke nogle år siden?”

”Det var i 1066, og vi briter glemmer ikke bare sådan lige.”

”Hvad så, når jeg kommer til York?”

”Ja, bare vent, vi har heller ikke glemt vikingernes hærgen. Det bliver pay back.”

Om det var den lange rejse, de mange kroppe klemt sammen på et lille sted, hunden Monty, hende selv, der lugtede som langturschauffør, eller om det slet og ret var Charlie, der efterhånden havde været død i et døgn. Bilen var begyndt at lugte en smule hengemt. Ingrid rullede sit vindue ned, mens David checkede dem ind ved en stander, som var en del af et enormt bomanlæg.

”Så langt så godt,” sagde han, da bommen gik op og de kunne køre igennem. ”Vi kan komme med om 35 minutter, og vi får endda penge retur. Det er billigere at komme under kanalen om natten.”

Han guidede hende igennem et snirklet vejsystem, som var beregnet til mange biler og lange køer, og som hun var nødt til at følge til trods for, at den gamle Jaguar stadig var den eneste bil i det enorme anlæg. Pludselig blev vejen spærret af endnu bom.

”Her skal vi bare vente,” forklarede David.

Hun lukkede vinduet, men den kølige vind havde været rar mod ansigtet. Hun havde ikke følt sig træt på noget tidspunkt, men nu mærkede hun, at hver en fiber i kroppen skreg på hvile. Ikke endnu, tænkte hun, ikke endnu, måske senere, men ikke endnu. Jeg skal klare det. Hun lænede sig tilbage i sædet og lod nakken hvile mod det kølige brune læder.

Bag sig hørte hun David sige, ”min søster møder os i York, når vi kommer frem. Hun vil sørge for en dødsattest, og hvad der ellers er behov for.”

”Gud ske lov,” mumlede hun.

”Ja, Gudskelov for en god søster.”

”Bank bank bank,” det var motoren, den var gal med, ”bank bank bank,” og bilen ville ikke standse, bremserne virkede ikke. Hun trampede og trampede på den forbandede bremse, men bilen bare kørte og kørte, ikke særligt hurtigt, men bare støt og roligt trillede den ukontrolleret af sted, og så den irriterende bankelyd. Ingrid satte sig op med et spjæt. Hvad!!? Der stod en mand udenfor bilen og bankede energisk på ruden.

”S'ils vous plait!,” råbte han og gjorde nogle fagter, for at vinke hende fremad. I bakspejlet kunne hun se, at der var linet andre biler op, som holdt med tændte lygter og ventede på at komme ombord. Hvad! Hvor var nøglerne, hvor var koblingen, første gear? Hun drejede nøglen og slap koblingen alt for hurtigt, så bilen sprang fremad og gik i stå med et ryk. Manden havde, sikkert klog af skade efter at have vækket et utal antal udkørte bilister, stillet sig ud til siden. Hun prøvede igen. Denne gang gik det bedre, og bilen trillede langsomt fremad. Hun fulgte de tændte grønne lygter et stykke og kørte derefter ned ad en rampe mod det ventende tog. Der stod en dame og vinkede, som for at fortælle Ingrid noget.

"Hvad?"

"Hun vil have, at du skal slukke lygterne, når du kører ombord" sagde David omme fra bagsædet.

Hun famlede efter kontakten, men opdagede, at hun slet ikke havde tændt dem. Hun blev vinket fremad og anvist, hvorledes hun skulle dreje ind og køre ombord på toget, der skulle fragte dem gennem tunnelen under kanalen.

Turen tog omkring en halv time. Der var ingenting at lave. Toget var blot et langt tog, man kørte ombord på. Den første bil inde, kom også først ud. Der var ingen ting at købe og en sløv stemning. Der var nogle få toiletter, og det var det. Folk blev siddende i deres biler, og Ingrid ville heller ikke selv forlade bilen, selvom hun drømte om at komme på toilettet og vaske hænder og ansigt. Hun fandt en børste i sin taske, løsnede elastikken og børstede håret. Håret føltes fedtet ved hovedbunden og tørt og uglet i spidserne. Hun samlede det i en så stram hestehale som muligt. I bakspejlet forsøgte hun at rense ansigtet med et tørt papirlommetørklæde. Lidt læbestift og mascara, håbede hun, ville få hende til at se mindre huleboeragtig ud. Pludselig opdagede hun lanterner udenfor togets vinduer. De var landet på den anden side. De var i Folkstone. De var i England.

Hurtigt efter blev togets porte åbnet, og hun blev vinket fremad. På et stort skilt stod der 'Velkommen til Storbritannien' og flere andre skilte gjorde opmærksom på 'Venstrekørsel'. Venstre side, det gav et sus igennem hendes krop. Venstre side. Fra bagsædet mærkede hun, at David lagde en beroligende hånd på hendes skulder.

"Glem alt om højrekørsel," sagde han, "bare kast hjernen over til venstre og bliv der. Det plejer at hjælpe. Tænk venstre."

Hun huskede at tænde lyset, og kørte langsomt op mod det, der kunne blive deres endeligt, eller i hvert fald, hvis det britiske politi stod tidligt op, kunne give dem rigtig mange problemer. Hvis de opdagede Charlie, kunne David og hun få store problemer. Hvordan var Charlie død? Havde de dræbt ham? Hvis ikke, hvornår var han så død, og det de havde gjort, ville, som David ganske rigtig havde sagt, være usømmelig omgang med lig. Måtte man tage en død over grænsen uden diverse attester? Helt sikkert ikke. Ingrid kastede tankerne væk, ligesom hun forsøgte at kaste højrekørslen væk. Tænk venstre, sagde hun til sig selv, venstre.

Det var så småt ved at lysne. Klokken var halv seks på bilens lille runde ur, hvilket betød, at den nu på grund af tidsforskellen var halv fem i England. Hun kørte langsomt frem mod de grønne lys, og tænkte hele tiden på sin venstre kørsel. Bilerne kørte i kolonne, men de mest ivrige chauffører, speedede op og passerede den gamle Jaguar. Så pludselig opdagede hun til sin rædsel, at de kørte mod en masse blå blink. Uden at kunne vende om, uden at kunne standse og gemme sig, blev bilen sluset hen mod blå blink. Politiet! Og et stort opbud af dem.

Ingrid følte livet forsvinde fra sin krop. Hun var intet andet end en skal, som lige nu ikke kunne andet end at køre i venstre side. Pludselig dukkede der billeder op inde i hendes hoved fra biljagter fra film om anden verdenskrig. Biler der i høj hastighed kørte direkte igennem vejafspærringer med brændende olietønder, hvor tyske soldater knælede og skød efter de flygtende. Så kørte hun om bag de biler, der for nyligt havde passeret dem, og holdt stille. Længere fremme kunne hun se de blå blink komme nærmere.

Én efter én blev de checket, nogle chauffører blev bedt om at køre over til nogle ventende betjente, der så ud til at endevende indholdet. Passagererne stod mutte og blege udenfor deres biler, mens politiet forsynet med lygter og hunde gennemrodede bilerne minutiøst. David var stille, selv Monty virkede beklemt. De havde, uden at tale om det, rullet vinduerne ned, for at undgå at politiet skulle blive mødt af den begyndende svagt sødlige ligduft.

Nu må jeg bare ikke vække opsigt, tænkte Ingrid, idet hun blev vinket fremad af to betjente. Hun trykkede ganske svagt på speederen, men det var som om motoren slet ikke tog fat, så hun trykkede en smule mere, og slap koblingen lidt for hurtigt. Med et brøl skød den gamle grønne bil fremad. Betjentene sprang for livet. Hun bremsede med et ryk og gik i stå. Monty, som de havde glemt at give selen på igen, efter turen hos den franske tolder, sprang over på skødet af hende og lænede sig logrende ud ad det åbne vindue, for at hilse.

"I'm so sorry," skyndte hun sig at sige til betjenten, som klappede Monty og skulle til at stikke hovedet ind, så meget han nu kunne for hunden, sikkert for at bedømme om hun lugtede af spiritus. Hun skyndte sig at række de fire pas ud. Betjenten checkede passene, mens én af hans kollegaer gik rundt om bilen.

"3.8 Mark II," sagde han til Ingrid.

Hun troede først, at han refererede til var en paragraf i straffeloven, som de skulle dømmes efter.

"Sorry?" hviskede hun.

"Ja," brølede David fra bagsædet, "fra 1963."

"Fin bil," sagde betjenten, "min bedstefar havde sådan én."

De kiggede kort på passene, klappede Monty, som Ingrid forgæves havde forsøgt at få tilbage på sin plads, og gik så rundt om bilen igen.

"Alt i orden," råbte den ældste af dem, "god tur, og husk nu koblingspunktet."

De smilte, og Ingrid smilte sygt tilbage. Så startede hun motoren, som makkede ret i fjerde forsøg, og med en sort røg fra udstødningen, hostede de af sted, mens Ingrid glemte at tænke 'venstre side', indtil David fra bagsædet fik råbt det til hende, lige inden hun startede en karriere som spøgelsesbilist.

De var kommet et godt stykke væk fra hele Eurotunnels enorme kompleks, inden David fuldstændig fattet sagde, "Vi gjorde det, vi gjorde. Du gjorde det, Ingrid, du er fantastisk. Du er det mest fantastiske menneske, jeg nogensinde har mødt, den mest rolige og afbalancerede kvinde i verden. Du har nerver af stål, hvis jeg selv turde, ville jeg spørge dig, om vi skulle røve banker sammen. Og hvis jeg turde, ville jeg spørge dig, om vi skal gifte os, og hvis jeg kunne, ville jeg tage dig i mine arme og kysse dig, til du besvimede."

"Lige så snart vi kan, kører vi ind på en tank, for jeg er ved at tisse i bukserne, og jeg vil gerne vaskes i ansigtet og rede mit hår, og så kan du starte med, hvad du vil fra en ende af, men jeg kunne også godt spise noget morgenmad."

"Vi fortsætter bare her på A1 Nord," sagde David, "om ikke så mange kilometer kommer der en stor tankstation med cafeer og en masse andet. Du kan hvile dig nogle timer, det må du trænge til."

"Lige nu kan jeg køre til verdens ende," sagde hun glad, så trykkede hun på cd-afspilleren, som var startet forfra og skruede op for 'Pigen med hørhåret'. Monty havde krøllet sig sammen og lå sovende på sædet ved siden af hende. I bakspejlet kunne hun se den tavse Charlie og David, som sad og kiggede ud ad vinduet. Mod øst var himlen eksploderet i et flor af guld og gråt, orange og skiferblåt. Hendes far og hr. Nielsen var i gang med at male deroppe, og det var trods alt godt at vide.

"3.8 Mark II er en dejlig bil," sagde hun så, kiggede sig hurtigt over højre skulder, speedede op og svingede ud i overhalingsbanen. I et kort glimt så hun Davids smilende øjne i bakspejlet.